中小企業診断士2次試験参考書　決定版!!

2021年版
中小企業診断士2次試験
ふぞろいな
合格答案

ふぞろいな合格答案プロジェクトチーム 編

エピソード
episode
14

同友館

はじめに

　『ふぞろいな合格答案　エピソード14』は、中小企業診断士２次試験の合格を目指す受験生のために作成しています。本書は他の書籍とは異なり、受験生の生の情報をもとにして作成された参考書であることが大きな特徴です。

　受験された皆さまからいただいた膨大な再現答案の分析記事に加え、今回も多彩な企画記事をご用意しました。また、購入者特典として執筆陣の得点開示結果付き再現答案を収録するなどの取り組みも行い、受験勉強の現場でより効果的に活用できる情報を掲載しています。ぜひお役立てください。

『ふぞろいな合格答案』の理念

１．受験生第一主義

　本書は、「受験生が求める、受験生に役立つ参考書づくりを通して、受験生に貢献していくこと」を目的としています。プロジェクトメンバーに令和３年度２次試験受験生も交え、できる限り受験生の目線に合わせて、有益で質の高いコンテンツを目指しています。

２．「実際の合格答案」へのこだわり

　「実際に合格した答案には何が書かれていたのか？」、「合格を勝ち取った人は、どのような方法で合格答案を作成したのか？」など、受験生の疑問と悩みは尽きません。われわれは実際に十人十色の合格答案を数多く分析することで、実態のつかみにくい２次試験の輪郭をリアルに追求していきます。

３．不完全さの認識

　採点方法や模範解答が公開されない中小企業診断士２次試験。しかし毎年1,000名前後の合格者は存在します。「合格者はどうやって２次試験を突破したのか？」、そのような疑問をプロジェクトメンバーが可能な限り収集したリソースのなかで、大胆に仮説・検証を試みます。採点方法や模範解答を完璧に想定することは不可能である、という事実を謙虚に受け止め、認識したうえで、本書の編集制作に取り組みます。

４．「受験生の受験生による受験生のための」参考書

　『ふぞろいな合格答案』は、２次試験受験生からの再現答案やアンケートなどによって成り立っています。ご協力いただいた皆さまに心から感謝し、お預かりしたデータを最良の形にして、われわれの同胞である次の受験生の糧となる内容の作成を使命としています。

(一社)中小企業診断協会では、中小企業診断士試験にかかる個人情報の開示請求に基づき、申請者に対して得点の開示を行っています。『ふぞろいな合格答案』は、得点区分（合格、Ａ、Ｂ、Ｃ、Ｄ）によって重みづけを行い、受験生の多くが解答したキーワードを加点要素として分析・採点しています。いただいた再現答案と実際の答案との差異や本試験との採点基準の相違等により、ふぞろい流採点と得点開示請求による得点には差異が生じる場合があります。ご了承ください。

目 次

第1章 巻頭企画
巻頭企画① 2次試験の実像・本書の活用方法……………………………………… 3
巻頭企画② "試験合格の先" と "さらに先" にあるもの …………………………… 9

第2章 ふぞろいな答案分析
　　　　　～実際の答案を多面的に分析しました～ ……………………………… 15
第1節 ふぞろいな答案分析…………………………………………………………… 16
第2節 しくじり先輩　俺みたいになるな！
　　　　～多年度生の失敗から学ぶ、これだけはやってはいけないこと～ …… 133
第3節 合格者に聞く「2次試験で身につけておくべきこと」………………………… 137

第3章 合格者による、ふぞろいな再現答案
　　　　　～80分間のドキュメントと合格者再現答案～ ……………………… 139
第1節 80分間のドキュメントと再現答案……………………………………………… 141
第2節 ふぞろいな勉強スタイル………………………………………………………… 250
第3節 得意？　不得意？　事例お悩み相談コーナー………………………………… 257

第4章 合格者による、ふぞろいな特集記事
　　　　　～2次試験に臨む受験生に贈る勉強のヒント～ …………………… 265
第1節 キーワード解答の一歩先へ　～想いよ届け～………………………………… 266
第2節 過去問をどれくらい解く？　合格までに必要な過去問演習………………… 268
第3節 勉強スタイルのニューノーマル………………………………………………… 271
第4節 ふぞろい談話室　～読者のお悩み解決します～……………………………… 274
第5節 受験生支援団体の情報まとめ…………………………………………………… 277

『ふぞろいな合格答案　エピソード14』にご協力いただいた皆さま ……………… 278
ふぞろいな執筆メンバー紹介……………………………………………………………… 280
あとがき……………………………………………………………………………………… 283
令和3年度中小企業診断士第2次試験（筆記試験）再現答案ご提供のお願い……… 284

第1章

巻頭企画①
2次試験の実像・本書の活用方法

　本書の目的は、令和2年度2次試験合格者の再現答案や合格者の生の声をもとにして、試験対策のヒントを提供することです。ここでは、中小企業診断士2次試験の実像、それに合わせた『ふぞろいな合格答案14』のコンテンツの見どころを簡単に紹介します。

1．2次試験の実像

　まず中小企業診断士の2次試験について、その実像をわかりやすく説明します。

（1）中小企業診断士2次試験はどんな試験？

　2次試験では「筆記試験」と「口述試験」の2種類の試験が行われ、筆記試験の合格が最大の難所となります。本書では、特に断りのない限り「2次試験」は「筆記試験」を指すものとして用います。

　2次試験は、事例Ⅰから事例Ⅳまでの4つの事例で構成されています。それぞれの事例ごとに、ある中小企業の概要や抱える課題などが1,000文字から3,000文字の文章（これを「与件文」といいます）で提示され、そこから4～6問程度の問題（これを「設問文」といいます）が出題されます。ただし、事例Ⅳについては、与件文に加えて財務諸表も提示されており、計算問題もあるため問題数が多くなる傾向があります。

　試験時間はそれぞれ80分、そのなかで与件文を読み取り、設問文の題意に沿った解答をする必要があります。

中小企業の診断及び助言に関する実務の事例		時間	得点
事例Ⅰ	組織・人事	80分	100点
事例Ⅱ	マーケティング・流通	80分	100点
事例Ⅲ	生産・技術	80分	100点
事例Ⅳ	財務・会計	80分	100点

（2）2次試験の合格基準は？

　2次試験に合格するためには、以下の基準をどちらも満たす必要があります。
　① 事例Ⅰから事例Ⅳの合計得点が240点以上であること
　② 事例Ⅰから事例Ⅳの各点数が40点以上であること

　全体で60％以上、かつ1科目でも40％未満の点数がないこと、という条件は1次試験の合格基準と同様です。

　自身の得点は、（一社）中小企業診断協会に得点開示の請求をすることで知ることができます。なお、不合格者には得点率をもとに各事例についてA～Dのランクで示された結

～合格に一番大切なこと～
　過去問を解いて、既出の論点には対応できるようにすること。自爆やケアレスミスをなくすこと。

果通知が送られてきます。そのランクは、Aランクが60％以上、Bランクが50％以上60％未満、Cランクが40％以上50％未満、Dランクが40％未満となっています。

　2次試験の合格率は近年20％前後で推移しており、おおよそ受験者の5人に1人が合格しています。受験者数は例年5,000人前後で、令和2年度では受験者数6,388人のうち筆記試験の合格者数は1,174人と発表されています。

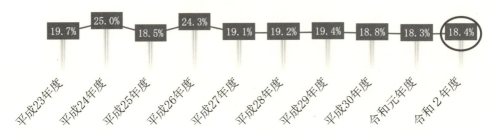

2次試験の直近10年の合格率推移

（3）2次試験の対策として、何が難しい？

　それでは、2次試験の対策をするうえで何に困るのでしょう。それはズバリ、**2次試験の採点方法や模範解答が一切公表されていないこと**です。どの解答が正解か、誰もはっきりとわかりません。だからこそ、2次試験の勉強方法に悩むのです。

　『ふぞろいな合格答案』では、そのような受験生に対し、以下の2つの観点から導き出した有益な情報を数多く掲載しています。

その①　再現答案を分析し、導き出した合格答案の特徴

　模範解答が一切公表されないからこそ、実際の合格者およびAランクの答案（以下、合格＋A答案）の特徴を知ることは非常に大切です。本書では膨大な再現答案を分析した結果を提供します。合格するためには、合格＋A答案にいかに近づけるかが重要です。

その②　勉強方法や試験に使える合格者直伝のテクニック

　2次試験では、80分という時間のなかで設問文を読み、出題者の題意を汲み取ったうえで、与件文を読み事例企業の概要を把握・分析して、事例企業における課題やその対応策、事例企業に対する助言を解答することが求められます。そのための**勉強方法や、効率的な解法を自分なりに作り上げ、実践する必要があります**。

　『ふぞろいな合格答案』では、合格者の勉強方法・解法・テクニックを余すところなく提供しています。そのなかで自分に合った勉強方法を見つけ出し、試行錯誤を繰り返すことで自分に合った解法を導き出してください！

※紙面に書き切れなかった部分は公式ブログで更新中！　こちらもぜひご活用ください♪
→中小企業診断士の受験対策 ふぞろいな合格答案 公式ブログ　https://fuzoroina.com

～合格に一番大切なこと～
　　朝令暮改OK（得意、苦手、優先順位は日々変わるので、当初立てた計画にこだわりすぎない）。

2．本書の活用法

ファーストステップ

どのように2次試験の解答を作ればよい？
- 初学者で2次試験の解答作成方法がわからない人
- 予備校の模範解答に違和感があり、他の視点での見解を知りたい人

→ **第2章をご覧ください**

ふぞろいな答案分析

15ページから

■ふぞろい流採点による、解答ランキングと再現答案

再現答案を分析し、合格＋A答案に多く使われているキーワードをランキング化しました。

実際に受験生から提供していただいた再現答案を、ふぞろい流に採点します。

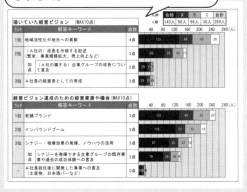

■各事例分析メンバーによる、事例ごとの特別企画

事例Ⅰ特別企画
ふぞろい流
事例Ⅰの歩き方

事例Ⅱ特別企画
「中小企業のインターネット・マーケティング」～キーワード・ストックで事例Ⅱを得意科目に～

事例Ⅲ特別企画
「めざせデリバリーマスター！」～納期遅延にさよならバイバイ～

事例Ⅳ特別企画
「CVPのソテー」～解法のポイントを添えて～

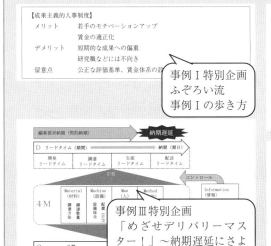

～合格に一番大切なこと～

楽しむこと。暗記ではなく、使える知識になるように理解すること。

第1章 巻頭企画

セカンドステップ

どのように2次試験の勉強を進める？入門編

- 自分の特性（1年目／多年度、独学／予備校通学、など）と似た合格者の勉強方法を知りたい人
- 試験当日のリアルな感情を追体験したい人

→ **第3章をご覧ください**

合格者による、ふぞろいな再現答案
139ページから

■ふぞろい合格者メンバーの勉強方法と合格年度の過ごし方

> ふぞろい合格者メンバーと自分の属性を比較して、参考にするメンバーを探しましょう。

	課題：1次試験合格への基礎固め	
1月〜4月	学習内容	1次試験の学習だけに注力しました。①インプット→②問題集でアウトプット→③間違えた論点の再インプットを繰り返しました。また、漠然と2次試験を意識して、関連する科目（企業経営理論、財務・会計、運営管理）の学習時間を気持ち多めに配分しました。	取り組み事例数：0事例 平均学習時間 平日：0時間 休日：0時間
	課題：1次試験合格	
5月〜7月上旬	学習内容	4月末に受験した予備校の1次試験模試の結果を受けて、2次試験に関する科目の得点力向上を狙って、取り組む1次試験過去問の年数を増やしました。納得のいく点数で合格するために1次試験の学習に集中。	取り組み事例数：0事例 平均学習時間 平日：0時間 休日：0時間
	1次試験！	
7月下旬〜8月	学習内容	受験生支援団体のセミナーに参加し、2次試験の概要を大枠で把握し、過去問に着手。解答・思考プロセス固めのため、まず「過去問を解く→解き直し」を5年分行い、自分に合った解答プロセスを模索しました。	取り組み事例数：20事例 平均学習時間 平日：5時間 休日：9時間

> 合格者がどのような1年を過ごして、合格にたどり着いたのかがわかります。

■80分間のドキュメント

2. 80分間のドキュメント
【手順0】開始前（〜0分）
　試験会場の立教大学の机は狭いが、これは一発合格道場のブログで予習済み。持参した過去問の用紙を机上に置いてペンや解答用紙などの置き場所を事前に検討する。事例Ⅰの王道は成長戦略。これにつながる解答を意識して書けば大丈夫。さあ、こい！
【手順1】準備（〜1分）
　まず解答用紙に受験番号を書く。そして初めての問題用紙破り。定規をあてて、うまくできた。出鼻はくじかれずにすんだ。解答する文字数は5問×100字で例年どおり。さあ、今年はどんな事例企業が出てくるのだろう、楽しみだ。
【手順2】与件文第1段落・最終段落確認と設問解釈（〜13分）
[与件文]　まず、1段落目。今年は酒造メーカーか、なんだか情緒溢れる与件文でちょっと面白いな。観光地という点は注目しておこう。次は最終段落。社長がやってきたことで重要そうなのは人材の活用と地元経済の活性化。ただ、人事制度には問題あり、と。「経験や勘」は質問での解答要素になるのでは？
[第1問（設問1）]　設問要求は「ビジョン」か。1問目から変化球。ビジョンは戦略の上位にあった考え方だったと思うので、少し抽象度を高めたような書き方がいいかも。企業

> 80分間のドキュメントとともに、合格者の再現答案をチェックしましょう。

> 合格者が試験時間の80分間に何を考えて、解答作成したのかがわかる、リアルなドキュメントです。

■特別企画

ふぞろいな勉強スタイル

> メンバーそれぞれ、十人十色なスケジュールや勉強方法を紹介します。

得意？不得意？事例お悩み相談コーナー

■事例Ⅰ

得意な人	苦手な人
しーだ、のき	イノシ、かもとも、Nana、みっこ

お悩み その1（From：イノシ、Nana、みっこ）
レイヤーを意識したけど、得点につながる答案が書けない……。

みっこ：事例Ⅰって何を書いたらええん〜！　と、とらえどころがない事例やわ。

> 苦手事例を克服するポイントを、その事例が得意な人に聞いてみました。

〜合格に一番大切なこと〜
続けること。どんなに受かる気がしなくても、続けていればいつかは受かる。

サードステップ

どのように2次試験の勉強を進める？　達人編
- 長い勉強期間でモチベーションを上げたい人
- 2次試験攻略の戦略／戦術を立案したい人

→

各章の企画をご覧ください
- "試験合格の先"と"さらに先"にあるもの
- しくじり先輩　俺みたいになるな！
- 2次試験で身につけておくべきこと
- 過去問をどれくらい解く？
- 勉強スタイルのニューノーマル

■ "試験合格の先"と"さらに先"にあるもの（9ページ～）

2次試験の勉強から得られるものとは！？
ふぞろい合格者メンバーにインタビュー

試験合格後の1年で得られたものとは！？
ふぞろいOB・OGメンバーにインタビュー！

■ しくじり先輩　俺みたいになるな！（133ページ～）

多年度生の失敗から、やってはいけないことを学びます。

■ 2次試験で身につけておくべきこと（137ページ～）

2次試験で何を身につけておくべきかを学びます。

■ 過去問をどれくらい解く？（268ページ～）

ふぞろい14メンバーにアンケート！　過去問の演習の取り組み方をまとめてみました。

■ 勉強スタイルのニューノーマル（271ページ～）

新しい生活様式の中で変化した勉強方法や働き方を紹介します。

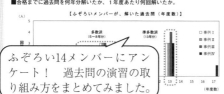

～合格に一番大切なこと～

過去の自分を超え続けること。

付録

もっと勉強するためには？
・過去年次のふぞろいで勉強したい人
・セミナーに参加して勉強方法を合格者から聞いたり受験生仲間を作ったりしたい人

まだまだ学びの機会はたくさん！
・受験生支援団体紹介
・ふぞろい談話室
・ふぞろいセミナー
・ふぞろいブログ
・過去年次の『合格答案』とふぞろいシリーズの紹介

■ふぞろい談話室　～読者のお悩み解決します～（274ページ～）

ふぞろいにとって受験生の声は何よりの財産です。皆さまのご意見・お悩みにお答えします。

■受験生支援団体の情報まとめ（277ページ）

勉強方法や2次試験で使える知識など、受験に役立つ情報を発信する受験生支援団体の概要を紹介します。

■過去年次の『合格答案』とふぞろいシリーズについて

ふぞろい関連書籍は4種類。用途に応じてご使用ください。

書籍名	本体価格	コンテンツ	詳細
『ふぞろいな合格答案』（本書）	2,400	答案分析	直近の受験者から再現答案を提供していただき、得点につながった可能性の高いキーワードを分析したもの
		合格者による再現答案	合格者の試験当日の80分間の過ごし方と再現答案
		豊富な企画記事・コラム	事例研究や受験生活など、さまざまな企画・コラム
『ふぞろいな再現答案』	2,400	2～3年分の「合格者による再現答案」をまとめたもの	
『ふぞろいな答案分析』	2,400	2～3年分の「答案分析」をまとめたもの	
『ふぞろいな合格答案10年データブック』	4,500	H19～H28の「答案分析」をまとめた総集編。特典として10年分の各設問の解答キーワードをまとめた「10年まとめ表」を掲載	

詳細は以下もご参照ください。
https://fuzoroina.com/?p=30260

■ふぞろい主催セミナーについて

ふぞろいプロジェクトでは、受験生支援を目的に、4月以降数回セミナーを開催する予定です。
2次試験の学習方法を中心にお伝えします。開催時期、場所など詳細はブログをご参照ください。

■ふぞろいブログについて

メンバーが日替わりで投稿しています。勉強方法の話題からゆるわだ（緩い話題）まで、受験生の皆さまにお役に立てる情報を発信中！
左記セミナー開催情報や、本書に掲載しきれなかったアドバイスも掲載。ぜひ毎日チェックしてください。
https://fuzoroina.com

~合格に一番大切なこと~
成果に結びつく勉強ができているか常に意識すること。

巻頭企画②

"試験合格の先"と"さらに先"にあるもの

【令和２年度合格者５名が語る中小企業診断士を目指した理由、２次試験の勉強を通じて得られたもの】

　令和２年度合格のふぞろい14メンバーのうち、さまざまな属性を持つ５名が「私が中小企業診断士を目指した理由」「２次試験の勉強を通じて得られたもの」について紹介します。

【このようなときに読むのがおすすめ】
・勉強に疲れて、ちょっと息抜きしたいとき
・勉強をしていて、診断士試験の勉強が何のためになるのか不安になったとき

お客様にとって価値ある存在であり続けたい

【ふぞろい14（令和２年度合格者）】　しーだ

年齢：37　　　　　　　　　性別：男
業種：卸売業（オフィス全般）　職種：営業

《私が中小企業診断士を目指した理由》
　学生時代から友人の相談にのることが多かったため、社会人では企業の課題解決に少しでも力になれたら……と、IT系の営業職になりました。しかし、客先では「売り込み」扱いされることも多く、辛い思いもしました。それでも、それは「自分の価値が低いからだ」と考え、さまざまな資格を取得しました。ITコーディネータ取得時に診断士の方と出会い、経営課題を解決する力がつく資格だと感じたのがきっかけです。

《２次試験の勉強を通じて得られたもの》
　企業経営に関する理解が進み、「ITソリューション（手段）」を用いて解決したい「経営課題（目的）」が以前よりも明確に見えるようになりました。これにより、就職当初思い描いた「企業の課題解決に役立つ」という目標に少し近づけたような気がします。その反面、今までの知識不足への反省や、今後も勉強をしなければならないことがまだまだあることに気づき、謙虚な気持ちも得ることができました。

～合格に一番大切なこと～
　初志貫徹。自分を信じること。

自分の発言に説得力を！

【ふぞろい14（令和2年度合格者）】　こーへい

年齢：31　　　　　　　　性別：男
業種：マスコミ　　　　　職種：営業企画

《私が中小企業診断士を目指した理由》
　会社での年次が上がるにつれて、後輩への指導や他部署との調整などアウトプットの機会が増えました。そのため、頭のなかにある抽象的な考えやアイデアを相手にわかりやすく説明する力、相手を納得させられる力を獲得したいと思ったことがきっかけです。目標にする資格をいくつか検討しましたが、経済学部出身だったこともあり、自分が興味を持った試験科目がある中小企業診断士の受験を決めました。

《2次試験の勉強を通じて得られたもの》
　私が働く会社には、各種業務に精通したスペシャリストがたくさんいます。私は取り柄が何もないと感じていましたが、2次試験の合格で自分に自信を持つことができました。また、社内で業務改革の機運が高まり、自部署や他部署の現状を分析して、どのように改善ができるかを考える機会が多くありました。まさに、所属企業を事例企業として、1次試験、2次試験で得た知識や考え方を活用することができました。

一歩踏み出した先に広がる可能性

【ふぞろい14（令和2年度合格者）】　くろ

年齢：36　　　　　　　　性別：女
業種：製造業　　　　　　職種：経営企画

《私が中小企業診断士を目指した理由》
　収入の柱を複数つくりたいと思ったこと、ビジネスパーソンとして通用しなくなる危機感を持ったことが、診断士を目指した理由です。20代のときに同業他社が大規模なリストラを実施し、業界団体でお世話になった方々が辛酸をなめる姿を見て、勤務先以外でも稼げる人になりたいと思いました。その後、2回の転職を経て担当業務の質も量もレベルが上がり、企業経営全般の知識を身につける必要に駆られました。

《2次試験の勉強を通じて得られたもの》
　優柔不断で臆病な性格のため、試験を受けると決断するまでに1年以上かかりました。その分迷いがなくなり、オンライン・オフライン双方で積極的に情報収集する力、得られた情報を取捨選択する力、見知らぬ人ばかりのオンライン勉強会に飛び込む行動力が身につきました。診断士の卵として活動を始めた今、モニター越しに出会った全国の診断士の先輩、同期合格者とのつながりのありがたさが身に沁みます。

～合格に一番大切なこと～
　合格後に起こりうる良いイメージを膨らませること。

経営者への敬意を込めて

【ふぞろい14（令和2年度合格者）】　さち

年齢：39　　　　　　　　性別：女
業種：金融　　　　　　　職種：融資

《私が中小企業診断士を目指した理由》
　新卒入社から10年以上経過した頃、ダイバーシティの流れが本格化し法人相手の業務に携わる機会が急に増えました。30代で未経験、いきなり会社の社長と会い何を話し聞けばよいのか。何もわからず、不安しかありませんでした。素人相手に気分を害された社長もいたと思います。経験不足を知識でカバーできないものかと思っていたところ、法人担当として尊敬する先輩に勧められたのがきっかけです。

《2次試験の勉強を通じて得られたもの》
　勉強を始めてしばらくすると、会社経営者の言っていることの意味がわかるようになりました。その後、少しずつですが、この社長はどのような考えの人なんだろう、この会社はどういう風に成長してきたんだろう、課題は何だろう、と社長に聞きたいことが次々と出てくるようになり、積極的に話を聞く姿勢が身につきました。今では、何か力になれることはないか、という視点で会話できるようになったと思います。

役割を客観的に判断できるように！

【ふぞろい14（令和2年度合格者）】　ゆうた

年齢：29　　　　　　　　性別：男
業種：製造業　　　　　　職種：研究職

《私が中小企業診断士を目指した理由》
　研究職が自分の研究や製品開発だけを知っていればよい時代ではない、自分の業務の会社内での位置づけは客観的に判断できるべきだと考えながら日々を過ごしていました。ある日、企業活動に関して幅広く網羅した知識を必要とする試験として診断士試験と出会いました。会社での自分の役割を客観的に見えるようになることを期待し、すぐに勉強を決意。勉強するなら形に残したい、と診断士資格取得を目指すことにしました。

《2次試験の勉強を通じて得られたもの》
　物事の因果関係を意識し、自問自答する習慣が身につきました。2次試験対策として、与件文の因果関係を明確にすることは重要なポイントですが、日々の業務も同様だと気づきました。1次試験の知識をベースに、業務内容の因果関係を自問自答することで、次に進むべき方向も見えてきます。大袈裟ではありますが、2次試験の勉強は、仕事、ひいては人生のコンパスを手に入れる勉強だったと感じています。

～合格に一番大切なこと～
　モチベーションの維持とピーキング、運を呼び寄せるために自分にできる最大限の努力をすること。

【試験合格後、診断士登録までの道のりと1年で起きた変化について】

　ふぞろい13メンバーの12名に、登録までに行った実務補習と実務従事の日数、および2次試験合格から1年余り経過して起きた変化についてアンケートを行いました。その結果が以下のとおりです。

登録までの日数	人数
実務補習5日 実務従事10日	7人
実務補習10日 実務従事5日	1人
実務補習15日	0人
実務従事15日	1人
未登録	3人

1年で起きた変化	人数
独立・転職	2人
副業開始	0人
独立・転職等を検討中	1人
異動	2人
変化なし	7人
その他	0人

　診断士試験に合格してから1年余りで、さまざまな選択肢があることがうかがい知れます。そこで、試験合格後1年間で起きた変化や得られたものなどについて、ふぞろい13メンバーの5名から紹介します。いろいろな考え方を持って活動していますので、合格後のさらにその先をイメージしていただき、診断士試験勉強の活力にしていただければ幸いです。

「診断士×〇〇」で広がる可能性

【ふぞろい13（令和元年度合格者）】　だいち

年齢：30　　　　　　　性別：男
業種：情報通信　　　　職種：経理

《試験合格後1年間で起きた変化や得られたものなど》
　診断士試験に合格して得られたものは「可能性」だと思います。
　1次試験の勉強期間中にスタートアップ企業に転職しIPO準備をはじめ経理を中心にコーポレート業務に携わるなかで、少しずつ「合格したら、今の仕事で得た経験を生かして何かしたい」という気持ちが芽生えました。
　合格後は、スタートアップ経験を生かして知人の会社設立や事業計画作成を手伝うなど、合格前の自分の想像をはるかに超えるイベントが重なり、人生が大きく変わったことを実感した1年でした。2021年に入ってからも新たなプロジェクトが始まるなど、さらに活動が広がりをみせています。
　このように、私は診断士の資格と今までの経験とを掛け合わせることで、かつて経験したことのないプロジェクトにジョインするなど、自分の可能性を広げることができました。今は「診断士×スタートアップ経験」の組み合わせですが、今後は新たな組み合わせを確立すべく、新スキル獲得に向け動き始めています。合格してからも学びは尽きませんが、日々自分の成長を実感でき、毎日が充実しているように感じています。

～合格に一番大切なこと～
　①絶対合格できると信じて学習し、②自分に合った学習方法を試行錯誤して模索すること。

ゴールではなく新たなスタート

【ふぞろい13（令和元年度合格者）】 こーし

年齢：48　　　　　　　性別：男
業種：都市間輸送サービス　職種：各種管理業務

《試験合格後１年間で起きた変化や得られたものなど》

　自己啓発を目的として始めた試験勉強。なので、当初は試験合格がゴールであり、合格後のビジョンはありませんでした。

　受験生支援団体でお世話になり、たくさんのことを教えていただいたことが独学で合格できた最大の要因であると感じ、恩返しのために受験生支援団体での活動を中心に１年間やってきました。活動を通じて志の高い仲間と出会えたことは、自分自身の至らない点を発見することができ、考え方や価値観を大きく変える契機になりました。ムラ社会の会社だけで生活していては決して得られない大きな財産です。

　今までは、終身１つの会社で勤務し、能力を発揮して貢献することが一番だと考えていましたが、人生一度きりのなかで折り返し点を迎えた今、別の道に進むことを考えてもよいのではないかと思う今日この頃。取得を目指して諦めていた別の資格勉強をしながら、診断士の資格も生かした将来のビジョンを形にしていく道のりはもう少し続きそうです。

個性を生かして活動できる資格

【ふぞろい13（令和元年度合格者）】 みずの

年齢：43　　　　　　　　　性別：女
業種：中小企業支援・執筆業・撮影業　職種：便利屋

《試験合格後１年間で起きた変化や得られたものなど》

　仕事の幅が広がり、前向きな方々との出会いや心境の変化がありました。この１年で、「いつか実現できればいいな……」と思っていた執筆から、仕事にすることは考えていなかった写真撮影まで、さまざまな機会をいただき驚いています。

　独占業務のないなかで、個性を生かして仕事につなげている先輩方を拝見していると、独占業務の有無を気にしていたことが小さなことのように思えてきました。

　また、前向きな方々との出会いも増えました。診断士活動でお会いする方は、相手の強みを見つけて前向きな言葉をかける方が多く、私自身も気づきや励みをいただき、モチベーションにつながっています。

　新たな経験と出会いによる充実した日々や成長が、合格後に得られたもののなかでもかけがえのないものです。力不足やプレッシャーを感じることもありますが、今後も活動を続けたいと思います。

～２次試験で学んだ人生哲学～

試験とスポーツは一緒。基礎の反復で体に染み込ませるのが大事。

ビジョンなくとも変化あり

【ふぞろい13（令和元年度合格者）】　じょーき

年齢：32　　　　　　　　性別：男
業種：金融　　　　　　　職種：審査業務

《試験合格後１年間で起きた変化や得られたものなど》

　試験合格後、私は大きく３つの変化を実感しました。
　①人脈が爆発的に広がった。『ふぞろい』の執筆活動をはじめとした受験生支援や実務補習などを通じて、志高い診断士同期や受験生とのつながりを得ました。コロナ禍で直接会う機会が制限された反面、オンラインで地域を越えたつながりに恵まれました。②転職に成功した。新卒で地銀に入って約10年、業界の動向やライフステージの変化を受けて、働き方を見直す時期が来ていました。資格欄に記した「中小企業診断士試験合格」が転職活動を後押ししてくれました。③自信がついた。初めて２次筆記試験を解いたときに抱いた無力感と絶望感は、今でも忘れられません。しかし、自分なりに試行錯誤を重ねながら合格までたどり着いた経験は、「困難に出くわしても、逃げずに正面から立ち向かっていけばなんとかなる」という自信につながりました。
　受験生当時は合格を目標にしてしまっていた私でも感じることができた、合格後の確かな変化。「中小企業診断士」という１つのキーワードを通じて人生がより豊かになる……皆さんにも、そのような素敵な変化を感じてもらえたらと思います。

新たな世界の広がり

【ふぞろい13（令和元年度合格者）】　マリ

年齢：38　　　　　　　　性別：女
業種：かばん製造業　　　職種：財務

《試験合格後１年間で起きた変化や得られたものなど》

　中小企業診断士資格は、あくまでパスポートです。
　その先にはたくさんの世界が広がっていて、取得後どこへ向かうかは人それぞれ異なります。私はその選択肢の多さに圧倒されつつも、わくわくしながら興味のある世界をいくつか覗きました。そこで待っていたのは、ユニークな仲間とのステキな出会いです。歩んできた道や経験が異なれば、考え方も視点も異なり、私の好奇心はくすぐられっぱなしです。仲間とともに知恵を出し合いながら経営支援をしたり、興味のあるテーマについて深掘りしたりと、刺激的な日々を送っています。世界が広がったことで、新たに深く学びたい分野にも出会い、今はその専門性を身につけるべく勉強中です。
　また、私は兼業診断士であり、平日の昼間は会社員として働いています。独立しないの？　と聞かれることも多いのですが、今のところ退職する予定はありません。会社で組織の一員として働く感覚や視点は、診断士活動においても役立つことが多いと感じています。それぞれの経験を生かしながらそれぞれの仕事を通じて、これまで私が受けてきたご恩を少しずつ世の中に返していきたいと考えています。

～２次試験で学んだ人生哲学～
　努力は運を支配する。

第2章

ふぞろいな答案分析
～実際の答案を多面的に分析しました～

　本章の第1節では、316名の令和2年度2次試験受験生からご提供いただいた再現答案を、得点区分（合格、A、B、C、D）ごとに分類。受験生が実際に解答に盛り込んだキーワードを抽出し、集計・ランキング化しています。解答に盛り込んだキーワードによってどのように点差がついたのかを確認するために、本分析を活用してください。また、答案分析中に話題になった論点について、事例ごとに特別企画も併せて掲載しています。

　本章の第2節および第3節では、「しくじり先輩　俺みたいになるな！～多年度生の失敗から学ぶ、これだけはやってはいけないこと～」「合格者に聞く『2次試験で身につけておくべきこと』」と題して受験生に役立つ情報もまとめています。第1節の分析に加えて活用することで、読者の皆さまそれぞれの「合格できる答案」を書くためのヒントを見つけてください。

今年も多くの受験生に協力いただきました。再現答案を多面的に分析して、合否を分けたポイントをじっくり見ていきましょう。受験生に役立つ情報満載でお届けします！

第1節 ふぞろいな答案分析

　本節では、全部で316名の令和2年度2次試験受験生にご協力いただき、収集した再現答案をもとに解答ランキングを作成し、分析を行いました。
　合格者に限らず不合格者を含めた答案を、読者の皆さまが分析しやすいように整理して、「解答ランキング」と「採点基準」を掲載しています。合格者および、不合格ながらも当該事例において60点以上を獲得した答案（以下、合格＋A答案）が実際の本試験でどのように点数を積み重ねているのかを確認し、あなたの再現答案の採点に活用してください。

【解答ランキングとふぞろい流採点基準の見方】
・解答キーワードの加点基準を「点数」として記載しています。あなたの再現答案のなかに、記述されている「解答」と同じ、または同等のキーワードについて点数分を加算してください。
・右上の数は、提出いただいた再現答案のうち分析データとして採用した人数です。
・グラフ内の数字は、解答ランキングのキーワードを記述していた人数です。

●解答ランキングとふぞろい流採点基準

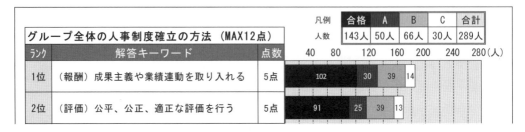

【解答ランキングと採点基準の掲載ルール】
　「解答ランキング」と「採点基準」は以下のルールに則って掲載しています。
（1）再現答案から、合格＋A答案の解答数が多かったキーワード順、また合格＋A答案の数が同じ場合は全体の数に対して合格＋A答案の割合が高いほうを優先して解答ランキングを決定しています。
（2）原則、上記ランキングに基づいて解答の多い順に点数を付与します。
（3）解答に記述すべき要素をカテゴリーに分け、それぞれ「MAX点」を設定しています。各カテゴリーのなかに含まれる解答キーワードが多く盛り込まれていても、採点上はMAX点が上限となります。

【注意点】
（1）ふぞろい流の「採点基準」は本試験の採点基準とは異なります。また、論理性や読み

～2次試験で学んだ人生哲学～
　プラス思考と多面的な思考。

やすさは考慮しておりません。
（2）たとえ正解のキーワードであっても、合格＋Ａ答案で少数であるものや受験生全員が書けなかったものは、点数が低いまたは掲載されていない可能性があります。
（3）題意に答えていないキーワードなど、妥当性が低いと判断される場合は採点を調整していることがあります。また、加点対象外でも参考に掲載する場合があります。

【再現答案】
・再現答案の**太字・下線**は、点数が付与されたキーワードです。
・答案の右上に記載された上付きの数字は点数を表しています。ただし、MAX点を上限として採点しているため、右上の数字を足しても「点」と一致しない場合があります。
・「区」：一般社団法人中小企業診断協会より発表された「得点区分」を意味します。

●再現答案

区	再現答案	点	文字数
合	グループ全体の持続的成長と一体感醸成の為①**グループ内人事交流活性化**②非親族の**優秀者の役員登用と権限移譲**③**公平な成果給導入**と評価項目明示④**研修充実化**で、社員の士気と能力を高め、**組織活性化**する事に留意する。	20	100

【難易度】
「解答ランキング」の解答の傾向に応じて、「難易度」を設定し、それぞれ「みんなができた（★☆☆）」、「勝負の分かれ目（★★☆）」、「難しすぎる（★★★）」と分類しています。

【登場人物紹介】（登場人物はすべてフィクションです。）
　令和３年度合格を目指す２人と診断士受験を指導する先生が、再現答案の統計処理、分析を行っています。

〈正陽寺 大成（しょうようじ たいせい）（37歳 男）〉（以下、先生）
　講師になってからたった数年で有名になったカリスマ講師。自分の考えを押し付けず、受験生の議論をもとに説明してくれるため、受験生目線のわかりやすい解法であるのが特徴。

〈和風 不和子（わふう ふわこ）（27歳 女）〉（以下、和風）
　自由奔放で適当なことばかり言っているが、与件文に素直で的確な解答をする、ほぼタメ語のストレート受験生。知識は少ないが、たまに鋭い視点で要点をつくため、周りも一目置いている。

〈外海 崇（そとうみ たかし）（35歳 男）〉（以下、外海）
　聞きたがりで、知識欲旺盛な多年度生。知識やノウハウを豊富に持っているが、無理に知識を使おうとしすぎて空回りしてしまいがち。試験中は頭のなかの相方のおかんと議論しているとか、いないとか。

～２次試験で学んだ人生哲学～
　自己実現欲求が人を動かす力は強い‼

▶事例Ⅰ（組織・人事）

令和2年度　中小企業の診断及び助言に関する実務の事例Ⅰ
（組織・人事）

> 【注意事項】
> 新型コロナウイルス感染症（COVID-19）とその影響は考慮する必要はない。

　A社は、わが国を代表する観光地として知られる温泉地にある老舗の蔵元である。資本金は2,000万円、売上は約5億円で、中小の同業他社と比べて売上が大きい。A社の軒下には杉玉がぶら下がり壁際に酒樽などが並んではいるものの、店の中に入るとさまざまな土産物が所狭しと並んでいる。中庭のやや燻した感じの石造りの酒蔵だけが、今でも蔵元であることを示している。

　A社の売上のうち約2億円は昔ながらの酒造事業によるものであるが、残りの3億円はレストランと土産物店の売上である。現在、この老舗の当主は、40代前半の若いA社長である。A社の4名の役員は全て親族であるが、その中で直接A社のビジネスに関わっているのはA社長一人だけである。A社長、従業員40名（正規社員20名、非正規社員20名）、それにA社の社員ではない杜氏を加えて、実質42名体制である。

　実は、江戸時代から続く造り酒屋のA社は、現在のA社長と全く血縁関係のない旧家によって営まれていた。戦後の最盛期には酒造事業で年間2億円以上を売り上げていた。しかし、2000年代になって日本酒の国内消費量が大幅に減少し、A社の売上高も半分近くに落ち込んでしまった。そこで、旧家の当主には後継者がいなかったこともあって廃業を考えるようになっていた。とはいえ、屋号を絶やすことへの無念さに加えて、長年にわたって勤めてきた10名の従業員に対する雇用責任から廃業を逡巡していた。近隣の金融機関や取引先、組合関係者にも相談した結果、地元の有力者の協力を仰ぐことを決めた。

　最終的に友好的買収を決断したこの有力者は、飲食業を皮切りに事業をスタートさせ次々と店舗開拓に成功しただけでなく、30年ほど前には地元の旅館を買収して娘を女将にすると、全国でも有名な高級旅館へと発展させた実業家である。蔵元として老舗の経営権を獲得した際、前の経営者と経営顧問契約を結んだだけでなく、そこで働いていたベテラン従業員10名も従来どおりの条件で引き継いだ。

　インバウンドブームの前兆期ともいえる当時、日本の文化や伝統に憧れる来訪者にとっても、200年の年月に裏打ちされた老舗ブランドは魅力的であるし、それが地域の活性化につながっていくといった確信が買収を後押ししたのである。そして、当時首都圏の金融機関に勤めていた孫のA社長を地元に呼び戻すと、老舗酒造店の立て直しに取り組ませた。

　幼少時から祖父の跡を継ぐことを運命づけられ、自らも違和感なく育ってきたA社長

は金融機関を退職し帰郷した。経営実務の師となる祖父の下で、3年近くに及ぶ修行がスタートした。酒造りは、経営顧問と杜氏、そしてベテランの蔵人たちから学んだ。

　修行の合間を見ながら、敷地全体のリニューアルにも取り組んだ。以前、製品の保管や居住スペースであった建物を土産物店に改装し、また中庭には古民家風の建物を新たに建て地元の高級食材を提供するレストランとした。1階フロアは個人客向け、2階の大広間は団体観光客向けである。また、社員の休憩所なども整備した。さらに、リニューアルの数年後には、酒蔵の横の一部を改装して、造りたての日本酒を堪能できる日本酒バーも開店している。

　こうした新規事業開発の一方で、各部門の責任者と共に酒造、レストラン、土産物販売といった異なる事業を統括する体制づくりにも取り組んだ。酒造りは杜氏やベテランの蔵人たちが中心になり、複雑な事務作業や取引先との商売を誰よりも掌握していたベテランの女性事務員が主に担当した。また、A社長にとって経験のないレストラン経営や売店経営は、祖父に教えを請いながら徐々に仕事を覚えていった。

　他方、酒造以外の各部門の責任者となる30代から40代半ばまでの経験のある人材を正規社員として、またレストランと土産物店の現場スタッフには地元の学生や主婦を非正規社員として採用した。正規社員として採用した中からレストラン事業、土産物販売事業や総務部門の責任者を配置した。その間も、A社長は酒造りを学びながら、一方でこれらの社員と共に現場で働き、全ての仕事の流れを確認していくと同時に、その能力を見極めることにも努めた。

　レストラン事業と土産物販売事業は責任者たちが手腕を発揮してくれたことに加えて、旅館などグループ企業からの営業支援もあって、インバウンドの追い風に乗って順調に売上を伸ばしていった。レストランのフロアでは、日本の大学を卒業後、この地域の魅力に引かれて長期滞在していたときに応募してきた外国人数名も忙しく働いている。

　そして、現在、A社長の右腕として重要な役割を果たしているのは、酒の営業担当の責任者として敏腕を発揮してきた、若き執行役員である。ルートセールスを中心とした古い営業のやり方を抜本的に見直し、直販方式の導入によって本業の酒造事業の売上を伸長させた人材であり、杜氏や蔵人と新規事業との橋渡し役としての役割も果たしている。典型的なファミリービジネスの中にあって、血縁関係がないにもかかわらず、A社長の頼りがいのある参謀として執行役員に抜擢されている。また、総務担当責任者も前任のベテラン女性事務員と2年ほど共に働いて知識や経験を受け継いだだけでなく、それを整理して情報システム化を進めたことで抜擢された若い女性社員である。

　A社長は、この10年、老舗企業のブランドと事業を継いだだけでなく、新規事業を立ち上げ経営の合理化を進めるとともに、優秀な人材を活用して地元経済の活性化にも大いに貢献してきたという自負がある。しかしながら、A社の人事管理は、伝統的な家族主義的経営や祖父の経験や勘をベースとした前近代的なものであることも否めない。社員の賃金を同業他社よりやや高めに設定しているとはいえ、年功序列型賃金が基本である。近

～2次試験で学んだ人生哲学～
なんとかなる時はなる。ならない時はならない。後悔はしたくない。

い将来には、自身が総帥となる企業グループ全体のバランスを考えた人事制度の整備が必須であるとA社長は考えている。

第1問（配点40点）

以下は、老舗蔵元A社を買収する段階で、企業グループを経営する地元の有力実業家であるA社長の祖父に関する設問である。各設問に答えよ。

（設問1）

A社の経営権を獲得する際に、A社長の祖父は、どのような経営ビジョンを描いていたと考えられるか。100字以内で答えよ。

（設問2）

A社長の祖父がA社の買収に当たって、前の経営者と経営顧問契約を結んだり、ベテラン従業員を引き受けたりした理由は何か。100字以内で答えよ。

第2問（配点20点）

A社では、情報システム化を進めた若い女性社員を評価し責任者とした。ベテラン事務員の仕事を引き継いだ女性社員は、どのような手順を踏んで情報システム化を進めたと考えられるか。100字以内で答えよ。

第3問（配点20点）

現在、A社長の右腕である執行役員は、従来のルートセールスに加えて直販方式を取り入れ売上伸長に貢献してきた。その時、部下の営業担当者に対して、どのような能力を伸ばすことを求めたか。100字以内で答えよ。

第4問（配点20点）

将来、祖父の立ち上げた企業グループの総帥となるA社長が、グループ全体の人事制度を確立していくためには、どのような点に留意すべきか。中小企業診断士として100字以内で助言せよ。

第1問（配点40点）

以下は、老舗蔵元A社を買収する段階で、企業グループを経営する地元の有力実業家であるA社長の祖父に関する設問である。各設問に答えよ。

（設問1）【難易度 ★☆☆ みんなができた】

A社の経営権を獲得する際に、A社長の祖父は、どのような経営ビジョンを描いていたと考えられるか。100字以内で答えよ。

● 出題の趣旨

老舗蔵元A社を買収する段階で、買収側企業グループのトップマネジメントが、どのようなビジョンを描いていたかについて、分析する能力を問う問題である。

● 解答ランキングとふぞろい流採点基準

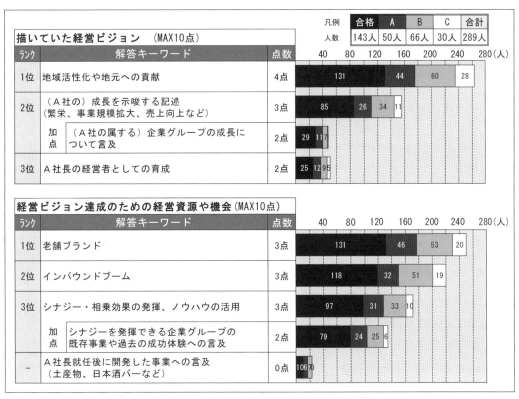

～2次試験で学んだ人生哲学～
人生で起こる出来事は、「あるべき姿に対して課題と対応策」を考えると好転する。

●再現答案

区	再現答案	点	文字数
合	①自身が経営する<u>飲食店</u>、<u>旅館業</u>と<u>シナジーを発揮</u>し、②<u>インバウンドブーム</u>に備え、魅力的な<u>老舗ブランド</u>による<u>地域活性化</u>を目指し、③孫の<u>A社長を後継者として育成</u>し、<u>企業グループ</u>の更なる<u>拡大</u>を描いていた。	20	98
合	日本酒の需要が減少する中で<u>インバウンド</u>の追い風を、200年の年月に裏打ちされた<u>老舗ブランド</u>を活かす事と、旅館などの<u>グループ企業からの支援</u>で<u>シナジーを発揮</u>する事で、<u>地域活性化</u>と<u>A社の事業拡大</u>を描いていた。	17	100
A	経営ビジョンは①<u>インバウンドブーム</u>の日本文化好きの来訪者をとらえる為<u>老舗ブランド</u>を活用し<u>地域活性化</u>する②祖父の<u>飲食</u>や<u>経営能力</u>で<u>シナジー発揮</u>③A社長を修行させる場として活用し企業グループの<u>後継者育成</u>する。	16	100
A	①200年の年月に裏付された<u>老舗ブランド</u>を活かして<u>地域の活性化</u>につなげること、②孫を社長として経営を学ばせ、経験を通じて<u>次期総帥として育成</u>すること、③多角化による<u>企業グループ</u>の<u>事業規模を拡大</u>すること。	13	100
B	経営ビジョンは、地域の魅力を発信して<u>インバウンドの追い風</u>に乗り、<u>地域を活性化</u>することである。酒造、レストラン、土産物店など、グループ間の<u>シナジーを発揮</u>することで経営を立て直し、国内外からの誘客を図った。	10	100
C	経営ビジョンは、200年の年月に裏打ちされた<u>老舗ブランド</u>の屋号を絶やさないことと、新規事業を立ち上げ経営の合理化を進め、優秀な人材を活用して、<u>地元経済の活性化</u>に大いに貢献することである。	7	93

●解答のポイント

> 企業グループを経営するA社長の祖父のビジョンと、ビジョン達成のためにA社の経営権を獲得することで得られる経営上のメリットや経営資源を多面的に解答することがポイントだった。

【「経営ビジョン」をどのように答えるか】

先生：さあ、1問目だ！ 張り切っていこう！ この設問では「経営ビジョン」を問われているぞ！ あまり馴染みのない問われ方だったと思うが、「経営ビジョン」に2人はどう対応したのかな？

和風：でもさ～、「経営ビジョン」ってなんかわかりにくくね？ 「経営ビジョン」を聞か

れたことなかったから、いまいちピンと来なかったんだよね〜。
外海：「経営ビジョン」いうたら、「企業が事業を通じて将来的に成し遂げたいことや状態」で決まりなのよ。
先生：確かに「経営ビジョン」という問われ方は過去にはなかった。そんななか、外海は「経営ビジョン」という言葉をどう解答に落とし込んだのかな？
外海：そうですねぇ、最初は「目標」みたいなもんかなと思ったんですけどね、ちょっと具体的すぎる気がしたんですよ〜。「ほな、目標と違うか〜」と思いながら、第5段落を読んでいたら「地域の活性化につながっていくといった確信が買収を後押しした」という文章を見つけたんで、「地域の活性化」としたんですよ〜。2次試験では重要な視点ですからね〜。
和風：あたしもそこ選んだよ。なんだ〜、いろいろ考えて結局一緒じゃーん！
先生：確かに、受験生の9割以上が「地域の活性化」を解答していた。重要な解答要素の1つだっただろう！　結果的に2人とも同じことを書いているが、外海の思考プロセスはいいぞ！　1次試験で学習した理論や知識をもとに、設問で問われていることをしっかり考えることは重要だ！　和風ちゃんも外海のようにビジョンといった戦略論に関連する1次試験の知識を復習しておくように！
和風：は〜い♪

【「A社長の祖父」がどのような経営ビジョンを描いていたか？】

先生：さて、「地域の活性化」というビジョンが挙がったが、それ以外にないかな？
和風：そんなあれもこれもやったら大変じゃ〜ん。1個でよくない？
外海：いや、そんなことないんちゃう？　ビジョンなんてなんぼあってもいいですからね。
先生：いくらでもというのは言いすぎだけど、2次試験では多面的に解答することが重要になってくる！　「地域の活性化」以外のビジョンを考えてみよう。ヒントは、「誰の」ビジョンかだ。
和風：そんなの、「A社長の祖父」でしょ！　企業グループを経営してるんだったら、そりゃ〜ビッグになりたいに決まってんじゃんね！　おじいちゃん野心家！
外海：ビッグて……。先生、もうちょっと詳しく教えてもらえます？
先生：和風ちゃんの着眼点は悪くないだろう！　広い視座を持って事例を眺めることは重要だ！　今回は「A社長の祖父」が描いていた経営ビジョンということで、買収したA社の成長だけではなく、A社長の祖父の経営する企業グループの成長というのもビジョンに入っていると考えられる。ただし、企業グループの成長に触れていた解答は全体の2割弱で、A社の成長のみに触れた解答でも一定の加点はされたと思われる。
外海：出題の趣旨にも「買収側企業グループのトップマネジメントが」と書いてますし、グループの視点は必要だったかもしれないですね〜。新しい着眼点を学びました〜。

~診断士試験を受験してよかったこと~

1次試験や2次試験の勉強を行って、勉強前よりは社会や企業経営についての視野が広がったこと。

先生：また、解答数は少なかったが、やがてグループの総帥となる A 社長の「育成」も
グループのトップとして考えていたと推測でき、加点されていた可能性があるぞ！

【経営ビジョン実現のために必要なもの】

和風：ビジョンはたくさん出てきたけど、それだけ解答すればいいのかな？　本当にビ
ジョンを実現できるのかわかんなくな～い？

外海：そうやなぁ、確かにビジョンを並べただけじゃ説得力がないのよ。ビジョンの達成
のためには経営資源や機会などを活用した戦略の実行が必要なのよ。

先生：よい視点だ、2 人とも！　では、今回の事例で活用できそうな経営資源や機会と
してどんなものが挙げられるだろうか？

和風：第5段落に「インバウンドブームの前兆期」ってあるし、A社の「老舗ブランド」
は外国人にとってマジでサイコーだと思うんだけど。

先生：和風ちゃんは与件文を素直に読み解けているな！　外海、どうだ？

外海：さっき「グループの視点」という話があったので、経営資源もグループ全体で考え
るべきと違いますか～？　企業グループでは飲食業や旅館業をやっていたから、A
社で造った日本酒を提供するっていうのがいいんちゃいますか？

和風：それって関連多角化って戦略だよね～。「シナジー効果」が重要なやつでしょ！

先生：外海は「企業グループ」という着眼点をうまく活用できている！　和風ちゃんは 1
次試験の知識を引き出すことができたな！　いいぞ、2 人とも！

外海：思いついたのはええんやけど、実際に解答するときはどう書いたらええんやろ？

先生：「シナジー効果」に関しては全体の約半数が解答していたが、特に合格＋A 答案で
書いている人が多く、差がつくポイントだったと考えられるぞ！　そしてシナジー
効果を創出するためには買収側企業にノウハウや設備といった共同利用できる経営
資源などを保有していることが条件になる。そのためシナジー効果が創出できるこ
とを裏打ちするための、グループ企業の飲食業や旅館、過去の旅館買収での成功体
験など、が合格＋A 答案の約半数に書かれていた！

外海：確かに、どうやってシナジー効果を創出するかを具体的に書いたほうが説得力あり
ますよね。知識だけじゃあかんのよね。知識だったらなんぼでも持っとるんですけ
どねぇ。

和風：与件文のキーワードをただ書いとけばいいわけじゃないのか～。あたしも説得力の
ある文章書けるように練習しよ～。

先生：2 人ともそれぞれ気づきを得られたようだな！　では、次の問題に時を進めよう！

～診断士試験を受験してよかったこと～
親が勉強をする姿を子供に見せられたこと。

（設問2）【難易度 ★★☆　勝負の分かれ目】

A社長の祖父がA社の買収に当たって、前の経営者と経営顧問契約を結んだり、ベテラン従業員を引き受けたりした理由は何か。100字以内で答えよ。

● 出題の趣旨

買収側企業の被買収側企業に対する条件提示の意図について、理解して分析する能力を問う問題である。

● 解答ランキングとふぞろい流採点基準

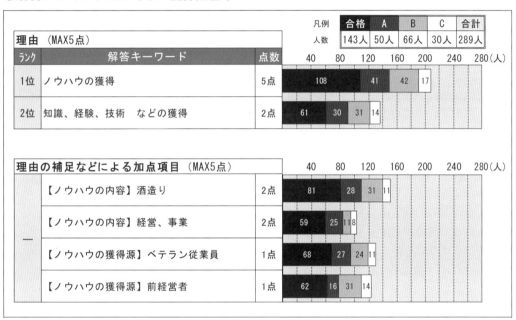

Column

モチベーション維持は辛いよ〜

予備校に通っていたため、模試やプチテストなどを受ける機会が多く、勉強しているのに順位が常に真ん中〜下に位置しているのがわかり、辛かったです。試験結果がでると「私の頭じゃやっていても意味ないんじゃないか」という無力感に襲われることが多々ありました。そのたびに「なぜこの試験に合格したいのか」「この先どのようなことをやりたいのか」「合格できなかったらどうなるのか」を自問自答し、結局「やっぱり今頑張ってやるしかない」と思い直しモチベーション維持につなげました。

資格を取った後のビジョンを試験前にしっかりと持って臨み、辛くなったらそこに立ち返るというのが自分には大事な時間でした。 (Nana)

～診断士試験を受験してよかったこと～
幅広い生きた知識が身についたこと。仕事でも十分生かせる。

効果 （MAX10点）

ランク	解答キーワード		点数	人数分布
1位	承継・継承（買収）を成功させる		5点	97 / 35 / 40 / 12
	加点	スムーズ・迅速（に承継を行う）	2点	51 / 13 / 15 / 5
		友好的（に承継を行う）	1点	20 / 10
2位	雇用を維持し責任を果たす		2点	61 / 23 / 26 / 12
	加点	（上記に伴う）モラール・士気向上	1点	35 / 15 / 14 / 8
3位	取引先との関係維持		1点	48 / 19 / 15 / 3

● 再現答案

区	再現答案	点	文字数
合	理由は、①酒造りや取引先との商売方法等酒造事業のノウハウを承継し、老舗ブランドを維持するため、②前経営者の雇用責任に対する意識を尊重し、前の経営者との友好関係を維持して、ノウハウの承継を円滑にするため。	19	100
A	A社長祖父には酒造事業の経営経験が無かった。そこで、老舗であるA社の前経営者の経営経験の提供を受け、かつ、ベテラン従業員が持つ酒造のノウハウを承継し、A社の買収を円滑かつ効果的に成功させるため。	17	97
B	理由は、酒造業は長年の経験が必要でベテランの杜氏・蔵人の力が欠かせず、取引先との関係を維持しスムーズな事業継承をするためにはベテラン従業員・元社長の力が必要となるため。また、地元の雇用を確保するため。	12	100
C	前の経営者やベテラン社員が保有するノウハウを活用しようとしたから。これまでの飲食業や旅館などのサービス業は製造業である酒造業とは事業構造が異なるため、自社に不足する資源を外部資源で補完しようとした。	7	99

● 解答のポイント

> 買収後のA社にとって、前の経営者やベテラン従業員が必要だった理由や、雇用（契約）の継続による効果などを多面的に書けたかがポイントだった。

～診断士試験を受験してよかったこと～

1次の経済学。これまでまったく接点がなかったが、学問としておもしろかった。もう少し深く学びたい。

【設問の解釈】

先生：（設問2）では、前の経営者と経営顧問契約を結んだり、ベテラン従業員を引き受けたりした「理由」について問われている。2人はこの設問をどのように解釈して、解答したかな？

和風：あたし、設問文を読んでも何を言っているかわからないから、自分流に言い換えることにしているんだよね！

外海：もうちょっと詳しく教えてくれる？

和風：えーっ、なになに？　そんなにあたしのやり方が気になるの？　仕方ないから教えてあげるよ。たとえば、理由⇒メリットに言い換えたの。そしたら、「前の経営者と経営顧問契約を結んだり、ベテラン従業員を引き受けたりしたメリットは何か」になって、書くことが連想しやすくない？　あれ、あたしって、マジ天才じゃね？

先生：自画自賛も悪くないだろう。そう、事例Ⅰは設問文で何を問われているのか、わかりにくいことが多いんだ。

和風：ほかには、「前の経営者やベテラン従業員をどう活用するか」という切り口でも考えられると思ったんだよね。

外海：ほな、前の経営者やベテラン従業員がどのような存在だったかを与件文から探せばええわけやね。

先生：2人とも、悪くないだろう！　「A社の買収に当たって」⇒「買収後のA社にとって必要なものは何か」と補足することもできるんじゃないか？

外海：まとめると、「買収後のA社にとって必要なものは何か」、そのうえで、「前の経営者と顧問契約を結ぶことや、ベテラン従業員を継続雇用することのメリットは何か」っていうことですよねぇ？

和風：そこまでわかれば、ノウハウの獲得ってキーワードが思いつくわ！

【過去問の重要性】

和風：ところで、過去問が大事ってよく聞くけど、実際どうなの〜？

先生：よい質問だ。これを見てくれ！　シュッ！

> 平成22年度　事例Ⅰ　第2問（設問2）
> A社は友好的買収を進める際に、従来の従業員を継続して雇用することにしている。そのメリットとデメリットについて100字以内で説明せよ。

和風：ちょっと！　令和2年度の問題と激似じゃん。過去問解いてた人、有利じゃね？

先生：間違いない！　2次試験では、過去問と似た問題が出ることも多いんだ！　過去問を解くことは、合格への近道だ！　みんなで時を戻そう。そして過去問を解こう！

～診断士試験を受験してよかったこと～
物事に対しての視座がこれまでよりも高くなった。

第2問（配点20点）【難易度 ★★☆ 勝負の分かれ目】

A社では、情報システム化を進めた若い女性社員を評価し責任者とした。ベテラン事務員の仕事を引き継いだ女性社員は、どのような手順を踏んで情報システム化を進めたと考えられるか。100字以内で答えよ。

● 出題の趣旨

買収された後のA社が、買収以前の事務処理を情報システム化する際に、どのような手順を踏んだのかについて、理解して説明する能力を問う問題である。

● 解答ランキングとふぞろい流採点基準

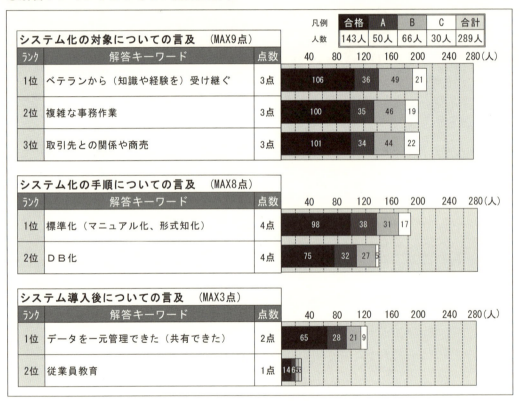

～資格以外に得られたこと～
前向きでリーダーシップ・フォロワーシップあふれる仲間。

●再現答案

区	再現答案	点	文字数
合	手順は①ベテラン事務員の複雑な事務作業を標準化・マニュアル化し、②取引先との商売に関する情報をデータベース化し、③社員への共有、OJTなどの育成強化によりノウハウ継承の効率化、営業力強化につなげた。	20	99
A	情報システム化の推進手順は、①ベテラン社員と共に現場で働き複雑な事務作業や取引先との商売の仕方を確認、②仕事の流れや秘訣を文書化・標準化しDBで一元管理、③社員と共有するため情報システム教育を実施。	20	99
A	異なる事業を統括するため、ベテラン女性事務員からOJTで複雑な事務作業や取引先との商売に関する知識や経験を受け継ぎ、それを標準化、マニュアル化して、DB化し、社員が誰でも容易に把握できるようにした。	17	99
B	ベテラン事務員から知識や経験を受け継ぎ整理した後、暗黙知であった情報を形式知化するナレッジマネジメントを実施することで、標準化された方法をデータベース化し、情報システム化を進めた。	11	90
B	手順は、最初に複雑な事務作業の内容及び取引先への対応の整備を行い、次に整備した事項の標準化を行って、最後に公式化により処理内容の統一を図るというもので情報システム化を進めたと考えられる。	10	93
C	手順は、①前任のベテラン女性従業員からのOJT等による知識や経験を蓄積し、②それら無形ノウハウを形式知化して有形のノウハウにして整理し、それに基づき情報ステム化の要件を定義した。	7	89
D	手順は、ベテラン従業員から学んだA社の業務プロセスと前職で経験した他社の業務プロセスと比較した上で、A社にとって最適な業務プロセスを情報システム化したと考えられる。	3	82

●解答のポイント

> A社の業務背景を踏まえたうえで、システム導入後の施策を含めて、具体的なシステム化の手順について言及することがポイントだった。

～資格以外に得られたこと～

勉強会で出会った受験生仲間。そしてふぞろいのみんな。

【与件文から読み取れるシステム化の対象について】

和風：今回の設問って関係ある段落がわかりやすかったから、与件文からいっぱい抜き出しちゃった。「複雑な事務作業や取引先との商売を誰よりも掌握していたベテランの女性事務員」とか絶対使うじゃんね！　与件文サイコー！

外海：現場へのヒアリング、フロー図による整理やマニュアル作成などの標準化、現場や経営者への理解を求めること、システム開発後の社内教育……、システム化の手順で書くことなんてなんぼでもあるからね。そんなことまで書いてられないのよ。

和風：でもさー、A社の業務背景を踏まえずに施策だけを列挙するとシステム化の一般論になっちゃわない？　外海は中小企業診断士になったらどの企業でも同じアドバイスをするの？

先生：2人とも、悪くない議論だっただろう！　確かに与件文のとおり書くことで、文字数を使ってしまうことから「システム化対象」などの短い言葉で言い換えたような解答もいくつか見られた。しかし、合格＋A答案では7割以上が与件文に沿って「複雑な事務作業」や「取引先との商売」と書いていた！　これらはA社の業務背景を表した記述であり配点が高かったと考えられるだろう！

外海：中小企業診断士としてその企業に助言をするつもりで記述することが大事なのか〜。

【本設問に対する考え方について】

和風：1次試験で勉強したなかで使えそうな知識があったのに、忘れちゃったんだよね。なんかぐるぐるする図が出てきた気がする〜。

外海：野中郁次郎先生のSECIモデルやないかい！　平成29年度に出てきた大事なモデルなのよ。こんな大事なモデルを忘れてもうて、どうなってんねん！

先生：ピュ〜イ！　素晴らしいじゃないか！　和風ちゃんもこの図を見て学べばいい！　シュッ！

～資格以外に得られたこと～
職場では出会えない能力や経験を持った人たちとの出会い。

先生：経験の共有化によって「暗黙知」を、
　　「共同化」：人から人に共有する、
　　「表出化」：暗黙知を言語化してメンバーに共有する、
　　「連結化」：言語化された知識を連結して新しい知識を創造する、
　　「内面化」：表出化や連結化された知識をノウハウとして体得し、暗黙知化する。
　　このプロセスを経ることで個々人の「暗黙知」が集団の「形式知」になるんだ！
外海：この問題で考えると……、
　　「共同化」はベテラン事務員から暗黙知を引き継ぐこと、
　　「表出化」はマニュアル作成などの標準化、「連結化」はDB化による共有、
　　「内面化」は従業員教育を通して形式知化されたものを体得させる……。
　　めちゃめちゃきれいに当てはまるやないかい！
和風：こんなのみんな考えて書いてるのかな〜。あたしこれ思い出さなくてもけっこー書けたよ！
外海：ほな、和風ちゃんがどんな風に答案を書いたんか、ちょっと教えてみてよ〜。
和風：まず、A社の問題点は「複雑な事務作業や取引先との商売をベテラン事務員だけが知っている現状」かなと思ったの。それを解決するためには、みんながその情報を知ることができる「マニュアル化やDB化」が効果的でしょ！　で、最後にせっかく作ったんだから他の従業員に教えてあげよーって思ったの！
先生：それもまた悪くないだろう！　知識が思い出せないことやきれいに当てはまるものがないこともある！　そんなときは課題に対する施策について因果を意識して書くことで大きくは外さない答案を導けるだろう！
和風：因果をちゃんと考えられるとか、あたしってマジ天才じゃね！

【システム化した効果について】
和風：あたしさー、「システム化して属人化からの脱却を図った」って効果まで言及したんだけど、書かないほうがよかったのかな。
外海：システム化の手順について聞かれてる質問で、効果の記述は必要ないんちゃう？
和風：ほな、違うかー。なんつって！
先生：確かに、出題の趣旨を見ても「情報システム化する際に、どのような手順を踏んだのかについて、理解して説明する能力を問う問題」となっているため、効果についての言及は必須ではなかったといえるだろう。しかし、効果まで言及している答案は因果を意識したものが多く、合格＋A答案に多い傾向にあったんだ！
和風：ただ施策を列挙しただけのような答案じゃ、だめってことだねー。

〜知識以外に自分に身についたこと〜
　整っていない与件を整理し、課題を抽出する力。

第3問（配点20点）【難易度 ★★☆ 勝負の分かれ目】

現在、A社長の右腕である執行役員は、従来のルートセールスに加えて直販方式を取り入れ売上伸長に貢献してきた。その時、部下の営業担当者に対して、どのような能力を伸ばすことを求めたか。100字以内で答えよ。

●出題の趣旨

主たる販売方法がルートセールス方式から直販方式に変更される際に、営業担当に求められる能力が、どのように変化するのかについて、分析する能力を問う問題である。

●解答ランキングとふぞろい流採点基準

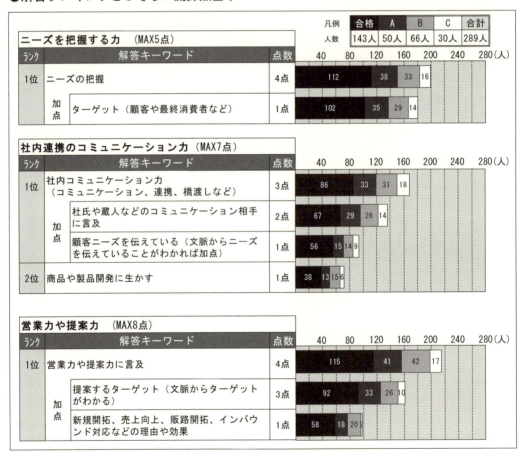

~知識以外に自分に身についたこと~

考え方。インプット方法やアウトプット方法（後輩への指導方法など）。

●再現答案

区	再現答案	点	文字数
合	①ルートセールスを見直し直接顧客ニーズを収集し顧客毎に合わせた提案営業により新規開拓を行っていく能力②杜氏や蔵人と連携し顧客ニーズに合わせた新商品を開発していく能力。プロセスを重視し能力を伸ばしていく。	20	100
合	伸ばす能力は①納入先の顧客と相互にやりとりしながら、顧客ニーズを把握して、蔵人とも連携し、製品・サービスに反映させる能力②潜在顧客のニーズを見極め新規顧客を開拓する能力、により売上向上を図る。	20	96
合	必要な能力は①最終消費者のニーズをくみ取るコミュニケーション力②ニーズを満たす新商品を産み出す企画力③新商品企画を開発につなげる杜氏やベテラン蔵人への調整力④最終消費者への新商品の提案販売力。	19	96
A	求めたことは①顧客ニーズを把握するためのコミュニケーション能力の向上、②杜氏や蔵人から酒造りの知識を習得する知識力向上、③知識を活かして、顧客への適切な提案営業ができる能力向上である。	12	92
B	能力は、①取引先や、杜氏、蔵人とのコミュニケーション力、②ルートセールスを見直し直販方式とすることによる、販路の新規開拓力、③酒造事業についての知識を蓄積し、新規事業を提案する、営業提案力。	10	95
C	国内消費量が大幅に減少する中で、インバウンド需要を機会ととらえ、自社の強みを活かした提案型営業ができる能力。具体的には、団体観光客を日本酒バーで外国人従業員も交え接遇できる能力。	7	89

●解答のポイント

ルートセールスから直販方式に変更するにあたり、①顧客ニーズの確認、②杜氏や蔵人とコミュニケーションをとってニーズを伝え商品開発などに生かすこと、③新しいターゲットに対する営業力強化、の3点がバランスよく解答できたかがポイントだった。

【ルートセールスから直販方式へ】

和風：営業担当者って与件文のどこにも書いてない！　こんなのわかるわけなくね〜!!

外海：「直販方式を取り入れた」と書いてあるやん。だから、1次試験で学習した直販のメリットの知識を使えばいいのよ。直販のメリットは、①顧客ニーズを聞けること、②自社ブランドの訴求ができること、③顧客の囲い込みができること、④収益率が

~知識以外に自分に身についたこと~

取引先の社長と対峙したときの度胸。

良くなることやったやん。
先生：その考え、悪くないだろう！　確かに直販のメリットに注目するのはよい考えだ。さらに、Ａ社の状況を踏まえて考えることが大切だろう！　Ａ社の営業に関する情報は与件文や設問文でどのように記載されていたかな？
和風：与件文の第11段落に執行役員が「古い営業のやり方を抜本的に見直して直販方式を導入した」こと、設問文には「ルートセールスに加えて」と書いているよね。
外海：ということは、ターゲットが変わるってことやから、ニーズの把握が大切やね。
和風：じゃあさ、顧客ニーズとターゲットもあったほうがいいよね～。
先生：ピュ～イ！　その気づき、悪くないだろう！　顧客ニーズの把握については受験生の60％、合格＋Ａ答案では78％が書けていた。さらに、ターゲットについても言及していたのが、合格＋Ａ答案では70％以上だったが、Ｂ答案以下では40％程度だった。変化したターゲットの記載が加点になったと考えられるだろう。

【求められる能力を多面的に考える】
先生：ここで２人に質問だが、営業に求められる能力は顧客ニーズの把握だけでいいかな？
和風：そうだね～。ニーズを把握して販売する営業力や提案力は必要だよね～。
外海：あと、社内に対して顧客ニーズを伝えることも必要とちゃうかな？
和風：そういえば、第11段落に執行役員が「杜氏や蔵人と新規事業の橋渡し役」を果たしたってあったね～！
外海：そうやなぁ。杜氏や蔵人に顧客ニーズを伝えて製品やサービスに反映させるためのコミュニケーション能力が求められるってことやね。
先生：その考え、悪くないだろう！　コミュニケーション能力については、合格＋Ａ答案の60％以上が言及していた。さらに、顧客ニーズを伝えるという点まで触れているか否かで分析すると、合格＋Ａ答案とそれ以外とでは解答率に14％ほどの差があったんだ。杜氏や蔵人という明確なコミュニケーション相手や商品開発に生かすことの言及が加点になったと考えられるだろう。
和風：あたしそれ書いた～。あたしって、マジ天才じゃね！
外海：あと俺は、新規顧客への営業力や提案力にも言及することが大事やと睨んでるのよ～。
先生：そのとおり！　ちなみに、営業力や提案力については、受験生の75％以上が言及していた。営業のターゲットや新規開拓という目的まで丁寧に言及できたかという点が加点になったと考えられるだろう。
外海：つまり、多面的かつ丁寧にＡ社に寄り添った答案作成が大切なんですね！

～知識以外に自分に身についたこと～
論理的思考力と、端的な文章に表現する力。忘れないようにしたい。

第4問（配点20点）【難易度 ★☆☆ みんなができた】

将来、祖父の立ち上げた企業グループの総帥となるA社長が、グループ全体の人事制度を確立していくためには、どのような点に留意すべきか。中小企業診断士として100字以内で助言せよ。

●出題の趣旨

企業グループのトップマネジメントとして、グループ全体の人事制度確立の方法について、助言する能力を問う問題である。

●解答ランキングとふぞろい流採点基準

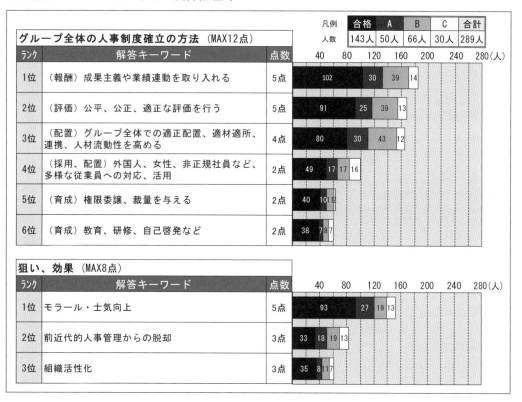

●再現答案

区	再現答案	点	文字数
合	グループ全体の持続的成長と一体感醸成の為①<u>グループ内人事交流活性化</u>4②非親族の<u>優秀者の役員登用</u>2と<u>権限移譲</u>5③<u>公平な成果給導入</u>2と評価項目明示④<u>研修充実化</u>2で、<u>社員の士気と能力を高め</u>、<u>組織活性化</u>3する事に留意する。	20	100
合	助言は①<u>公平性の確保</u>5によるグループの一体感・モラールの維持、②更なる若手の登用、<u>権限委譲</u>5により若手社員の<u>士気向上</u>5、③<u>グループ横断での適切な人材配置</u>4によってA社長の参謀役を担える人材を増やしていくこと。	16	100
A	<u>家族主義的経営</u>5や祖父の経験や勘に頼った前近代的な人事管理から脱却するため、<u>公正な評価制度を導入</u>5し、<u>業績に応じて成果が反映される仕組み</u>5や、表彰制度などを整備し、<u>従業員のモラール向上を図る</u>5。	18	93
B	留意点は、①実績やデータをベースとした一部<u>成果主義要素を含むものとし</u>5、②事業間のバランスや<u>非正規社員の正社員登用</u>2等<u>企業グループ全体のバランスを考えた人事制度</u>4とする。	11	82
C	留意点は、新しい人事制度を導入するための理由や背景を全従業員に説明して納得感を与え、①長期視点で<u>公平な評価制度</u>5とする、②個人主義や短期志向を回避し、段階的に導入する等で<u>組織の活性化を図る</u>3こと。	8	96
D	留意点は、①組織形態を事業部制とし、各事業部長には<u>裁量を与える</u>2一方、明確な利益責任を負わせ、<u>成果主義</u>5の給与体系で応える。②一般社員は年功給部分を残し、従来の貢献に応える。③同族役員は順次退任させる。	7	99

●解答のポイント

> 企業グループのトップマネジメントとして確立すべき人事制度の具体的施策、留意点、効果などを多面的に解答することがポイントだった。

【人事施策を多面的に解答できたか】

和風：A社長って企業グループの総帥になるんだよ！　すごいすごいす〜い！　ヤバイ、あたしも総帥になりたいの！

先生：そんな簡単に君が総帥になったっていい！

和風：グループの総帥になるってことはA社だけ考えてたらダメじゃん、どうすんの？

外海：和風ちゃん、わかれへんの〜？　ほな俺がね、企業グループ全体の人事制度をどうしたらよいか一緒に考えてあげるから、どんな施策があるか言ってみてよ〜。

~診断士の魅力~
診断士の知識はどのような企業でもどこかで役立つ知識なので、生き方の選択肢が増えること。

和風：人事施策といえば「茶化」じゃん。
外海：もうちょっと詳しく教えてくれる？
和風：あたし、楽しく覚えるの好きだから〜、「茶」と「化」の文字のなかにあるカタカナから取って、「サ」＝「採用」、「ハ」＝「配置」、「ホ」＝報酬、「イ」＝育成、「ヒ」＝「評価」、が人事施策のフレームって覚えてる！
先生：その多面的な考え方、お茶目な覚え方、悪くないだろう！
外海：人事施策なんてなんぼあってもいいですからね、ありがたいですよ、ほんまにね。
和風：でもさ〜外海、あたし、100字以内でそんなにたくさん書き切れないし〜、何を優先すんの？
外海：俺はね、与件文の「経験や勘をベースにした」という記述から「公平性の確保」を、「年功序列型賃金が基本である」という記述から「成果主義的賃金の導入」を連想して、この2つを優先したのよ〜。
先生：与件文や設問から判断して優先順位をつける考え方も悪くないだろう！　実際、合格＋Ａ答案で多かったキーワードは、①「評価」の視点での「公平性」、②「報酬」の視点での「成果主義や業績連動の導入」、などだった。
和風：あたしは「企業グループ全体のバランスを考えた人事制度の整備が必須」っていう与件文に注目したよ！
先生：ピュ〜イ！　設問文にも「グループ全体の人事制度を確立していくためには」と記載があり、グループ全体での適正配置などを連想した受験生も多かったようだ！

【助言として、狙いや効果も伝えたい】

外海：人事制度なんてすぐわかったやん、こんなん。
和風：でもさ〜外海、「助言せよ」って書いてあるよ。施策を並べるだけじゃ中小企業診断士としての助言じゃないじゃん。
外海：ほな施策列挙だけと違うか〜。
先生：和風ちゃん、その考え方、中小企業診断士として悪くないだろう！
和風：で、外海、ほかに何か書かないの？
外海：そういうときは「効果」の記載で決まりやないかい。「狙い」や「効果」を説明することで決まりなのよ〜。
先生：ピュ〜イ！　確かに、合格＋Ａ答案では「モラール、士気向上」、「組織活性化」、などの狙いや効果まで記載している解答が多かった！
和風：そうだよ〜、アゲアゲになる施策じゃないと意味ないし！　あたしも総帥としてグループ全体を超ナイスなアゲアゲ施策で盛り上げるって決めた！

〜診断士の魅力〜
試験に合格した後、自分の働き方を大きく変えられる可能性を持っていること。

▶事例Ⅰ特別企画

ふぞろい流　事例Ⅰの歩き方

和風：1次試験はなんとかなりそうなんだけどさー、2次試験ってよくわかんないんだよねー。特に事例Ⅰわかんなくね？

外海：俺も最初は何をどう勉強したらいいか、わからんかったのよね〜。今解いてても、なんかうまくいかないというか。

先生：2次試験の問題は、初めはどうやって解いたらいいかわからないこともあるだろう！　特に事例Ⅰは全ての事例の基本とも取れる部分も多く、また1科目目であるため試験本番の出来が悪いと他の科目にもメンタル的に影響してしまいがちだ。ぜひ対策をしておきたい。今回は初学者をはじめ、事例Ⅰに苦手意識を持つ人に向けて、まず最初に押さえておきたいポイントを確認しよう。

【設問文を正確に読もう】

先生：そもそもだが、与件文を最初に全部読むようなことはおすすめしない。第1段落と最終段落を先に読んで、事例企業の業種や社長の思い、大きな課題などのイメージをつかんだうえで設問文を「正確に」読むことが入り口なんだ。限られた時間で問われたことを意識しながら効率的に進められるコツだといえる。

和風：へー、与件文を先に全部読んじゃうと思ってた！　でも正確にってどういうこと？

先生：たとえば2次試験あるあるだが、2人とも「課題」ってどういうことかわかるかな？

和風：え、「やっててダメなこと」ってことでしょ？

外海：すぐわかったやん、こんなん。和風ちゃんが言うダメなことっていうのは「問題点」。「課題」は今はダメだけど、これからどうしていくべきかってことですよねぇ？

先生：そのとおりだ。言葉の意味も意識せず設問で要求されていること（設問要求）が曖昧なまま解いていくと、合格＋A答案で見られる解答とは方向が違ってしまう。これを見てくれ！　設問要求に応えていない例をいくつか挙げよう！　シュッ！

> 設問要求に答えられていない例：
> ・「課題」に対して、「問題点」を解答
> ・「理由」に対して、「効果」を解答
> ・「留意点」に対して、「効果」がなく「施策」のみを解答
> ・「〇〇、△△」（2つの設問要求）に対して、「〇〇」（1つ）のみ解答
> ・「〇〇」を踏まえて、と要求があるのに「〇〇」の解答がない

和風：確かに全然意識してなかったかもー。自撮りしとこー（パシャッ）。

外海：顔のほうがでかく映ってんで！　まぁ、最初は意外とわかんないもんですよねぇ。

〜診断士の魅力〜
他の資格と異なり、取得後にさまざまな活動の機会を得やすいこと。

いかに日頃からいい加減に日本語を使っていたか……。ダメさ加減がわかりますね。

先生：ダメだ、とも言い切れない！　今から正確に意味を捉えればいい！　続いて制約条件だ。以下にあるような制約条件を守れない解答は、さすがにダメだ。

> 制約条件：○○以外の、○○の観点で、○○的な△△、etc.

和風：これはなんとなくわかるー。

外海：せっかくだから、もうちょっと詳しく教えてもらえます〜？

先生：欲張りな奴だ！　が、それも悪くないだろう。ほかにもたとえば、次の枠内のような記載で時制を制約しているものもある。だが、これを考えずにズレた時制の解答をする受験生も多いだろう！

> 制約条件：○代目社長、先代社長、A社長の就任前、創業当時、近年、etc.

先生：このようなヒントをもとに設問文を正確に捉えて、次は与件文を読んでみよう！

【与件文の読み方】

和風：うーん、なんか事例Ⅰの与件文ってヒント少なくね？　それにさっき設問でやった時制がごっちゃごちゃよね。わかりにくーい！

先生：そうとも言い切れない！　読み方次第だ！　令和2年度の事例を整理しよう。

> 【A社の時系列】
> 第1段落　現在
> 第3段落　江戸時代、戦後、2000年代
> 第4段落　2000年代から更に30年ほど前の1970年代
> 　　　　（引き継いだ、からは2000年代）
> 第6段落　A社長の幼少時、2000年代買収後3年近く
> 第7段落　2000年代後半（リニューアルの数年後、から）
> 第10段落　2000年代〜現在（働いている、という表現から）
> 第11段落　現在
> 第12段落　この10年、と近い将来

外海：やっぱりごちゃごちゃしてるわ〜。ときどき（　）で書かれてるのは何ですか〜？

先生：これは直接的な表現はないけれど時代がわかる部分だ。第4段落は、途中から経営権の獲得、つまり2000年代になっていることがわかるだろう。また第7段落はリニューアル（＝A社長修行中）から数年後、第10段落は「外国人数名も忙しく働いている」と、文末が「いる」であるため現在の話になっていることが読み取れる。

和風：こんなの普通に読んでたら気づかないし、忘れちゃうよー！

外海：そんなん意識して読んで、余白にでもメモしていったらいいのよー。メモなんてな

～診断士の魅力～
多様な可能性。診断士試験合格者が受験生を支援する文化。

んぼあっても困りませんからね～。
先生：そのとおり。何度も時を戻されるので、ついていけるよう意識して読む練習やメモは大事だ。しかも設問要求には時制を意識しなければいけないものも多い。では続いて、これはどうだろう？

> 地域、活性化、前の経営者、ベテラン従業員、ブランド、インバウンド、執行役員、情報システム化、蔵人、杜氏、レストラン、グループ、総帥

和風：あ、何回も出てきている言葉だよね。これはすぐわかったよー（笑）。
外海：それは俺のセリフ！　俺もすぐわかったよ～！　与件文や設問文で繰り返すってことはやっぱりそれだけ大事だってことですよね～？
先生：そのとおり！　これらの言葉自体やその周辺の言葉がふぞろい的にも高得点なキーワードになっていることも多いんだ。設問文と同じ言葉がある与件文の周辺の内容がヒントになることも多く、結びつけて考えたい！
和風：んじゃ、繰り返される言葉は、解答にも使われるかもしれないし、ヒントにもなるから要注意ってことだね。
先生：飲み込みが早いな！　では、これはどうだ？

> 同時に（第9段落）、そして（第11段落）、しかしながら（第12段落）

和風：なにこれ？　ただの接続詞じゃん！
外海：ちょいちょい出てくるやつやん。これも何かのヒントになるんですか？
先生：そのとおりだ。それぞれの直後の文は、「能力を見極めた」、「敏腕を発揮してきた」、「人事管理は、伝統的な家族主義的経営や祖父の経験や勘……」といった第4問のヒントになっている。ほかの接続詞も同様に設問のヒントになっているものが多い。
外海：そういう見方もあるんやなぁ。今まで解いてて気づかへんかったわ～。

【知識をどう使うか】
和風：なんだか事例Ⅰ、もう解けそうじゃーん。
先生：いや、まだ重要なことが抜けている。
外海：それってやっぱり知識ですよね⁉　俺は知識だけは自信があるんですよ！
先生：2次試験も言うまでもなく国家試験だ。もし設問文と与件文をきちんと理解できたとしても自分勝手な解答では合格にはならない。たとえば、令和2年度の第4問にも多く受験生が解答した「成果主義的人事制度」について見てみよう！　こうやってまとめている人も多い！

～診断士の勉強が仕事に生かせた瞬間～
私が技術系であることもあり、技術課題と事業的な課題を踏まえた開発テーマの提案を行ったこと。

> 【成果主義的人事制度】
> メリット　　若手のモチベーションアップ
> 　　　　　　賃金の適正化
> デメリット　短期的な成果への偏重
> 　　　　　　研究職などには不向き
> 留意点　　　公正な評価基準、賃金体系の設定

和風：成果主義的人事制度って１次試験でやったよねー。なんでこんな風にまとめるの？
先生：本番ですぐに使えるように整理しておく必要があるからだ！　こうした知識を因果関係がわかりやすいように解答に盛り込むことが重要なんだ！　たとえば……。

> ①若手のモチベーションを上げる<u>ために</u>、成果主義的人事制度を導入する。

> ②短期的な成果への偏重を回避する<u>ために</u>、成果主義的人事制度を導入しない。

> ③成果主義的人事制度を導入する際の留意点は、従業員のモチベーション向上に繋げる<u>ために</u>、公正な評価基準を設定することである。

和風：上の③は、まさに令和２年度の第４問だね。こんな風に知識って使うんだー。でもこういうのをたくさん覚えるのってマジしんどーい。
外海：過去問を解いていくなかで、俺も出会ったキーワードを同じように覚えていったけど、１次試験のときに内容自体は覚えているから意外と大変じゃないのよ。主に問われているものなんかはそんなに多くないからね〜。
先生：そんなまとめ方も悪くないだろう。知識については本書の137ページでも合格者が最低限頭に入れておくべきことを解説しているぞ！　過去問は単に数をこなすことよりも、知識の蓄積や自分の解法プロセスの構築など、しっかりと活用しつくすことが大切なんだ！
外海：じゃあ、ここで見てきた、設問文と与件文と知識の整理で決まりやないですか〜。
先生：そうとも言い切れない！　ここで書いたことは、あくまで初歩の初歩だ。これらをきっかけにしっかり過去問を解いていき、自分なりに解法プロセスも知識もどんどんレベルアップしていく必要がある。
外海：ほな、違うか〜。やっぱり事例を解くのって一朝一夕ではできないんですね！

〜診断士の勉強が仕事に生かせた瞬間〜
　顧客との会話の深さが変わり、初対面の顧客とも深い話がしやすくなった。

ふぞろい流ベスト答案 — 事例Ⅰ

第1問（配点40点）
（設問1） 99字 　【得点】20点

描いたビジョンは、①老舗ブランド[3]とグループの飲食業・旅館業[2]とのシナジー効果[3]を発揮し、インバウンドブーム[3]を取り込み、②孫であるA社長を後継者として育成[2]し、企業グループ[2]の成長[3]と地域活性化[4]を実現すること。

（設問2） 99字 　【得点】20点

理由は、ベテラン従業員[1]や前の経営者[1]から、酒造り[2]や経営のノウハウを獲得[5]するため。また、雇用責任を果たし[2]従業員の士気向上[1]を図り、取引先との関係を維持[1]することで、友好的[1]かつ円滑[2]に事業承継を成功[5]させるため。

第2問（配点20点） 99字　【得点】20点

手順は、①ベテラン事務員[3]からOJTにより複雑な事務作業[3]と取引先に関する情報[3]を受け継ぎ、②それらを標準化[4]、DB化[4]し、③社員教育[1]を行うことで全社的に情報を共有[2]し、業務の効率化と属人化からの脱却を図った。

第3問（配点20点） 95字　【得点】20点

求めた能力は、①直販による新しい顧客[1]のニーズを把握[4]する力、②把握したニーズ[1]を杜氏や蔵人[2]に伝え商品開発[1]に活かすコミュニケーション力[3]、③顧客[3]に自社商品の魅力を伝え売上伸長[1]するための営業力[4]である。

第4問（配点20点） 99字　【得点】20点

留意点は、①公平な評価制度[5]の確立、②成果主義[5]導入の検討、③多様な従業員[2]の適正配置[4]、④社員教育[2]や権限委譲による育成、等により、前近代的人事管理から脱却[3]し、グループ全体の士気向上[5]と組織活性化[3]を図る事である。

~診断士の勉強が仕事に生かせた瞬間~
　後輩への指導や、職場内での業務改善への助言。

ふぞろい流採点基準による採点

100点

第1問（設問1）：ビジョンを多面的に捉えるとともに、A社と祖父の企業グループが持つ経営資源や機会の活用等、ビジョンを実現するための根拠を記述しました。

第1問（設問2）：買収時に前の経営者やベテラン従業員が必要だった理由や、雇用継続の狙いなどを多面的に記述しました。

第2問：情報システム化する手順について、A社の業務背景を踏まえながら、1次知識を活用して記述しました。

第3問：ルートセールスから直販方式へ販売方式を変更したことで営業担当者が新たに求められる能力を多面的に記述しました。

第4問：企業グループのトップとして確立すべき人事制度の具体的施策、狙い、効果について、与件文や設問文からの根拠と1次知識を紐づけて多面的に記述しました。

Column　ポジティブな諦め思考のススメ

　診断士の勉強を始めたのは実は5年前。残業も多い職場で忙しく働いていたときでした。予備校の通学講座に申し込んだものの、土日の講座に出ても疲労で集中できず、眠くなる有様で、1次試験受験に至りませんでした。

　3年後、妊娠を機に退職し再度の挑戦を志した際、「仕事がなければ1年で大丈夫。楽しんでいこう！」と楽観的に捉えていました。しかし、それも束の間、体調は悪くなる一方、早産傾向で寝たきり生活、産後は身も心もボロボロで勉強どころではない生活が続きました。子どもが5か月になった頃から勉強を再開しましたが、1年目は1次試験であっさり敗退。その後も転居が重なり、子どもの夜泣きは延々と続き、何年も体調が悪く、思うように勉強できないストレス、社会との断絶、家庭とのバランスに悩み「この挑戦は正しかったのか？」と自問自答し、家族とも何度も話し合いました。受験勉強中、同様に思い悩む方は多いのかなと思います。

　悩んだときに思い返したのは、ノートに書き連ねていた診断士になることを志した理由、やりたいこと、夢の数々。そして、思うように勉強できないときに至った境地は「なんともならないときは諦める」というポジティブな諦め思考。ただし、後悔だけはしないよう、最大限の努力をすることだけ考えるという自分なりの着地点でした。この考え方は自分の心を落ち着かせ、試験当日の「力を出し切ることだけを考える」という姿勢につながり、最後に運を呼び寄せたのかなと感じています。

（どみー）

～診断士の勉強が仕事に生かせた瞬間～

規模はかなり小さいですが、意思決定会計の考え方はかなり本業に役立っています。

▶事例Ⅱ（マーケティング・流通）

令和２年度　中小企業の診断及び助言に関する実務の事例Ⅱ
（マーケティング・流通）

> 【注意事項】
> 新型コロナウイルス感染症（COVID-19）とその影響は考慮する必要はない。

　B社は、資本金450万円、社長をはじめ従業者10名（パート・アルバイト含む）の農業生産法人（現・農地所有適格法人）である。ハーブの無農薬栽培、ハーブ乾燥粉末の一次加工・出荷を行っている。

　B社は、本州から海を隔てたX島にある。島は車で2時間もあれば一周できる広さで、島内各所には海と空、緑が鮮やかな絶景スポットがある。比較的温暖な気候で、マリンスポーツや釣りが1年の長い期間楽しめ、夜は満天の星空が広がる。島の主力産業は、農業と観光業である。ただし島では、若年層の人口流出や雇用機会不足、人口の高齢化による耕作放棄地の問題、農家所得の減少などが深刻化し、地域の活力が低下して久しい。

　B社の設立は10年ほど前にさかのぼる。この島で生まれ育ち、代々農業を営む一家に生まれたB社社長が、こうした島の窮状を打開したいと考えたことがきっかけである。B社設立までの経緯は以下のとおりである。

　社長は、セリ科のハーブY（以下「ハーブ」と称する）に目を付けた。このハーブはもともと島に自生していた植物で、全国的な知名度はないが、島内では古くから健康・長寿の効能があると言い伝えられてきた。現在でも祝いの膳や島のイベント時に必ず食べる風習が残り、とくに高齢者は普段からおひたしや酢みそあえにして食べる。社長はこのハーブの本格的な栽培に取り組み、島の新たな産業として発展させようと考えた。

　まず社長が取り組んだのは、ハーブの栽培手法の確立であった。このハーブは自生植物であるため、栽培ノウハウは存在しなかった。しかし、社長は農業試験場の支援を得て実験を繰り返し、無農薬で高品質のハーブが同じ耕作地で年に4～5回収穫できる効率的な栽培方法を開発した。一面に広がるハーブ畑は、生命力あふれる緑の葉が海から吹く風に揺れ、青い空と美しいコントラストを生み出している。

　一般的にハーブの用途は広く、お茶や調味料、健康食品などのほか、アロマオイルや香水などの原材料にもなる。社長は次に、このハーブを乾麺や焼き菓子に練りこんだ試作品をOEM企業に生産委託し、大都市で開催される離島フェアなどに出展して販売を行った。しかし、その売上げは芳しくなかった。社長は、このハーブと島の知名度が大消費地では著しく低いことを痛感し、ハーブを使った自社による製品開発をいったん諦めた。社長はハーブの販売先を求めて、試行錯誤を続けた。

～資格を取ってやりたかったこと～
　1次試験の「中小企業経営・中小企業政策」を勉強して、起業や事業承継のお手伝いをしたいと思うようになった。

B社設立の直接的な契機となったのは、社長が大手製薬メーカーZ社と出合ったことである。消費者の健康志向を背景にますます拡大基調にあるヘルスケア市場では、メーカー間の競争も激しい。Z社は当時、希少性と効能を兼ね備えた差別的要素の強いヘルスケア製品の開発可能性を探っており、美しい島で栽培された伝統あるハーブが有するアンチエイジングの効能と社長の高品質かつ安全性を追求する姿勢、島への思い入れを高く評価した。社長もZ社もすぐに取引を開始したかったが、軽い割にかさばるハーブを島から島外の工場へ輸送するとなるとコストがかかることがネックとなった。

　そこで社長自ら島内に工場を建設し、栽培したハーブを新鮮なうちに乾燥粉末にするところまで行い、輸送コスト削減を図ろうと考えた。Z社もそれに同意した。その結果、B社はハーブの栽培・粉末加工・出荷を行うための事業会社として、10年ほど前に設立された。

　Z社は予定どおり、B社製造のハーブの乾燥粉末を原材料として仕入れ、これをさらに本州の工場で加工し、ドリンクやサプリメントとして全国販売した。これらの製品は、島の大自然とハーブからもたらされる美を意識させるパッケージで店頭に並び、主として30～40歳代の女性層の支持を獲得した。この島の空港や港の待合室にも広告看板が設置され、島とハーブの名前が大きく明示されている。そのため、とくにヘルスケアに関心の高い人たちから、このハーブが島の顔として認知されるようになってきた。こうした経緯もあって、島民は昨今B社の存在を誇りに感じ始めている。

　ただし、Z社のこの製品も発売から約10年の歳月を経て、売れ行きが鈍ってきた。このところ、B社とZ社とのハーブの取引量は徐々に減少している。Z社担当者からは先日、ブランド刷新のため、あと2～3年でこの製品を製造中止する可能性が高いことを告げられた。

　現在のB社は、このハーブ以外に、6～7種類の別のハーブの栽培・乾燥粉末加工を行うようになっている。最近ではこのうち、安眠効果があるとされるハーブ（Yとは異なるハーブ）が注目を集めている。Z社との取引実績が安心材料となり、複数のヘルスケアメーカーなどから安眠系サプリメントなどの原材料として使いたいと引き合いが来るようになった。しかし、取引が成立しても、Z社との取引に比べるとまだ少量であり、B社の事業がZ社との取引に依存している現状は変わらない。

　最近になって、社長は自社ブランド製品の販売に再びチャレンジしたいという思いや、島の活性化への思いがさらに強くなってきた。試しに、安眠効果のあるハーブを原材料とした「眠る前に飲むハーブティー」というコンセプトの製品をOEM企業に生産委託し、自社オンラインサイトで販売してみたところ、20歳代後半～50歳代の大都市圏在住の女性層から注文が来るようになった。

　島の数少ない事業家としての責任もあるため、社長は早期に事業の見直しを行うべきだと考え、中小企業診断士に相談することにした。

~資格を取ってやりたかったこと~

　副業。本業以外で収入の柱をもう一本つくることを目指しています。

第1問（配点20点）

　現在のB社の状況について、SWOT分析をせよ。各要素について、①～④の解答欄にそれぞれ40字以内で説明すること。

第2問（配点30点）

　Z社との取引縮小を受け、B社はハーブYの乾燥粉末の新たな取引先企業を探している。今後はZ社の製品とは異なるターゲット層を獲得したいと考えているが、B社の今後の望ましい取引先構成についての方向性を、100字以内で助言せよ。

第3問（配点30点）

　B社社長は最近、「眠る前に飲むハーブティー」の自社オンラインサイトでの販売を手がけたところ、ある程度満足のいく売上げがあった。

（設問1）

　上記の事象について、アンゾフの「製品・市場マトリックス」の考え方を使って50字以内で説明せよ。

（設問2）

　B社社長は自社オンラインサイトでの販売を今後も継続していくつもりであるが、顧客を製品づくりに巻き込みたいと考えている。顧客の関与を高めるため、B社は今後、自社オンラインサイト上でどのようなコミュニケーション施策を行っていくべきか。100字以内で助言せよ。

第4問（配点20点）

　B社社長は、自社オンラインサイトのユーザーに対して、X島宿泊訪問ツアーを企画することにした。社長は、ツアー参加者には訪問を機にB社とX島のファンになってほしいと願っている。

　絶景スポットや星空観賞などの観光以外で、どのようなプログラムを立案すべきか。100字以内で助言せよ。

～資格を取ってやりたかったこと～

職場内の業務改革。

第1問（配点20点）【難易度 ★☆☆ みんなができた】

現在のB社の状況について、SWOT分析をせよ。各要素について、①〜④の解答欄にそれぞれ40字以内で説明すること。

●出題の趣旨

B社内外の経営環境を分析する能力を問う問題である。

●解答ランキングとふぞろい流採点基準

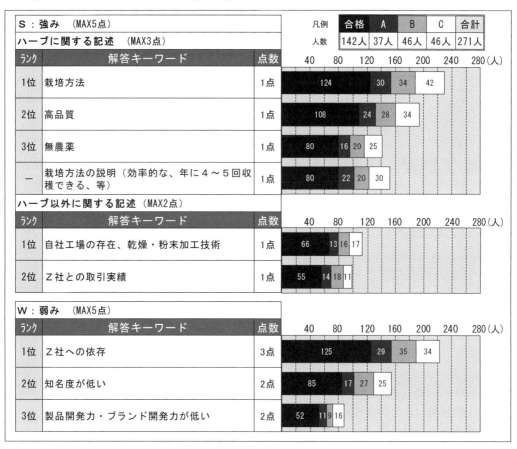

~資格を取ってやりたかったこと~
社会課題を解決する企業の支援。

48　第2章　ふぞろいな答案分析

O：機会　（MAX5点）

ランク	解答キーワード	点数
1位	消費者の健康志向	3点
2位	（安眠系サプリの原材料としての）、（複数のメーカーからの）引き合い	2点
3位	安眠効果のあるハーブへの注目	1点
4位	大都市圏の女性層からの注文	1点
5位	島の顔としてのハーブの認知	1点
—	ヘルスケア市場についての記述（拡大、成長、伸長、伸び、等）	1点

T：脅威　（MAX5点）

Z社との取引に関する記述（MAX2点）

ランク	解答キーワード	点数
1位	製造中止の可能性が高い	2点
2位	取引量の減少	1点

Z社との取引以外に関する記述（MAX3点）

ランク	解答キーワード	点数
1位	（X島の）地域の活力低下	2点
2位	（ヘルスケア）メーカー間の競争激化	2点
—	地域の活力低下の具体的要因（人口流出、雇用不足、所得減少、高齢化等）	1点

●再現答案

S：強み

区	再現答案	点	文字数
合	①無農薬で高品質なハーブの効率的な栽培方法②島内の出荷工場③Z社との取引実績。	5	39
A	希少で無農薬・高品質なハーブの栽培・乾燥ノウハウ、Z社との取引実績による安心感。	5	40
B	無農薬で高品質のハーブを効率的な栽培方法の開発、ハーブ製品が女性の支持を獲得。	3	39
C	強みは、効率的な栽培方法で年に複数回の収穫を可能とするハーブの生産体制である。	2	39

～資格を取ってやりたかったこと～
せっかく苦労して取った資格。「聴く」、「書く」、「話す」、全部やりたい！

W：弱み

区	再現答案	点	文字数
合	ハーブと島の知名度が大消費地では低く、自社ブランド製品が少なく、Z社依存が強い。	5	40
B	X島という本州から海を隔てた立地で輸送が不便なこと、Z社への依存度が高いこと。	3	39
C	ハーブの輸送コストが割高で、ハーブと島の知名度が大消費地で著しく低い認知不足。	2	39

O：機会

区	再現答案	点	文字数
合	健康志向を背景に市場拡大基調。安眠効果のあるハーブが注目を集め引き合いがある。	5	40
A	①消費者の高い健康志向によるヘルスケア市場の拡大、②複数メーカーからの引き合い。	5	40
B	①安眠効果があるハーブに注目②複数のヘルスケアメーカーから引き合い、である。	3	38
C	ヘルスケアに関心の高い人から、ハーブが島の顔として認知され、空港に広告看板がある。	1	40

T：脅威

区	再現答案	点	文字数
合	①メーカーの競争が激しくZ社の製品が中止になる可能性がある。②地域活力の低下。	5	39
B	島の農家所得の減少、若年層の人口流出、雇用機会不足、人口高齢化で地域活力が低下。	3	40
C	ブランド刷新のため、2〜3年後に製造中止となる可能性が高いこと。	2	32

～2次試験とは○○である～
己を知ること。

●解答のポイント

> 与件文から強み・弱み・機会・脅威に関する記述をピックアップし、限られた文字数のなかで、要点を過不足なく盛り込めるかがポイントだった。

【S：強み】

先生：さぁ、続いて事例Ⅱを見ていくことにしよう。第1問は前年と同様「SWOT分析」だ。まず「強み」についてはどう対応したか、俺に教えてほしい。

外海：強みはなんぼあってもいいですからね～。

和風：あたしはね～、与件文にあった「ハーブの栽培方法」と「Z社との取引実績」を書いたよ～！ 2つも記載できたあたしって、マジ天才じゃね？

外海：それはもう「高品質なハーブの効率的な栽培方法」と「Z社との取引実績」で決まりなのよ～。

先生：「栽培方法」はB社の事業のベースとなるものだし、「Z社との取引実績」については、複数のヘルスケアメーカーなどの安心材料となっている。2人とも、この2つを重要キーワードとした判断、悪くないだろう！

和風：でもさ～、自社工場なんかも強みなんじゃね？

先生：工場があれば、乾燥粉末にして輸送コストを削減可能だ。実際に、「粉末加工技術」や「自社工場」を記載した合格＋A答案の割合は多い！ 強みについては、これまで話したことを制限字数内にいかに収められるかが重要だった！ そのためには、「栽培方法」の修飾語を入れ過ぎないことに注意だ！

【W：弱み】

先生：「弱み」についてはどうかな？

外海：それはもう「知名度の低さ」で決まりなのよ～。

和風：え～、そうかなぁ？ 設問文に「現在の」ってあるし、与件文には「島の顔として認知」とか「大都市圏在住の女性層から注文が来るようになった」とかあるから、「知名度の低さ」は違うんじゃね？

外海：ほな、知名度の低さと違うか～。

先生：2人とも、悪くないだろう！ 「知名度」については、「現在」もまだ低いとする考え方もあれば、「現在」は高いとする考え方もある。時制の捉え方は受験生で判断が分かれたといえるだろう。実際に、合格＋A答案でも「知名度の低さ」について触れられたものも多い。ただ、合格＋A答案の割合については、「知名度の低さ」よりも「Z社への依存」といった、第2問で問われている「取引先の方向性」に関係する要素や、「自社製品開発力の低さ」といった第3問（設問2）で克服していく要素など、他の設問につながる要素を取り入れたものが多かったんだ。

～2次試験とは○○である～
インプットとアウトプットの掛け算。

外海：他の設問との関連性を考慮して解答要素を記載していくことも大事なんですねぇ。

【O：機会】

先生：続いて「機会」についてだが、2人は何を解答要素にした？

外海：それはもう「消費者の健康志向」、「ヘルスケア市場が拡大している」ことで決まりなのよ〜。

和風：あたしもそれは書いたけど、「複数のヘルスケアメーカーからの引き合い」についても書いたよ〜。40字にまとめるのが大変だったけどね〜。

先生：2人とも、悪くないだろう！　この3つは合格＋A答案の割合も高かった。そのほかには、「安眠効果のあるハーブへの注目」、「大都市圏からの注文」といった答案も見受けられた。その一方で、B答案以下には「絶景スポット、満点の星空」や「ハーブの用途の多さ」といったX島の観光資源やハーブの用途などの以前からある要素が見られた。変化する外部環境をしっかり捉え、「健康志向」、「市場の拡大」、「複数メーカーからの引き合い」などの解答要素を記載できたかが勝負の分かれ目だったといえるだろう。

【T：脅威】

先生：最後の「脅威」についてはどうかな？

外海：それはもう「取引量の減少」と「製造中止の可能性が高いこと」で決まりなのよ〜。

和風：それって、単に原因と結果の関係だけで、同じことじゃね？

外海：ほな、取引量の減少と違うか〜。

和風：あたしはね〜、与件文にある「メーカー間の競争が激しい」を書いたよ〜。

先生：2人とも、悪くない議論だろう。確かに、和風ちゃんが言うように「取引量の減少」と「製造中止の可能性が高いこと」は原因と結果の関係にあり、同じことを指していると考えられることから、それぞれに加点された可能性は低い。そのほかには「地域の活力低下」についても合格＋A答案の数は多かった。外部環境をしっかりと分析して40字以内に多面的に要素を盛り込めるかがポイントだったといえるだろう。

Column

時々「不合格になった理由」を考えてみる

多年度生向けになるかもしれませんが、どうしても長年勉強してきたことにより勉強方法の改善がしにくくなることってないですか？　そのようなときに、「今、2次試験を受けて不合格になったとしたら、何が原因になりそうか？」と考えてみました。そうすると不思議なことに、これではまずい！　と自然と気づきます。人は最悪の場合を考えると、事前に対策をするものなのだなと感じました。でも時々というのがポイントです。あまりやりすぎると、今度はやる気をなくしますよ（笑）。

（みっこ）

〜2次試験とは○○である〜

正解があるのかないのか……結局よくわからない試験。

第2問（配点30点）【難易度 ★★☆ 勝負の分かれ目】

　Ｚ社との取引縮小を受け、Ｂ社はハーブＹの乾燥粉末の新たな取引先企業を探している。今後はＺ社の製品とは異なるターゲット層を獲得したいと考えているが、Ｂ社の今後の望ましい取引先構成についての方向性を、100字以内で助言せよ。

●出題の趣旨

　Ｂ社の現状を踏まえて、既存製品の新たな販売先を提言する能力を問う問題である。

●解答ランキングとふぞろい流採点基準

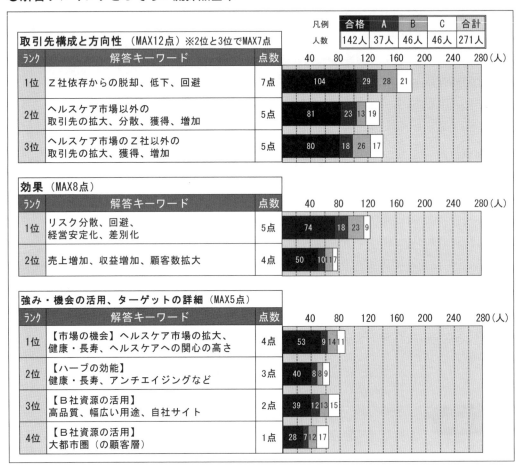

～２次試験とは○○である～

　２次試験とはフォームを微調整しつづける訓練である。

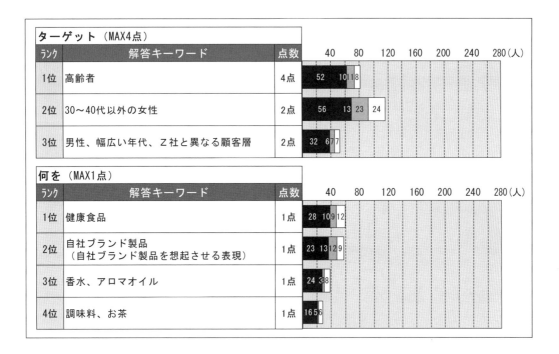

●再現答案

区	再現答案	点	文字数
合	大都市に住む、健康・長寿に興味を持つ高齢者をターゲットに健康食品メーカーと協業し、ハーブYを使用した島伝統の酢みそあえなどの食品を販売し、売り上げ向上とZ社依存度低下による、経営リスクの分散を図る。	30	99
A	方向性は複数のヘルスケアメーカーとの取引を拡大し、Z社依存度を低下させること。高齢者をターゲットに、ハーブの島内外での知名度と、無農薬で高品質のハーブの効率的な栽培方法を活用し、新規顧客獲得を図る。	22	99
B	B社は今後主要取引先との取引量減少のリスクに備えるため、①既存市場とは異なる市場で活動する取引先や②既存製品とは異なるニーズを持つ取引先等の構成比を高めていくことで依存度低下をさせていくことが望ましい。	17	100
C	構成は、①Z社とは既存原料を供給し取引を続け、②安眠やいやしを求める20代〜50代の首都圏の女性をターゲットとするアロマや香水のメーカーに対し無農薬で高品質で安眠効果のあるハーブ原料を供給する。	11	97

～2次試験とは○○である～

診断士見習いとしての最初のお仕事。

●解答のポイント

> 「取引先構成についての方向性」という設問要求を的確に捉え、それによって得られる効果、活用できるB社の強みや機会を加えて具体的かつ整合性がとれた助言ができたかがポイントだった。

【取引先構成についての方向性】

先生：さぁ、第2問は最も配点の高い問題だ。2人はどうだったかな？

和風：あたし～、ここは「誰に、何を、どのように、効果」で考える「ダナドコ」のフレームで答えたから完璧っしょ！

外海：俺は、フレームワークは使わなかったのよ。新しい取引先を探しているのはなんでだろうと考えた。そして、B社の目指したい姿を課題として捉えてみたのよ。

先生：2人とも悪くないだろう！ まず「取引先構成についての方向性」はどう考えた？

和風：あたし、「食品メーカー」を提案したよ！ あたしってマジ天才じゃね？

外海：それはただの「取引先」やと思うのよね。「取引先構成についての方向性」とわざわざ言ってるんやから、もう少し踏み込んで……。

先生：外海、いいところに気がついた！ では、わかりやすくするために「取引先構成についての方向性」を「取引先構成」と「方向性」の2つに分けて考えてみよう。まず、「方向性」についてはどう思う？

外海：それは課題を解決する方向性で決まりなのよ～。ですよねぇ、先生？

先生：外海、その視点、悪くないだろう！ では、B社が解決するべき課題は何だと思う？

和風：与件文から見つけたよ。課題は「Z社依存の脱却」で決まりじゃんね。

外海：そうか～。ほな、取引縮小の可能性を受けて、「取引量の確保」はどうですかね～？

先生：2人とも、いい調子だ！ 合格＋A答案でも、「Z社依存の脱却」と「取引量の確保」に分かれていたよ。設問文で「今後の望ましい……取引先構成についての方向性」と聞かれているから、あまり良くないB社の状況から課題を設定すればいいだろう。

和風：なるほど！ だから、外海の捉え方もあるんだ。勉強になったわ！

先生：「方向性」の次は「取引先構成」だ。先ほどの「方向性」を満たす「取引先構成」は何だと思う？

外海：ここ、迷ったんですよ。設問文に「新たな取引先」とか「Z社の製品とは異なるターゲット層」ってあるけど、これが、ヘルスケア市場のZ社以外の取引先なのか……、ヘルスケア市場以外の取引先なのか……。

和風：そんなの、ヘルスケア市場の競争が激化してるんだから、ヘルスケア市場以外の取引先で決まりじゃん！

外海：ほな、ヘルスケア市場のZ社以外の取引先と違うか～。

先生：いや、それも悪くないだろう。ヘルスケア市場のZ社以外の取引先としても、ヘ

～2次試験とは○○である～

320分耐久ぶら下がりレース。

ルスケア市場以外の取引先としても、Ｚ社の製品と競合しない複数の取引先であれば問題なかったと考えられる。実際、合格＋Ａ答案には両方見られた。

和風：なるほど！「Ｚ社の製品とは異なる」という設問要求に沿うことが大切なんだね。

先生：いよいよ「取引先構成についての方向性」だが、これは今までに考えた２つを合わせればいいだろう。実際に、合格＋Ａ答案には、Ｂ社の現状の課題を解決するという「方向性」と、そのための「取引先」の両方を明示した答案が多かった。さらに、合格＋Ａ答案には、「方向性」の選択理由として、「リスク回避」や「売上増加」といった効果を記載し、「取引先構成」の選択理由として、「健康志向の高まり」など、第１問の「強み」や「機会」の活用を記載できているものも多かったんだ。

【Ｚ社の製品とは異なるターゲット層】

先生：残りの設問要求は「Ｚ社の製品とは異なるターゲット層」だ。２人はどのようなことを解答に盛り込んだ？

和風：あたし、「ダナドコ」のフレームワークの「誰に」は「Ｚ社と異なるターゲット層」、「何を」は「Ｚ社の製品とは異なる製品」って感じで、分けて考えた。それで、「誰に」を高齢者、「何を」を健康食品にして解答に盛り込んだよ。

外海：俺、Ｚ社と異なるターゲット層については「30～40代以外の女性」って書いたけど、具体的な製品については書かなかったんよ～。

先生：ピュ～イ、２人ともいいよ！　たとえば、ヘルスケア市場のＺ社以外の取引先とした場合、Ｚ社と異なる具体的な製品は与件文に見当たらない。「香水」、「アロマオイル」がヘルスケア市場の製品なのか判断がつかない人も多かったようだ。そのため、外海のように具体的な製品を記載していなかったり、ターゲット層について「幅広い年代」、「Ｚ社のターゲット以外」と濁している合格＋Ａ答案が多かった。

和風：へぇ～、無理にフレームワークを使わなくてもいいんだね。

先生：そうだね。設問要求にしっかりと答えることのほうが大切だね。ただ、外海が記載した「30～40代以外の女性」と書かれた答案は多かったけれど、Ｂ答案以下の割合が高いから、「高齢者」よりも配点は低かっただろう。

外海：う……、残念やなぁ。

～試験に持って行ってよかったもの～

使い捨てカイロ（緊張で手先が冷えたが、暖めることで緊張もほぐれた。北海道は寒かった）。

第3問（配点30点）

　B社社長は最近、「眠る前に飲むハーブティー」の自社オンラインサイトでの販売を手がけたところ、ある程度満足のいく売上げがあった。

（設問1）【難易度　★★★ 難しすぎる】

　上記の事象について、アンゾフの「製品・市場マトリックス」の考え方を使って50字以内で説明せよ。

● 出題の趣旨

B社の新規事業について、既存事業との関係性を分析する能力を問う問題である。

● 解答ランキングとふぞろい流採点基準

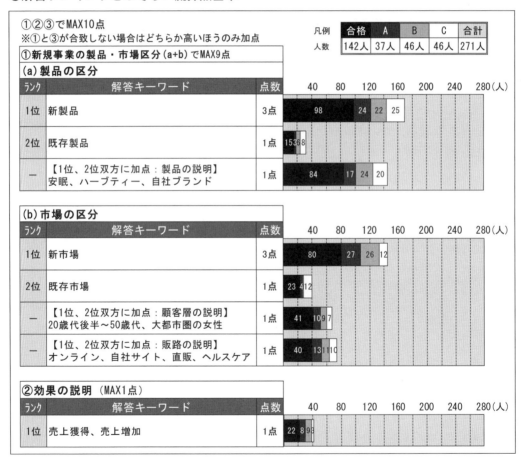

～試験に持って行ってよかったもの～
苦手論点を手書きでまとめたノート。

③アンゾフの製品・市場マトリックス4戦略 （MAX2点）			
ランク	解答キーワード	点数	
1位	多角化戦略	2点	44　101 3
2位	新市場開拓戦略	1点	20 8 8 2
3位	新製品（商品）開発戦略	1点	24 3 13
参考	市場浸透戦略	0点	0

●再現答案

区	再現答案	点	文字数
合	新ハーブ原料の<u>自社ブランド</u>[1]<u>新商品</u>[3]で、<u>通販</u>[1]による<u>大都市圏女性層</u>の<u>新市場</u>[3]を標的とした関連<u>多角化戦略</u>である。	10	50
A	<u>自社オンラインサイト</u>[1]という<u>新市場</u>[3]に、<u>ハーブティー</u>[1]という<u>新製品</u>[3]を投入したことで顧客開拓・<u>売上拡大</u>した。	9	50
B	Ｚ社の販売チャネルを維持しつつ、<u>自社オンラインサイト</u>[1]販売追加による<u>新市場開拓戦略</u>[1]で<u>売上拡大</u>を図った。	6	50
C	<u>新しい商品</u>[3]を、ヘルスケアに関心のある<u>既存の市場</u>[1]に提供する、マルチブランド戦略。	5	39

●解答のポイント

> 新規事業が「製品・市場マトリックス」のいずれに該当するかを、製品・市場それぞれの区分と、根拠となる具体的な説明を加えて解答できたかがポイントだった。

【戦略の選定】

和風：1次試験の勉強でこれ覚えたのに、忘れちゃったんだよね。マジ残念なんだケド。

外海：すぐわかったやん、こんなん。オリジナルハーブティーのオンライン販売やないかい。だからそれはもう新製品、新市場だから多角化戦略で決まりなのよ～。いや、ひょっとして同じハーブ製品だから新市場開拓？　ほな、多角化と違うか～。

先生：どちらも間違いとは言い切れない。多角化戦略を選択した受験生が最も多かったが、新市場開拓戦略と新製品開発戦略を解答した答案も多く、大きく割れていたんだ。

外海：難しいな～。先生、ほな、もうちょっと詳しく教えてもらえます？

先生：全答案のうち、合格＋Ａ答案の割合が最も高かったのは多角化戦略で、4戦略の

～試験に持って行ってよかったもの～

ブドウ糖入りのラムネとチョコ。

うち最も高く配点された可能性がある。新市場開拓戦略と新製品開発戦略は多角化戦略に比べ、Ｂ答案以下の割合が高かった。また、既存事業と関連性が高く、リスクも低くて成功しやすいといわれる関連多角化を記載した答案も見られた。

和風：中小企業でも多角化は有用な戦略ってことね！

アンゾフの製品・市場マトリックス

	既存製品	新製品
既存市場	市場浸透戦略	新製品（新商品）開発戦略
新市場	新市場開拓戦略	多角化戦略

【市場と製品の区分を分析できたか】

和風：戦略名なしで「新製品を既存のヘルスケア市場で販売した」って書いた。全然ダメ？

先生：諦めるのはまだ早い！　全然ダメとも言い切れない！　戦略名の記述がなく、市場と製品の区分のみ答えていた解答も多かった。市場、製品が新規のものか既存のものかについて分析できていたかがもう１つのポイントだったといえそうだ。

外海：戦略名だけでは設問で求められた「説明」にならへんからね。ただし、今回は新規か既存かの判断が難しかったと睨んでるのよ～。

先生：ピュ～イ！　難しいということは説明のしがいがあるだろう！　まず、「眠る前に飲むハーブティー」は新しいOEM生産の自社ブランド製品であり、Ｂ社が初めて手掛けた最終製品でもある。だから、合格＋Ａ答案では新製品であると判断したものが多かった。これは配点が高かったと考えられるだろう。一方、「ハーブ製品」「ハーブを活用した飲料」という点から既存製品であると判断した解答も一定数見られた。こちらも配点されていた可能性はあるといえる。

外海：市場については、新規と既存の基準はどこにあるんですかね～？

先生：Ｂ社にとって初めてのオンライン直販について、新市場であるととらえた解答が多数派であった。一方、「20歳代後半〜50歳代の大都市圏在住の女性層」という顧客層はＺ社商品の顧客層である「30〜40歳代の女性層」と年齢の幅が近く、ニーズである安眠志向は同じヘルスケアに分類されるとも考えられることから、「既存市場」と説明した解答もあった。判断が難しい問題だからこそ、50字という制約のなかで根拠となる説明を入れて、具体的に記述する必要があったと考えられる。

和風：戦略名が書けなくても内容をきちんと答えれば、「悪くないだろう」ってことね！

先生：対応方法は人それぞれだ。事例Ⅰ第２問でも触れたが、知識が思い出せないときは、設問の意図を読み取り、丁寧に解答することで、得点を積み上げられるだろう！

～試験に持って行ってよかったもの～

予備の電卓（当日、鞄のなかで参考書に潰されて液晶が真っ黒になっていた。焦った……）。

（設問2）【難易度 ★★☆ 勝負の分かれ目】

B社社長は自社オンラインサイトでの販売を今後も継続していくつもりであるが、顧客を製品づくりに巻き込みたいと考えている。顧客の関与を高めるため、B社は今後、自社オンラインサイト上でどのようなコミュニケーション施策を行っていくべきか。100字以内で助言せよ。

● 出題の趣旨

B社の新規事業について、顧客志向の価値創造を可能にする施策を提言する能力を問う問題である。

● 解答ランキングとふぞろい流採点基準

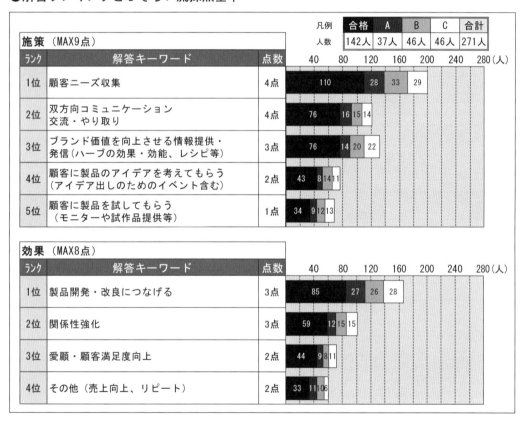

～試験に持って行ってよかったもの～
電波腕時計。試験監督もそれに合わせているようで、終了時間がピッタリわかるのは精神的に良い。

ツール（MAX3点）			40　80　120　160　200　240　280(人)
ランク	解答キーワード	点数	
1位	掲示板・BBS	3点	81　18 16 13
2位	SNS	2点	32　9 9 6
3位	その他（アンケート・ブログ・問い合わせフォーム）	1点	47　11 15 21

● 再現答案

区	再現答案	点	文字数
合	施策は、掲示板等の双方向コミュニケーションで顧客ニーズを収集し、自社製品の開発に反映。試作モニターを募集し製品づくりへの顧客の関与を高め、顧客満足度向上と関係性強化で固定客化につなげる。	20	93
A	B社は、①HPやメルマガにて新製品情報やお買得情報を発信し、②掲示板やSNSにて顧客からの要望や苦情等を受信し、双方向のコミュニケーションにより絆を深め、顧客志向の新商品開発を行い、売上の拡大を図る。	20	100
B	施策は、1．自社栽培のハーブを使った料理のレシピを公開し、Y以外のハーブの魅力を発信する、2．問い合わせコーナーを設置して新商品の要望やハーブを使用した顧客の声を収集し、新商品開発や既存商品改良を図る。	11	100
C	施策は、①ハーブの栽培やハーブ畑の風景、ハーブの効能の説明を動画でサイトに掲載し、関心を高める、②顧客の希望を収集し、ニーズに基づく試作品を作ることで、双方向コミュニケーションを図る。	9	92

● 解答のポイント

> 顧客の関与を高めるための多面的な施策を盛り込むこと、施策がどのような効果につながるかという因果関係を明記することがポイントだった。

【施策について】

先生：では、第3問（設問2）だ！　ここでは、どのようなことを問われていると思う？

和風：顧客の関与を高めるため、オンラインサイトでの販売という成功体験を生かし、どのような施策を打っていけばいいかが問われているよ。キャハ！

先生：そのとおりだ。B社社長としては、顧客を製品づくりに巻き込みたいとの思いがあ

~試験に持って行ってよかったもの~
家族の写真。

るようだね。ところで、2人はどんな施策を思いついた？
外海：こんなん、多年度生の俺から言わせるとね、平成28年度の第4問（設問2）と答えは一緒なのよ。双方向のコミュニケーションをとって、ポイント制度を導入して、定期的にメルマガを送っておけば高得点は間違いなし。これで決まりなのよ！
和風：でもそれだと顧客を製品づくりに巻き込めてなくね？　あたしは、双方向にコミュニケーションをとるのは一緒だけど、顧客ニーズを収集する方向で提案したよ。
先生：和風ちゃんの助言、悪くないだろう！　きちんと題意を捉えて解答を考える姿勢が大事だ。しかし、双方向コミュニケーションなのに、受信側だけでいいのかな？
和風：あと、ハーブの効果やレシピを発信することで、ブランド価値を向上させることも書いたよ。発信は得意だから！　あたしに任せてくれれば、再生回数頑張って稼ぐよ！
先生：悪くないだろう。情報発信をして自社製品をアピールすることで、顧客を呼び込む。そして、呼び込んだ顧客からニーズを収集するといったように、双方向を意識した解答が合格＋Ａ答案に多かった！
外海：ほな、俺のは題意に沿った施策とは違うか〜。ちなみに、相方のおかんは、顧客に製品のアイデアを考えてもらうことや、試作品を顧客に試してもらうことを書いていたみたいやけど、それは施策としてどうなんですか？
先生：それらの施策が記載された合格＋Ａ答案も相当数あったので悪くないだろう。参考までにＢ答案以下には、「メルマガの定期配信」や「顧客同士の交流」、「悩み相談に応じる」など、製品づくりに巻き込むことを意識できていない答案が多かった。
和風：悩み相談は、ニーズ収集ともいえないのかな？　悩み＝ニーズの種ともいえるし。
先生：そういう見方もあるが、実際には、はっきりと収集について触れられていない解答はＢ答案以下に多かった。曖昧な解答には点数がつかないとも考えられる。題意を意識できていない答案も悪くないだろう……、とはならなかったようだ。

【効果について】
先生：ところで施策もいいが、効果はしっかりと書くことはできたかな？
和風：あたしは、施策に字数を使いすぎて、効果は1つしか書けなかったよ。
外海：それは少ないやろ〜。しっかり効果まで助言してあげて初めて1つの施策やで。俺は3つ施策を書いたんやけど、1つの施策に対して、1つずつ効果を助言してあげてるからね！　効果なんてなんぼあってもいいですからね！
和風：ちょっと多すぎじゃね？　なんでも書けばいいってもんじゃないでしょ。
先生：なんでも書けばいいわけじゃないのは確かだが、効果が2つ以上書かれているものが合格＋Ａ答案には多かった。施策をただ羅列するのではなく、施策に対応してどのような効果があるかまできちんと書けているかどうかで差がついたと考えられる。

〜ファイナルペーパーに書いた一言〜
事例Ⅳ「チェックしろ！」（ミスしないように、設問文などの条件を赤サインペンで）。

和風：あたしは、製品開発につなげるって書いたよ。収集したニーズはしっかりと製品開発に生かさないとでしょ。

外海：それって効果っていえるんかなぁ？　効果といえば、関係性強化とか顧客満足度向上とかやろ？　どっちかというと和風ちゃんの答えは、施策寄りのような気もするのよ〜。

先生：外海の言うこともっともだ。確かにキーワードだけ見ると施策のようにも思えるが、効果として「製品開発につなげる」と記述している合格＋Ａ答案は多かった。

和風：顧客を製品づくりに巻き込むっていう題意に沿っているかが大事ってことね！

先生：もちろん、外海の言う関係性強化や顧客満足度・愛顧向上を書いている答案も多かったし、売上向上、リピートにつなげると書いた答案も一定数あった！

【(設問1) とのつながりについて】

和風：先生！　今回（設問1）とのつながりは考える必要があったのかな？　あまりつながりは意識してなかったけど、そこんとこどうなんだろ。

外海：俺もね、全然意識してなかったんですけどね。80分という短い時間でそこまで意識するのは無理があるんじゃないですかね？

先生：確かに短い試験時間のなかで、（設問1）とのつながりを考えるのは難しいかもしれない。しかし、「情報発信をして自社製品をアピールする」施策は、新市場を切り開いた先の顧客を関与させるといった意味で、新市場開拓戦略といえる。一方、「ニーズを収集して製品開発につなげる」施策は新製品開発戦略といえる。そして、両方合わせると多角化戦略になる。（設問1）で選択した戦略との一貫性があったほうが、点数が高くなった可能性もあるかもしれない。

【ターゲットについて】

外海：迷った末に書かなかったんですが、ターゲットは書いたほうがよかったんですかね？

和風：それ、あたしも気になる！　あたしも書かなかったけど、施策問題は、「ダナドコ」（誰に・何を・どのように・効果）で解答を考えることが多いし、「誰に」を書かないのはちょっと気持ち悪かった！

先生：ターゲットを書いている答案は少数だったので、おそらく点数は入っていないと思われる。ターゲットを記載すると、「大都市圏在住で20〜50代の安眠に関心がある女性」のように、ターゲットだけで文字数が多くなってしまうので、施策や効果に文字数を割けなくて、点数が伸びなかった答案が散見された。

和風：へぇ〜、何でも、「ダナドコ」全部を書けばいいってもんじゃないんだね。

〜ファイナルペーパーに書いた一言〜

80分間の目安のタイムスケジュール。

第4問（配点20点）【難易度 ★★☆ 勝負の分かれ目】

　B社社長は、自社オンラインサイトのユーザーに対して、X島宿泊訪問ツアーを企画することにした。社長は、ツアー参加者には訪問を機にB社とX島のファンになってほしいと願っている。

　絶景スポットや星空観賞などの観光以外で、どのようなプログラムを立案すべきか。100字以内で助言せよ。

●出題の趣旨

　B社の強みを生かし、新規事業で獲得した顧客のロイヤルティを高める施策を提言する能力を問う問題である。

●解答ランキングとふぞろい流採点基準

凡例　合格 / A / B / C / 合計
人数　142人 / 37人 / 46人 / 46人 / 271人

体験プログラムの内容（MAX8点）

ランク	解答キーワード	点数	合格	A	B	C
1位	ハーブ料理の飲食・調理体験	4点	116	28	38	36
2位	ハーブの農業体験	4点	100	23	33	24
3位	B社の工場見学	4点	66	15	17	18
4位	X島のレジャー体験（マリンスポーツ・釣り）	1点	26	4	6	8
5位	X島の体験プログラム（レジャー以外）	1点	54	8	14	10

X島・B社の強みや資源の活用（MAX5点）

ランク	解答キーワード	点数	合格	A	B	C
1位	X島民との交流	4点	73	15	14	13
2位	X島の強み活用（伝統や自然）	2点	52	13	14	9
3位	X島の資源活用（耕作放棄地等）	1点	34	8	12	12
4位	B社製品の強み活用（品質面）	1点	28	9	8	11
5位	B社製品の強み活用（効能面）	1点	24	7	8	11

～ファイナルペーパーに書いた一言～
　まず受験番号を書く。

B社やX島への効果（MAX7点）			
ランク	解答キーワード	点数	人数分布
1位	X島の地域活性化、知名度アップ	4点	66 / 14 / 17 / 15
2位	B社と顧客の関係性強化 顧客満足度向上	4点	50 / 14 / 11 / 9
3位	固定客化・リピート化・ファン化	2点	62 / 23 / 28 / 13
4位	B社への愛顧・顧客ロイヤルティ向上	2点	39 / 9 / 5 / 12

●再現答案

区	再現答案	点	文字数
合	①島の農家と連携し、年数回収穫できることを活かした無農薬ハーブの収穫体験、②自社工場の工場見学と新鮮な乾燥粉末を使った食品の試食会、等を立案、観光客との関係性を強化すると共に、地域活性化につなげる。	20	99
A	プログラムは、①ハーブ栽培や加工の体験ツアーの実施、②ハーブの試食体験、③X島の歴史や伝統を伝える学習体験、等によりB社に対するロイヤルティ向上、X島に対する愛着向上を狙い地域活性化を図る。	17	95
B	B社の工場見学ツアーや島内スタンプラリーを立案する。理由は、工場見学ツアーによりB社への愛着が高まり、島内スタンプラリーにより島民との触れ合い等で、X島への愛着が生まれるからである。	13	91
C	美しい島で古くから健康・長寿の効能があると言い伝えられてきたハーブをおひたしや酢みそあえにして実際に食べて体験してもらうプログラムを立案する。古き良き風習とハーブの魅力両方を伝える。	7	91

●解答のポイント

①絶景スポットや星空観賞などの観光以外、という制約条件を満たしたプログラムを適切に提案し、②B社の強みとX島の資源を活かした、③顧客のロイヤルティ向上とX島の活性化につながる助言ができたか、以上の3点がポイントだった。

～ファイナルペーパーに書いた一言～
いろいろあるけれど諦めない。勝ちたい。

【ターゲット顧客の確認】

先生：第4問は、設問文に「自社オンラインサイトのユーザー」とターゲットが記載されている。いつものターゲット探しの手間はないが、改めて整理しておこう！　具体的には与件文にある「20歳代後半〜50歳代の大都市圏在住の女性層」で、既存顧客であることがわかる。出題者のさりげない優しさが滲み出ているように感じる俺はロマンチストかもしれない。

和風：優しさっていうか〜、出題者が解答の方向性を絞りたかったんじゃないの？　グラフや図からのターゲットの読み取りがなくて肩透かしだった〜。

外海：ほんま、ほんま。デモ・ジオ・サイコ！　って念仏のように唱えながら覚えたし、グラフの読み取りも自信あったんやけどね〜！

先生：答案を見てもターゲットに関しては記載せずにプログラム内容から入っていた答案が多かった！　記載せずともターゲット層を意識し、B社・X島の資源をうまく掛け合わせ、ロイヤルティ向上につながるプログラムを提案できたかが、ポイントといっても過言ではないだろう。

外海：一度B社製品を購入した既存顧客ですからね〜。既存顧客といえばロイヤルティ向上や関係性強化につながりますから！　なんぼイメージしても、多すぎることはないからね〜。間違って新規顧客の開拓とかの解答の方向性は避けたいからね〜。

和風：さすが多年度生、やるじゃん！

外海：その言い方、ストレート受験生だけにストレートすぎやろ〜！

【B社・X島の強みを生かしたプログラム内容を適切に選択できたか？】

先生：第4問の肝になるプログラム内容についてだが、まず考えるべきことは？

外海：そんなん、制約条件、で決まりやないですか〜。これ外すの危険ですよ、ほんまにね。

先生：そのとおり！　今回は「絶景スポット・星空観賞などの観光以外」だ！

和風：とーぜん、グリグリっと設問文に印をいれたよ！　外すと大事故だもんね〜。

外海：この「などの」の表現が微妙ですわ〜。与件文にある自然の美しさから観光に触れてしまいそうで。ほな、マリンスポーツや釣りはセーフと違うか〜。

先生：判断が微妙なところだけど、やはり制約を外すのを危惧してか、記載していない答案の割合が多かった。さて、2人は与件文から何を提案した？

和風：既存顧客にファンになってもらうために原材料であるハーブの魅力を知ってもらうのは外せないっしょ！　ってなると栽培や収穫とかの農業体験はここで必須じゃん？

外海：第1問のSWOT分析でも書いたB社の強みである工場の見学が、ズバーっと頭に浮かんできたわ〜。

先生：2人ともいい調子だ！　でも、それだけじゃないだろう⁉

～ファイナルペーパーに書いた一言～

事例ごとに聴く音楽のタイトル（事例ごとに違う音楽を流して頭を切り替えていた）。

和風：B社社長が願うX島の活性化を考えると、祝い膳でも食べるハーブとか、独自の食文化は知ってもらいたいよね～。健康・長寿にいいみたいだし。島民の人にも協力してもらって、交流を深めたら一石二鳥じゃね？
先生：OK！　まとめると、①「X島独自の飲食文化の体験」、②「農業体験」、③「工場の見学体験」は、合格＋A答案が多く優先度が高かったと考えられる！
和風：あたし、全部書けた！　すごいっしょ。
外海：本番の試験では緊張のせいか、なぜかコーンフレークのことが頭をよぎったりして３つも思いつかんかったわ～。なんでやろ？

【効果についてどう書けたか？】

先生：設問の問いである「B社とX島のファンになってもらうため」のプログラムについて考えてきたが、２人は答案の最後はどんな風に締めくくった？
和風：設問文に「ファン」って書いてあったから書かなくてもいいかな～とも思ったけど、やっぱりそこはお作法どおり効果として書いた～。
外海：でもただのオウム返しじゃなくて、関係性を強化してロイヤルティを向上することが大事かな～と思いましたわ～。
先生：素晴らしい！　２人とも勉強してきたことが生かせているじゃないか！　ファンとは具体的にどういう状態なのか、効果として診断士らしい表現で書きたいところだ。単純にファン化と書いたものはD答案にもかなり多かったので、配点は低かったと考えられる！　あと何か忘れてないかい？
和風：与件文に書いてあった、社長の島の活性化に懸ける熱い思いは忘れるわけにいかないよね！
外海：当然、気づきましたよ～。
先生：そのとおりだ！　実は合格＋A答案の多くがこのX島の活性化に触れていて、B答案以下との大きな得点差につながっているといっても過言ではない！　社長の思いはテッパンだから、見落とさずに必ず解答に使うべきだ！
和風：あ～、私も南の島辺りでレジャー観光したいな～。マリンスポーツもいいかも～。
外海：コラコラ、この流れやったら工場見学か農業体験、せめてハーブのおひたしでも食べなさいよ～！　まあ、俺ならハーブクッキーにミルクかけてコーンフレークみたいにして食べてみたいね～。青空のコントラストがきれいなハーブ畑見ながら。
和風：それ、マズそうじゃん！
外海：ほな、コーンフレークと違うか～。

～ファイナルペーパーに書いた一言～

社長に寄り添い、社長の話を素直に聴き取る。

▶事例Ⅱ特別企画

「中小企業のインターネット・マーケティング」
～キーワード・ストックで事例Ⅱを得意科目に～

【代表的なインターネット・マーケティングの手法】

和風：先生！　事例Ⅱの過去問を解いていたら、インターネットを使ったマーケティング施策の問題がよく出てくるんだよね～。

先生：よく気づいた！　比較的低コストで広範囲にサービスを展開できるインターネットは、もはや中小企業のマーケティング戦略の主役といっても過言ではないだろう。

外海：でも先生、インターネットの施策問題って、「提案せよ」とか「助言せよ」が多くて、苦手なんですよ。どう答えたらいいのかわからへんのですよ～。

先生：確かに、事例Ⅱは助言型の問題が多い。助言問題は、与件文から探してきたキーワードを取捨選択して整理して解答する、といった手法が通用しない。事例Ⅱが苦手だという受験生の多くが、このことを苦手な理由に挙げているようだ。

和風：与件文にないんだったら、自分の言葉で答えればいいってことじゃん！

外海：和風ちゃん、そう簡単に言うけど、その「自分の言葉」が一番難しいのよ～。

先生：それには、あらかじめ自分のなかにキーワードをストックしておくことが有効だ。今回は過去の合格＋Ａ答案に多く使われていたインターネットのマーケティング施策を、期待される効果別に紹介しよう。そして、過去の出題を例にして、その具体的な使い方を学んでいこうじゃないか。

期待される効果		主なマーケティング施策
・顧客との関係性強化 ・顧客ロイヤルティ向上 ・愛顧向上	双方向コミュニケーション	【シェア拡大、口コミの誘発】 SNS、コンテスト開催（レシピなど） 【ニーズ・情報の収集】 掲示板、BBS、アンケートフォーム オンライン問い合わせ窓口 サンプル提供、モニター募集
・ブランド価値の向上 ・客数アップ ・商品（サービス）の認知度向上	情報の発信	HP上で商品の紹介（写真、動画） イベント情報発信 社長・社員・店主によるブログ メールマガジン（新商品情報など）
・リピーター獲得 ・購買回数アップ ・客単価アップ	定期的な接触	クーポン発行、ポイント付与 メールマガジン（キャンペーン情報など） 個別販促メール（誕生日、記念日など） 在庫情報、空室情報などの発信

~試験1週間前からの過ごし方~
　ひたすら過去問演習を継続（5週目）。

【顧客を製品づくりに巻き込むためのマーケティング】

> **令和2年度　事例Ⅱ　第3問（設問2）**
> B社社長は自社オンラインサイトでの販売を今後も継続していくつもりであるが、顧客を製品づくりに巻き込みたいと考えている。顧客の関与を高めるため、B社は今後、自社オンラインサイト上でどのようなコミュニケーション施策を行っていくべきか。100字以内で助言せよ。

先生：みんなも記憶に新しいことだろう。この問題で最も期待されている効果は何だい？

和風：設問文に「顧客を製品づくりに巻き込みたい」と「顧客の関与を高める」と書いてあるから、期待される効果は「顧客との関係性強化」で決まりだね！

先生：そうだね。単に自社の製品をオンラインで紹介するだけでは、一方通行の情報となりコミュニケーション施策とはいいがたい。顧客を巻き込んで、製品開発にまでつなげるためには、インターネットの特徴の1つでもある「双方向性」が重要になるね。たとえば合格＋A答案には、こんな施策が多かった。

> **施策例**
> ・掲示板やアンケートを開設して顧客のニーズを収集し、製品開発に活用する。
> ・試作品をモニター提供して、使用した感想を製品改良に反映する。
> ・自社サイト上でレシピコンテストを開催して、新たな調理方法を提案してもらう。
> ・パッケージデザインを公募してHP上で投票を行い、顧客の製品への愛顧を高める。

外海：なるほど〜、数ある施策のなかから、まず「顧客との関係性を強化」する効果のある「双方向コミュニケーション」施策を選択して、「製品開発」につながるような助言をすればええ感じになるやないですか〜！

先生：その考え、悪くないだろう！　マーケティング施策と、その代表的な効果をセットでストックしておけば、本番でも与件文に沿って冷静に対処できるはずだ。

【リピーターを獲得するためのマーケティング】

> **平成28年度　事例Ⅱ　第4問（設問2）**
> B社のインターネット販売を利用する顧客にリピートしてもらうために、インターネット上でどのようなマーケティング・コミュニケーションを展開するべきか。80字以内で提案せよ。

外海：あぁ懐かしい、しょうゆメーカーさんの問題やないですか〜。

先生：まず、この問題を解いたことがない場合は、一度解いてからこの先を読むことをおすすめする！　さて、この場合、どんな効果を狙って、どんな施策を助言する？

和風：これも、狙う効果は設問文に書いてあるじゃん。「リピーター獲得」でしょ。

～試験1週間前からの過ごし方～
特に変えていません（平日は1事例＋事例Ⅳから1問）。

先生：ピュ～イ、そう、令和２年度の問題では「顧客との関係性強化」を重視して、そこから「製品開発」につながる助言を求められていた。しかし、平成28年度はＢ社を利用したことがある「顧客にリピートしてもらう」ための提案が必要だ。

外海：さっきと違うんか、ほな、双方向は違うか～。

先生：そうとも言い切れない！　実際に、この年の合格＋Ａ答案の施策例を見てみよう。

施 策 例
・データベース上の顧客に定期的にメルマガを配信してリピート購買を促進する。 ・クーポンやポイント制度などのインセンティブを付与して継続購買につなげる。 ・こだわりの製造方法を自社ＨＰ上で紹介して商品への愛顧を高める。 ・ＢＢＳを設置して、商品への意見や活用法募集を行い顧客との関係性を強化する。

和風：あれ、リピート購買について書いてないものもあるね。どうして？

先生：そう！　ひとくちに「リピーターを獲得する」という助言でも、メルマガやポイント制度などで直接的なリピート購買を促す施策だけでなく、双方向コミュニケーションで顧客満足度を高めるような、間接的にリピーター獲得につなげる施策も加えて、多面的に解答できているものが合格＋Ａ答案には多かったんだ。

外海：リピーター獲得といわれると、67ページの表でそこばかり見てしまいそうですわ～。

先生：当然、実際の施策と効果は必ずしも１対１の関係ではない。「情報の発信」でリピーターを獲得することもできるし、「定期的な接触」で愛顧を高めることもできる。ストックした施策をただそのまま出すのではなく、その時の状況に合わせて臨機応変に使い分けてこそ、本当の意味での「助言」といえるだろう。

【事例Ⅱを得意科目にしよう】

先生：どうだい、少しは自信がついたかな？

外海：今までは、解答に使うキーワードを与件文から探すことしか考えていなくて、見つからないとパニックになってたんですよ。そやけど、あらかじめ自分のなかにキーワードをストックしておけば、おかんも安心やということがわかりましたわ。

先生：確かに助言系の問題は、解答に直接使える要素が与件文には少ない。しかしそれは、逆にいうと「施策は１つではなく、数多く存在する」とも言えるんじゃないかな？

和風：そうか、「施策がたくさんある」って考えると、なんか気持ちが楽になるね！

外海：施策なんて、なんぼあってもいいですからね。

先生：今回はインターネット関連の施策を紹介したけれど、他のさまざまなマーケティング施策についても、同じことが言えるだろう。キーワード・ストックをどんどん増やして、事例Ⅱを得意科目にしよう！

～試験１週間前からの過ごし方～
　　４日前までは結構ガツガツ解き、３日前からはファイナルペーパーを見るだけで頭を休めた。

ふぞろい流ベスト答案　事例Ⅱ

第1問（配点20点）

① S　39字　【得点】5点

①無農薬[1]で高品質[1]なハーブの効率的[1]な栽培方法[1]と自社工場[1]の存在②Z社との取引実績[1]。

② W　39字　【得点】5点

①ハーブと島の知名度が低く[2]②自社製品開発力が低く[2]③Z社との取引に依存している。

③ O　40字　【得点】5点

①健康志向[3]を背景としたヘルスケア市場の拡大[1]②安眠効果のハーブへの注目[1]と引き合い[2]。

④ T　40字　【得点】5点

①人口減等[1]の地域の活力低下[2]②ヘルスケア市場の競争激化[2]③Z社との取引中止の可能性[2]。

第2問（配点30点）　98字　【得点】30点

健康・長寿に関心を持つ[4]大都市圏の[1]高齢者[4]を対象として、Z社以外の複数の取引先を獲得[5]する。高品質[2]と安全性の高さを訴求した健康食品[1]を販売して収益拡大[4]を目指すことでZ社への依存を脱却し[7]、リスク分散[5]を図る。

第3問（配点30点）

（設問1）　49字　【得点】10点

安眠[1]を訴求する新商品[3]を20～50歳代女性[1]向けオンライン[1]新市場[3]へ投入する多角化戦略[2]により売上が増加[1]した。

～試験1週間前からの過ごし方～
有給休暇を使って知識補充。

第3問（設問2） 100字　【得点】20点

施策は、①自社HP上でハーブ製品の効果・効能を訴求³、②試作品のモニター募集¹、③BBS³による双方向コミュニケーション⁴で、顧客ニーズを収集⁴し、自社製品の開発に反映³する事で、顧客満足度向上²と関係性強化³につなげる。

第4問（配点20点） 100字　【得点】20点

プログラムは、①ハーブ収穫体験⁴や粉末加工工場の見学⁴、②島民との交流⁴を通じた健康・長寿¹の伝統²食体験⁴、である。以上の実施で顧客関係性を強化⁴しB社へのロイヤリティ向上²と、X島への再来訪²を促し地域活性化⁴を図る。

ふぞろい流採点基準による採点

100点

- 第1問：強み・弱み・機会・脅威について、第2問以降とのつながりを考慮しながら、重要度が高いと考えられる要素を多面的に取り入れることを意識して記述しました。
- 第2問：合格＋A答案に多かった、ターゲットを高齢者とし、課題はZ社への依存脱却にした解答を作成しました。また活用できるB社の強みと機会も、ターゲット・課題と整合性がとれるように意識して記述しました。
- 第3問（設問1）：市場と製品の新規性について、与件文から判断根拠となる具体的記述を限られた字数内で端的に明示し、戦略名とともに記述しました。
- 第3問（設問2）：発信側、受信側の両方の施策を盛り込み、双方向でのやり取りを意識した施策を講じることで、どのような効果を得ることができるかを、できるだけ多面的に取り入れることを意識して記述しました。
- 第4問：第1問との整合性とB社、X島の独自の強みを生かしたプログラム内容を提案し、島民を巻き込んだB社やX島のファン化につながる効果を記述しました。

～試験1週間前からの過ごし方～
休みを取って体調を整える。

▶事例Ⅲ（生産・技術）

令和２年度　中小企業の診断及び助言に関する実務の事例Ⅲ
（生産・技術）

【注意事項】
新型コロナウイルス感染症（COVID-19）とその影響は考慮する必要はない。

【C社の概要】

　C社は、1955年創業で、資本金4,000万円、デザインを伴うビル建築用金属製品やモニュメント製品などのステンレス製品を受注・製作・据付する企業で、従業員は、営業部5名、製造部23名、総務部2名の合計30名で構成される。

　C社が受注しているビル建築用金属製品の主なものは、出入口の窓枠やサッシ、各種手摺、室内照明ボックスなどで、特別仕様の装飾性を要求されるステンレス製品である。またモニュメント製品は、作家（デザイナー）のデザインに従って製作するステンレス製の立体的造形物である。どちらも個別受注製品であり、C社の工場建屋の制約から設置高さ7m以内の製品である。主な顧客は、ビル建築用金属製品については建築用金属製品メーカー、モニュメント製品についてはデザイナーである。

　創業時は、サッシ、手摺など建築用金属製品の特注品製作から始め、特に鏡面仕上げなどステンレス製品の表面品質にこだわり、溶接技術や研磨技術を高めることに努力した。その後、ビル建築内装材の大型ステンレス加工、サイン（案内板）など装飾性の高い製品製作に拡大し、それに対応して設計技術者を確保し、設計から製作、据付工事までを受注する企業になった。

　その後、3代目である現社長は、就任前から溶接技術や研磨技術を生かした製品市場を探していたが、ある建築プロジェクトで外装デザインを行うデザイナーから、モニュメントの製作依頼を受けたことを契機として、特殊加工と仕上げ品質が要求されるステンレス製モニュメント製品の受注活動を始めた。

　モニュメント製品は受注量が減少したこともあったが、近年の都市型建築の増加に伴い製作依頼が増加している。受注量の変動が大きいものの、全売上高の40％を占め、ビル建築用金属製品と比較して付加価値が高いため、今後も受注の増加を狙っている。

【業務プロセス】

　ビル建築用金属製品、モニュメント製品の受注から引き渡しまでの業務フローは、以下のとおりである。

　受注、設計、据付工事施工管理は営業部が担当する。顧客から引き合いがあると、受注

～試験1週間前からの過ごし方～
　過去に解いた事例をひたすら眺めて、初回にどこでつまずいたかを思い返していました。

製品ごとに受注から引き渡しに至る営業部担当者を決め、顧客から提供される設計図や仕様書などを基に、製作仕様と納期を確認して見積書を作成・提出し、契約締結後、製作図および施工図を作成して顧客承認を得る。通常、製作図および施工図の顧客承認段階では、仕様変更や図面変更などによって顧客とのやりとりが多く発生する。特にモニュメント製品では、造形物のイメージの摺合わせに時間を要する場合が多く、図面承認後の製作段階でも打ち合わせが必要な場合がある。設計には2次元CADを早くから使用している。

その後、製作図を製造部に渡すことにより製作指示をする。製作終了後、据付工事があるものについては、営業部担当者が施工管理して据付工事を行い、検査後顧客に引き渡す。据付工事は社外の協力会社に依頼し、施工管理のみ社内営業部担当者が行っている。

契約から製品引き渡しまでのリードタイムは、平均約2か月である。最終引き渡し日が設定されているが、契約、図面作成、顧客承認までの製作前プロセスに時間を要して製作期間を十分に確保できないことや、複雑な形状など高度な加工技術が必要な製品などの受注内容によって、製作期間が生産計画をオーバーするなど、納期の遅延が生じC社の大きな悩みとなっている。

C社では、全社的な改善活動として「納期遅延の根絶」を掲げ、製作プロセスを含む業務プロセス全体の見直しを進めている。また、その対策の支援システムとしてIT化も検討している。

【生産の現状】

製作工程は切断加工、曲げ加工、溶接・組立、研磨、最終検査の5工程である。切断加工工程と曲げ加工工程はNC加工機による加工であり、作業員2名が担当している。溶接・組立工程と研磨工程は溶接機や研磨機を用いた手作業であり、4班の作業チームが受注製品別に担当している。この作業チームは1班5名で編成され、熟練技術者が各班のリーダーとなって作業管理を行うが、各作業チームの技術力には差があり、高度な技術が必要な製作物の場合には任せられない作業チームもある。

ビル建築用金属製品は切断加工、曲げ加工、溶接・組立までは比較的単純であるが、その後の研磨工程に技術を要する。また、モニュメント製品は立体的で複雑な曲線形状の製作が多く、全ての工程で製作図の理解力と高い加工技術が要求される。ビル建築用金属製品は製作完了後、製造部長と営業部の担当者が最終検査を行って、出荷する。モニュメント製品は、デザイナーの立ち会いの下、最終検査が行われ、この際デザイナーの指示によって製品に修整や手直しが生じる場合がある。

生産計画は、製造部長が月次で作成している。月次生産計画は、営業部の受注情報、設計担当者の製品仕様情報によって、納期順にスケジューリングされるが、溶接・組立工程と研磨工程は加工の難易度などを考慮して各作業チームの振り分けを行いスケジューリングされる。C社の製品については基準となる工程順序や工数見積もりなどの標準化が確立しているとはいえない。

～試験1週間前からの過ごし方～
とにかく体調を崩さないように23時までには就寝して睡眠時間を確保することを心掛けた。

工場は10年前に改築し、個別受注生産に適した設備や作業スペースのレイアウトに改善したが、最近の加工物の大型化によって狭隘（きょうあい）な状態が進み、溶接・組立工程と研磨工程の作業スペースの確保が難しく、新たな製品の着手によって作業途中の加工物の移動などを強いられている。

　製造部長は、全社的改善活動のテーマである納期遅延の問題点を把握するため、作業時間中の作業者の稼働状態を調査した。それによると、不稼働の作業内容としては、「材料・工具運搬」と「歩行」のモノの移動に関連する作業が多く、その他作業者間の「打ち合わせ」、営業部担当者などとの打ち合わせのための「不在」が多く発生していた。

第1問（配点20点）
　C社の（a）強みと（b）弱みを、それぞれ40字以内で述べよ。

第2問（配点40点）
　C社の大きな悩みとなっている納期遅延について、以下の設問に答えよ。

（設問1）
　C社の営業部門で生じている（a）問題点と（b）その対応策について、それぞれ60字以内で述べよ。

（設問2）
　C社の製造部門で生じている（a）問題点と（b）その対応策について、それぞれ60字以内で述べよ。

第3問（配点20点）
　C社社長は、納期遅延対策として社内のIT化を考えている。C社のIT活用について、中小企業診断士としてどのように助言するか、120字以内で述べよ。

第4問（配点20点）
　C社社長は、付加価値の高いモニュメント製品事業の拡大を戦略に位置付けている。モニュメント製品事業の充実、拡大をどのように行うべきか、中小企業診断士として120字以内で助言せよ。

～試験1週間前からの過ごし方～
　疲れが溜まっていたので1週間前に1日オフにしてパフェを食べた。

第 1 問 (配点20点)【難易度 ★★☆ 勝負の分かれ目】

C社の (a) 強みと (b) 弱みを、それぞれ40字以内で述べよ。

●出題の趣旨

ステンレス加工業C社の事業内容を把握し、C社の強みと弱みを分析する能力を問う問題である。

●解答ランキングとふぞろい流採点基準基準

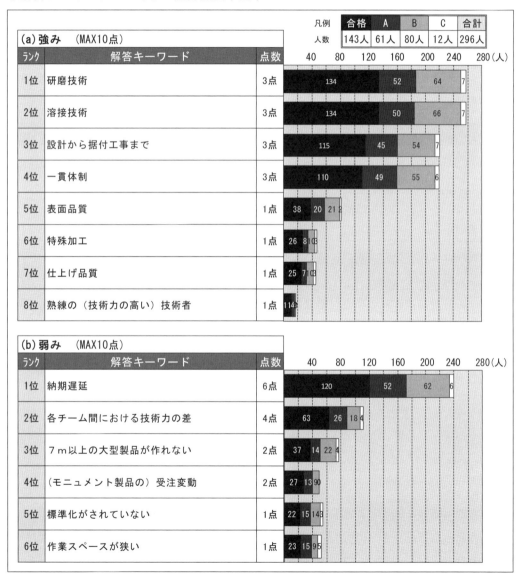

~試験1週間前からの過ごし方~

睡眠時間の確保、これまでの覚えたことの復習、集中力を高めるための禁酒。

●再現答案

(a)

区	再現答案	点	文字数
合	①こだわりの**表面品質**[1]②高い**溶接**[3]・**研磨技術**[3]③**設計から製作、据付工事までの一貫体制**[3]。	10	40
A	**特殊加工**[1]と**仕上げ品質**[3]に優れ、**設計から据付工事までを一貫**[3]して対応できる体制。	8	36
B	**溶接技術**[3]や**研磨技術**[3]、前工程における製作図の理解力、個別受注対応の設備レイアウト	6	39
C	強みは①デザインにも対応できる**特殊加工**[1]技術と**仕上げ品質**[3]②大きい製品加工可能な工場	2	40

(b)

区	再現答案	点	文字数
合	①**作業チームごとの技術力の差**[4]、②**標準化されていない**[1]生産工程、③**納期遅延**[6]の発生	10	38
A	①モニュメント製品は**受注量の変動が大きい**[2]②全社的に**納期遅延**[6]の課題を抱えている。	8	39
B	弱みは①**作業員の技術力に差があること**[4]②工程や工数が**標準化されていないこと**[1]である	5	39
C	弱みは**標準化されていない**[1]製品製作工程、作業者の不稼働時間が多い点、**狭い作業空間**[1]。	2	40

●解答のポイント

> 与件文にC社の強みや弱みとなりうるキーワードが多いなかで、その根幹となる要素を抽出し、端的にまとめることがポイントだった。

【強み】

先生：さあ後半戦の始まりだ！ C社の強みについて、どのように考えたのかな？

外海：強みっていうたら、「設計から据付工事までの一貫体制」で決まりやないですか～。一貫（生産）体制は、去年も一昨年も出題されている頻出論点ですからね。

先生：確かに7割以上の受験生が「設計から据付工事まで」と「一貫体制」に言及していた。そして、合格＋A答案とB答案以下を比較すると、解答率に1割ほどの差があっ

～試験前日の過ごし方～

カツカレーを作る。前日はソワソワして勉強にならない。

た。重要な解答要素の1つだっただろう！　和風ちゃんはどう考えたのかな？
和風：「研磨技術」とか「表面品質」とか「特殊加工」とか、強みといえそうなのがたくさんあって迷っちゃったよ。どうやって優先順位をつけたらよかったのかな？
外海：付加価値の高いモニュメント製品に必要な「特殊加工」と「仕上げ品質」で決まりなのよ～。
先生：その解答、悪くないだろう。各々1.5割程度の受験生が解答しているので、加点要素にはなっただろう。しかし、8割以上の受験生は「研磨技術」と「溶接技術」に言及していた。なぜだかわかるかな？
和風：あたし、わかった～！　「特殊加工」や「仕上げ品質」を実現するために必要な技術が「研磨技術」と「溶接技術」だからね！　あたしってマジ天才じゃね！
先生：和風ちゃん、素晴らしい視点だ！　限られた文字数で解答するために、根本技術である「研磨技術」と「溶接技術」に言及した受験生が多かったと考えられる。合格＋A答案とB答案以下を比較すると、解答率に1割ほどの差があったので、加点が大きかった可能性が高い！

【弱み】
先生：では、弱みはどうかな？
外海：弱みっていうたら、「納期の遅延」やないですか～。
和風：それはあたしも書いた！　第9段落に納期の遅延がC社の大きな悩みって書いてあるしね。でも、次に何を書くかで迷っちゃったよ～。
外海：困ったときは「多面的に」やないかい！　営業面で「受注変動が大きい」、製造面で「7m以上の大型製品が作れない」って書きましたよ～。
先生：その考え方、悪くないだろう！　多面的に書くことで、論点を外してしまった際のリスクヘッジにもなる！　和風ちゃんは、迷った結果として何を書いたのかな？
和風：あたしは結局、納期遅延の原因として「標準化がされていない」って書いたよ。決め手はね、よく見るキーワードだったから！
先生：その発想も悪くはない。約2割の受験生が解答しているので、加点要素にはなったと考えられる。しかし、納期遅延の原因としては「各チーム間における技術力の差」が、合格＋A答案に多かったようだ！
外海：作業員の技術力向上は一朝一夕では解決できないですからね。
先生：ピュ～イ！　文字数が限られているので、ボトルネックを見極めて記載するのが重要だっただろう！

～試験前日の過ごし方～
　ファイナルペーパーの作成（間に合わなかった）。

第2問（配点40点）

C社の大きな悩みとなっている納期遅延について、以下の設問に答えよ。

（設問1）【難易度　★☆☆　みんなができた】

C社の営業部門で生じている（a）問題点と（b）その対応策について、それぞれ60字以内で述べよ。

●出題の趣旨

納期遅延の発生に影響しているC社営業部門の問題点を整理し、その解決策を助言する能力を問う問題である。

●解答ランキングとふぞろい流採点基準（a）

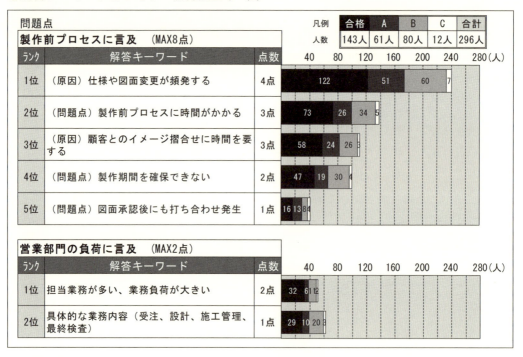

●再現答案（a）

区	再現答案	点	文字数
合	①製作前プロセス₃において仕様変更等₄顧客とのやりとりや摺り合わせが多く₃製作期間を圧迫₂、②業務範囲が広く負担感が大きい₂。	10	58
A	仕様変更や図面変更₄、イメージ摺り合わせ等の製作前プロセスに時間がかかり₃、製作期間を十分に確保できない₂こと。	8	53

～試験前日の過ごし方～

有給休暇を取得し、普段の土日と同じように勉強をした。

B	問題点は、①施工管理を営業担当者が行っていること、②仕様変更などの顧客とのやりとりが増えていること、である。	8	54
C	問題点は①図面承認後も変更があること、②営業が工事管理を行うことで、顧客との打ち合わせ時間が確保できず承認が遅れる点。	2	59

●解答ランキングとふぞろい流採点基準（b）

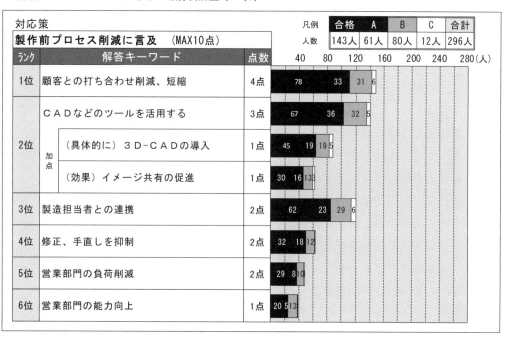

●再現答案（b）

区	再現答案	点	文字数
合	対応策は営業部門の情報共有や２次元CADを活用し変更確認に要する時間を短縮。施工管理を外注し余力を生み、遅延を解消。	9	58
A	営業担当の作業負担を軽減の為、製造部や協力会社にて一部を実施し、営業部増員し、デザイン理解力を向上させ打合時間を減らす。	9	60
B	CADデータを取引先と社内各部署で共有し、顧客承認までの流れを同時進行化し、顧客とのやり取りを減らす。	8	51
C	顧客都合による仕様変更や図面変更は納期を再調整してもらう。また、３次元CADを導入し設計効率や変更効率を上げる。	4	56

～試験前日の過ごし方～
　どうしたら時間内に解き終えることができるか、頭のなかで80分間のシミュレーションをしました。

●解答のポイント

> C社の営業部門が抱える納期遅延につながる問題点とその対応策を、多面的に指摘できたかがポイントだった。

【営業部門の問題点は？】

先生：次は第2問。まずは（設問1）営業部門の問題点からだ。

外海：製作期間を確保できていないことちゃいますか？

先生：では製作期間を確保できていない理由は何かな？

外海：製作期間が長いとか、顧客の要望が厳しいとかいろいろあるんとちゃいますか～？

和風：与件文に書いてあるじゃーん。契約、図面作成、顧客承認までの製作前プロセスに時間を要するらしいよ。モニュメント製品では図面承認後の製作段階でも打ち合わせが必要なこともあるみたい。与件文はちゃんと読まなきゃ。

先生：和風ちゃん、素晴らしい指摘だ！　外海の視点、悪くはないが、与件文に忠実に答えることが鉄則だ。文字数が限られるから内容も絞っていこう。

外海：図面作成や顧客承認に時間を要するのは仕様や図面変更が多く発生するからですよねぇ？　造形物のイメージの摺合わせにも時間がかかるって書いてあるからね。

先生：さすが外海、飲み込みが早い！　この時点でだいぶ問題点が見えてきたようだな。C社営業部門では、さまざまな要因によって製作前プロセスに時間がかかっているようだ。そのほか、問題点の見落としはないかな？

和風：問題点かわからなくて書かなかったけど、営業さんは仕事が多くて大変だねー。

先生：和風ちゃんのその視点、悪くないだろう！　与件文にはこれでもかというほど営業部門の業務内容が列挙されている。ここに触れない手はない！

外海：聞かれているのは納期遅延につながる問題点やろ？　営業部門の業務内容って関係あるんかね。直接の原因は製作前プロセスに時間がかかることと睨んでるのよ～。

先生：外海の疑問ももっともだ。しかしこう考えてみてくれ。いくら製作前プロセスが短くても、それをこなす営業部門がほかの業務に追われていたら？

和風：製作前プロセスにかかる時間の長さにかかわらず、担当者が忙しかったら仕事捌ききれないじゃんね。確かに納期遅延の原因かも！　でも難しすぎ！　これは書けるわけなくね？

先生：気を落とす必要はない！　これが書けなくても製作前プロセスの問題点を丁寧に指摘すれば合格点は取れる。しかし、それだと製作前プロセスの話しかせずに終わってしまう。常に多面的な指摘をすることを心掛けることで、いずれ書けるようになるだろう。それでは2人でまとめてみよう。

外海：仕様や図面の変更が多く発生し顧客承認に時間がかかる、モニュメント製品は図面承認後にも打合せが必要な場合がある、これらが原因で製作期間が確保できない！

―― ～試験前日の過ごし方～ ――
夜眠れるように、早く起き、日中に軽い運動をし、昼寝をしなかった。高級入浴剤でリラックスした。

和風：あとは営業部門の業務負荷じゃんね。忙しすぎるのが問題点ってこと。
先生：2人とも、よくまとめてくれた。それでは次に対応策を考えていこう。

【対応策はどこから考える？】

和風：先生、対応策って与件文には書いてないじゃんね？　どう考えればいいの？
先生：素晴らしい質問だ。対応策は問題点の原因をつぶせるものを考えていこう。たとえば、造形物のイメージの摺合わせに時間がかかるのはなぜだろう。
外海：造形物が複雑で顧客との摺合わせがうまくできていないからちゃいますか？
先生：ではそれを解決するにはどのような方法が考えられるか。
外海：3次元CADの採用。複雑な造形物は3次元CADを使うことで決まりなのよ。
和風：製造部門と連携して、打ち合わせに同席してもらえばいいじゃん。模型とか持ってきてもらって説明してもらおうよ！
先生：ピュ〜イ！　どちらの解答も立派な対応策だ！　どちらも与件文には書かれていないが、しっかり答えられているぞ！
和風：そっか、こうやって考えればいいんだ。簡単じゃん。
先生：そう。思考が整理されていればどんな問題にも対応できるだろう。ではこの対応策で顧客との摺合わせがうまくいったらどうなるだろう？
外海：摺合わせがうまくいったら、顧客もハッピーで打ち合わせが減るやないですか〜。
先生：ならば問題点を解消できるな。3次元CADの活用や製造部門との連携という対応策で顧客との打ち合わせ時間を削減し、製作期間の確保につなげるわけだ。
和風：すごい！　解答できちゃった！　じゃあ営業部門の業務過多も同じように考えればいいんだ。
外海：1つには営業部門の業務を他の部門に移すことや外注することが考えられるんちゃう？　据付工事の施工管理などは営業がやらなくていいかもしれやろ？
和風：あとは営業担当者が業務を素早くこなせるように研修とかもあるよ。
外海：どっちも与件文には書かれてないやん。自分たちで考えられたということちゃう？
和風：あたしたちって天才じゃね！
先生：素晴らしい！　2人がやったように問題点と対応策はそれぞれつなげて考えるんだ。この考え方はほかの設問でもきっと役に立つだろう。ぜひ身につけてくれ。

~試験前日の過ごし方~
家族に感謝する。普通に過ごして心を整える。

82　第2章　ふぞろいな答案分析

> **（設問2）【難易度　★★☆　勝負の分かれ目】**
> 　C社の製造部門で生じている（a）問題点と（b）その対応策について、それぞれ60字以内で述べよ。

● 出題の趣旨

　納期遅延の発生に影響しているC社製造部門の問題点を整理し、その解決策を助言する能力を問う問題である。

● 解答ランキングとふぞろい流採点基準（a）

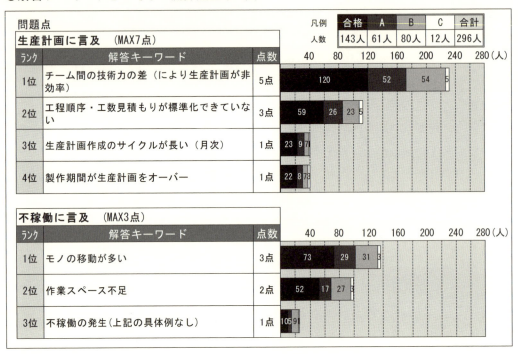

● 再現答案（a）

区	再現答案	点	文字数
合	①生産計画が月次②チームごとの技術力に差がある③工程順序の標準化されず④移動関連の作業多く納期遅延が発生している。	10	57
A	問題点は、①各作業チームごとに技術力に差があり、②工場の作業スペースが狭く、製品の移動に支障が生じていること。	7	55

～試験前日の過ごし方～
　子どもの夜泣きを避けるため、この日だけは家族にお願いしホテルに前泊。リフレッシュできて良かった。

| B | 問題点は、各作業チームの技術力には差があり、高度な技術が必要な制作物の場合には任せられないチームがある。 | 5 | 52 |
| C | 生産計画を立案するにあたって基準となる工程順序や工数見積もりなどの標準化が確立していないこと。 | 3 | 47 |

●解答ランキングとふぞろい流採点基準（b）

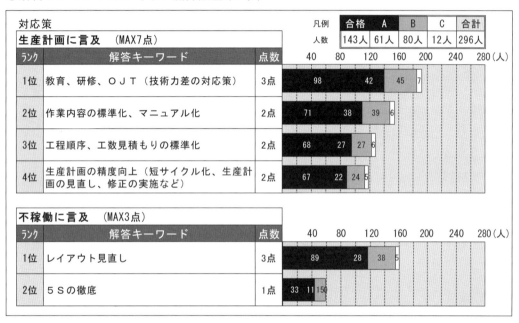

●再現答案（b）

区	再現答案	点	文字数
合	①工程順序・工数見積及び作業内容の標準化・マニュアル化とその教育を実施すること②ＳＬＰにより作業スペースを最適化すること。	10	60
A	対応策は、①作業の標準化を進め、教育で技術の共有化を行い、②加工物の大型化に対して、ＳＬＰでレイアウト設計を見直す。	8	58
B	①研磨技術や製作図の理解高める為のＯＪＴを実施、②溶接・組立・研磨工程の手作業を標準化し、従業員に教育する。	5	54
C	工程順序や工数見積もりなどを標準化し、製作期間を正確に見積もれるようにする。また、技術者の能力を平準化する。	2	54

～試験前日の過ごし方～

生もの、脂っこいものは食べない。あらゆるリスクを避ける！

●解答のポイント

> C社の製造部門が抱える納期遅延につながる問題点とその対応策を、多面的に指摘できたかがポイントだった。

【製造部門の問題点は？】

先生：さて、（設問１）に続き（設問２）は製造部門が抱える納期遅延につながる問題点とその対応策だな。２人はどう考えた？

外海：そもそも製造部門の業務はどこからどこまでなんやろ？

和風：そんなの与件文から読み取れるよ～！ 第７段落に書いてあるとおり営業部門は受注、設計、据付工事施工管理でしょ？ 残りの工程が製造部門ってわけ。

外海：そうやなぁ。第13段落には「生産計画は、製造部長が月次で作成している」と説明されているから、製造部門は主に生産計画作成と製作工程を担当しているんやな。

先生：２人ともさすが！ ズバリそのとおりの認識で問題ないだろう。では、肝心の問題点は何だろう？

外海：そら第11段落に記載があるとおり、「各作業チームの技術力に差があること」ですよねぇ？ 高度な技術を要する製作物の場合、技術力の低いチームには作業を任せられず、特定のチームに作業を割り振ることが多くなってしまうと思うんですわ～。これによって、生産計画が非効率になってしまうわけですからね。問題点はこれで決まりやないですか～。

和風：ちょっと外海！ せっかちなんだから～。与件文は最後まで読んでから解答するのが鉄則でしょ。製造部門の問題点は大きく分けて２つ。生産計画の面と、与件文の終盤に記載がある不稼働の面だね。あたしって天才じゃね？

外海：確かにそうやなぁ。不稼働の面では加工物の大型化によって「作業スペースが不足し、モノの移動が多いこと」が問題点として挙げられそうやで。

先生：いいぞ２人とも！ その調子で未来へと進もう！

和風：未来とか超ウケる！ 生産計画の面では第13段落にあるように「生産計画作成の基準になる工程順序や工数見積もりの標準化ができていないこと」も問題だよね。ほかにも「生産計画が月次で作成されているということ」も問題点だと思うよ。生産計画のサイクルが長いと、生産の進捗状況に合わせた臨機応変な計画修正がやりにくいんだよね。

先生：素晴らしい！ 生産計画や不稼働について与件文から読み取れる問題点を確実に抽出して解答できたかがポイントだったといえるだろう。

外海：どの設問でもそうやけど、多面的な解答が高得点につながるんやなぁ。

～試験の朝の過ごし方～
いつもどおり。

【問題点の対応策を考えよう】

先生：次は、先ほど考えた問題点に対する対応策だ。2人は自信を持って解答できたかな？

外海：「各作業チームの技術力に差があること」と「工程順序や工数見積もりの標準化ができていないこと」に対しては、標準化やマニュアル作成、およびそれらを生かした教育、研修などの実施が黄金パターンですからね。これで決まりなのよ〜。

和風：あとは生産計画を短サイクル化（週次化、日次化）したり、都度見直したりすることも納期遅延の対応策になるよね〜！

先生：いいぞ！　では、不稼働についてはどのような対応策が考えられるかな？

和風：作業スペースが不足し、モノの移動が多いってことは、レイアウトの見直しが対応策として適切だよね！　そういえば、あたしも自分の部屋のレイアウトを見直しし ないと寝る場所がないんだよね☆

外海：和風ちゃんの家はレイアウトを見直すだけでは解決しないんやないかと睨んでるのよ〜。この前、家に遊びに行ったら足の踏み場もない状態やったやん。不要なものは捨てて、決まったモノを決まった位置に置くようにルール決めをすることがおすすめやで。5Sで決まりなのよ〜。

和風：あんまり馬鹿にしないでよね〜！　あ、でも作業スペース不足には5Sも対応策になるよね！

先生：ピュ〜イ‼　2人とも絶好調としか思えない。この調子で第3問へともに行こう‼

和風：先生、超ウケる！

外海：ほな、次行きましょか〜！

Column　怠け者の合格体験記

ふぞろいには、さまざまな職種、年齢、経歴、性格のメンバーが集まっています。努力家が多い印象ですが、怠け者もいます。

たとえば私。私は、社内の尊敬する先輩の取得率が高い資格、という興味本位で、社内研修制度を使って予備校に通いました。週末は1日予備校通学、もう1日は予習復習が理想ですが、怠け者で体力のない私は、予備校に行くだけで精一杯、復習まで至らず、もちろん平日に勉強なんてできませんでした。1次試験は合格しましたが、集中力が切れ、2次試験対策の授業には興味が持てず、ほぼ欠席。案の定2次試験不合格。翌年は自腹でしたが、通学ではなく通信を取りました。そう、怠け者に通信はダメです。提出物は2回しか出しません。添削が戻る頃には忘れているので復習もしません。もちろん2年目も不合格です。通信はダメだと、3年目は改めて予備校。しかし1回しか出席しませんでした。4年目は予備校代もバカバカしくなり、過去問とふぞろいのみでのんびり自宅学習していました。最終的には意地と執念で合格しましたが、長く続けたことで、自然と知識は浸透していきました。少しずつ確実に合格に近づきます。怠け者でもいいじゃない。無理のないペースで、長期戦での挑戦も悪くないですよ。

（さち）

〜試験の朝の過ごし方〜

軽い運動（自転車）をして脳を目覚めさせました。

第3問（配点20点）【難易度 ★★★ 難しすぎる】

C社社長は、納期遅延対策として社内のIT化を考えている。C社のIT活用について、中小企業診断士としてどのように助言するか、120字以内で述べよ。

●出題の趣旨

C社の納期遅延の対策に有効な社内のIT活用について、助言する能力を問う問題である。

●解答ランキングとふぞろい流採点基準

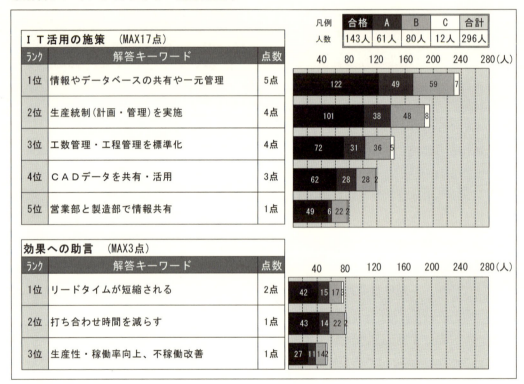

●再現答案

区	再現答案	点	文字数
合	基準工程・工数を標準化した上で、受注・仕様情報やCAD図面を製造部・営業部・顧客で共有し、プロセスのスピードと精度の向上・手戻り防止や、一元化・DB化した情報の生産計画・生産統制への利用により、リードタイムを短縮し納期遅延を撲滅する。	20	116
合	助言は、①工程順序や工数見積もりなどの標準化を行いデータベースを構築する。②受注、進捗情報の一元管理を行いリアルタイムで更新する。③CADを活用しデータ再活用する。効果は、情報共有による打ち合わせ削減、生産計画の週次化による納期短縮である。	17	120
A	助言は、①生産計画は全社で一貫した計画を策定する、②生産計画、生産統制情報、受注情報、納期情報について全社で共有して一元管理を行う、③工程順序や工数見積もりなどについて標準化をルール化を行う。ＩＴを活用して納期遅延を削減することである。	13	117
B	工程順序や工数見積もりの標準化を行う。これにより、作業者間や営業担当者等との打ち合わせを削減する。生産計画の一元管理を行い、内容を製造部全体で共有する。これにより製作着手が前後することによる移動を減らす。以上により稼働率の向上を図る。	11	117
C	生産管理に活用するよう助言する。①ステンレス製品とモニュメント製品を統合した生産計画を週次で作成する。②基準となる工程順序や標準化した工数見積もりをシステムに登録し、営業部の納期回答や製造部の余力管理や進捗管理に使用し、納期遅延を防止する。	8	120

●解答のポイント

> 与件文からＣ社の問題点と納期遅延対策のためにIT化すべき内容が紐づけでき、なおかつその内容を複数解答することがポイントだった。

【なぜIT化をするのか？】

先生：製造業にとってIT化は重要で、利点がたくさんあるぞ。２人はIT化について何か知っていることはあるかな？

外海：あー、ありがとうございます〜。ねっ、今、３Ｄプリンターでできたモニュメント製品いただきました。こんなんなんぼあってもいいですからね。ありがたいですよ。

和風：え〜なに言ってんの？　３Ｄプリンターのモニュメント製品ってどっから出てきたのよ。３Ｄプリンターがすぐ試作品造れるからって唐突すぎ〜。

外海：製造業によくあるITなんてね、CAD・３Ｄプリンター・CAM・NC・CAEくらいやがな、すぐわかったやん、こんなん。

和風：ええー、IT用語そんないっぱい知らないよ！

〜試験の朝の過ごし方〜

早めに会場近くのカフェに行ってファイナルペーパーをざっと見返す。

先生：確かに製造業のITでは外海の言うような専門用語がたくさんあるな。その専門用語の知識、悪くないだろう。しかし、ツールをたくさん書いても点数にはつながらないぞ。

和風：そっか。ただツールをたくさん書くだけじゃだめで、このC社の納期遅延対策になるツールを効果とともに提案しないといけないのね。難しい〜。

先生：いいところに気がついた！　効果を意識して書くのは大事だ。効果を書かないと「で、何のためにIT化した？」となってしまうからな。

外海：ほな、製造業によくあるITの専門用語羅列と違うか〜。

【助言は多面的な切り口で書く】

和風：納期遅延対策っていったら生産計画だよね。製造部長が作成している生産計画を改善すればなんとかなるんじゃね？　生産計画の作成頻度あげてー、余裕を持った生産計画立ててー、生産計画を納期順にスケジューリングする方法から変えてー、とかはどう？

先生：その考え方、悪くないだろう。でも、ひたすら生産計画についてしか言及できていないし、IT化との関連が出てないぞ。

和風：そうじゃん！　設問要求はIT化の助言だった！

外海：解答の文字数が120字もあるやないかい！　そういうときは複数の助言を書くことで決まりなのよ〜。

先生：生産計画に気づいたのはいいぞ。外海も言っているように、助言は複数入れると点数が入りやすい。IT化の助言はいろいろな方法が考えられるからな。もう1回与件文を見直してみよう。納期遅延はいろいろな問題が絡まった結果で起きているはずだ。いろいろな問題のなかから納期遅延に関係し、IT化で解決できるものを見つけ出すといいだろう。設問にある「納期遅延対策」だけにとらわれると、生産計画にしか気づけなくなってしまうぞ。生産管理以外の視点だが、たとえば、営業部の受注情報と設計担当者の製品仕様情報はどう管理されているかな？

外海：そうですねぇ〜、特に何も書かれていないですね〜。もしかして、情報は各部署バラバラに持っている可能性もあるんやないですか？

先生：ピュ〜イ！　いいところに気づいたな！　情報はあっても、仕様変更や図面変更などの情報を営業部と製造部が共有していなかったら、打ち合わせ時に「えっ!?　そんなの聞いてないんだけど！」という話になって混乱が生じ、打ち合わせが長引いて納期遅延確定!?　なんてことになるかもしれないぞ。それだけでなく、図面変更されていたことを製造部が知らないまま製作を進めていた、なんてこともあり得るぞ。そうなったら、納期遅延だけでなく、手戻りや作り直しのムダが発生し、コストの増加にもつながってしまう。

外海：ほな、情報の共有と一元管理、やらなあかんやないですか〜。相方が勝手にネタ変

〜試験の朝の過ごし方〜

焦るといらぬ不安を生むと思ったので、家を出る3時間前に起床した。

えてて、変えたとこ知らずに漫才するとか怖すぎますからね……。
先生：（え、相方？　ネタ？）せっかく2次元CADを早くから活用していても、図面変更や仕様変更情報の共有や一元管理をしていないとしたら、もったいないな。
外海：情報共有と一元管理は大事！　相方とネタ共有用DBでも作ろかな。

【工程順序や工数見積もりの標準化ももちろん大事】
和風：そういえば、生産計画の立て方について与件文に「加工の難易度などを考慮して各作業チームの振り分けを行いスケジューリング」ってあるけど、その後に「工程順序や工数見積もりなどの標準化が確立しているとはいえない」ってあるよ。工程順序や工数見積もりが標準化されていないのに、どうやってスケジュール作るの⁉
先生：ピュ〜イ！　いいところに気づいたな。これらが標準化されていないということは、生産計画をせっかく立てても絵に描いた餅になってしまう可能性が高いぞ。
外海：絵に描いた餅をもらったら「なんぼあってもいいですから〜」とは、さすがに言えへんな〜。
先生：計画が絵に描いた餅になるだけじゃない。今回のC社は受注生産方式のため、設計の都度、工程順序や工数見積もりが検討されているはずだ。そして、それを営業部の営業もしくは設計が実施していると思われる。C社では工程順序や工数見積もりが標準化されていないが、この状況でもしも2人が取引先から納期を聞かれたらどう答える？
和風：もちろんテキトーに答えまーす！　だって、標準化されてないんだから、なんて答えてもいいんでしょ？
外海：そんなん全然だめだめやろ。少なくとも個人の経験を生かして答えるべきやがな。
先生：テキトーはもちろんだめだが、個人の経験任せで本当にいいのだろうか？　少し極端な例だが、経験が浅い担当者が自分の経験や勘で納期を答えていたら、本来製作に3か月かかるものを2か月半と納期回答してしまう……なんてことが起こる可能性も否定できないだろう。
外海：ほんまや……。この時点で納期遵守なんてほぼ無理やないですか〜。
和風：標準化されていない方法で設定された納期を営業部と製造部で共有したとしても、生産計画の信頼性が低いし、そもそもの納期設定が無理だったって可能性もあるのね。確かにね〜。
外海：IT化も大事やけど、その前に、業務プロセスが標準化されていることも大事なんやね。

～試験の朝の過ごし方～
早起きして、試験会場のイメージトレーニングをして集中力を高める。

第4問（配点20点）【難易度 ★★☆ 勝負の分かれ目】

C社社長は、付加価値の高いモニュメント製品事業の拡大を戦略に位置付けている。モニュメント製品事業の充実、拡大をどのように行うべきか、中小企業診断士として120字以内で助言せよ。

●出題の趣旨

モニュメント事業の充実と拡大を狙うC社の戦略について、助言する能力を問う問題である。

●解答ランキングとふぞろい流採点基準

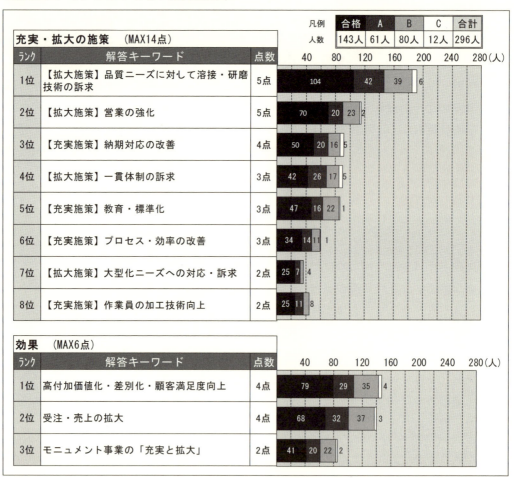

●再現答案

区	再現答案	点	文字数
合	<u>営業体制を強化</u>し、<u>高い研磨技術等を活かした</u>モニュメント製品の受注獲得による受注の安定化と<u>売上増加を図る</u>。全社的な生産計画と生産統制を実施し、<u>納期遅延を防止</u>して顧客の信頼を得る。以上により、<u>モニュメント製品事業の充実、拡大を図る</u>。	20	114
A	助言は①<u>強みである高い溶接・研磨技術の訴求</u>②<u>営業部の強化による新規顧客開拓の実施</u>③<u>工場建屋の制約を改築によりなくし7ｍ以上の製品も対応可能にする</u>④IT化、<u>標準化による短納期対応力を向上</u>させる。以上により<u>モニュメント製品事業の拡大、充実を図る</u>。	16	119
B	戦略は、近年の都市型建築の増加に伴う製作依頼の増加に対し、①デザイナーに対し、C社の表面品質の<u>高い溶接・研磨技術力を訴求</u>し、②建築用金属製品メーカーに対し、C社の<u>設計から据付けまで行えることを訴求</u>することで<u>モニュメント製品事業の拡大を図る</u>。	8	120
C	C社は、製作図の理解力と、高度な加工技術力で<u>差別化</u>し、都市型建築の増加に伴う付加価値の高いモニュメント製品の<u>需要を獲得し売り上げ拡大を図るべき</u>。溶接・組立工程にNC加工機を導入することで、生産余力を確保し、高付加価値事業を拡大すべき。	6	116

●解答のポイント

> 戦略であるモニュメント事業の拡大のために、社内外に向けた施策と効果を、多面的・論理的に記載できたかがポイントだった。

【設問で問われていることは？】

先生：それでは事例Ⅲ最後の設問だ。モニュメント製品事業の拡大という、C社の戦略について、助言を求められているぞ。

和風：てか、設問にある充実と拡大ってなに？ 全然わかんなーい！

先生：確かに「充実と拡大」という言葉だけで解釈しようとすると、難しいかもしれない。ただ、この第4問では、モニュメント製品事業の拡大は「戦略」と位置づけられている。つまり今回の助言は、「戦略」に関するものでなければならない。そう考えると少し「充実と拡大」の意味が見えてくるだろう。「戦略」って何だと思う？

外海：「戦略」は、組織が向かうべき方向性実現のための、全社的な方針のことですよね。

和風：じゃあ、戦略に関する助言っていうのは、全社的な方針について助言すればいいのかな。あ、全社的な方針ってことは、拡大で営業の施策、充実で工場の施策を提案する感じ？

先生：ピュ～イ！ いいじゃないか！ つまり、「充実」は工場や技術の改善のように、

～会場で緊張をほぐす方法～

試験会場を隅から隅まで散歩する。空いていそうなトイレを探しておく。

内部を強化していく施策。「拡大」は、営業施策のような、外部に対して働きかけをしていく施策。そうイメージしてくれ。設問文の「充実と拡大」とは、全社的な施策を求めていると考えて、問題ないだろう。

外海：モニュメント製品事業の拡大が戦略なわけですけど、なんで「充実」も必要なんか、もうちょっと詳しく教えてもらえます？

先生：与件文に、モニュメント製品は「ビル建築用金属製品と比較して付加価値が高い」と記載されているだろう。付加価値が高い≒C社の利益が大きい、とも言えるが、付加価値が高い≒顧客の要求レベルが高い、とも言える。今のC社は納期遅延を起こしたりするなど弱みが多く、まだこの顧客からの高い要求に応えきれる状態じゃない。だから、弱みを克服して内部を「充実」させなきゃいけないのさ。「拡大」だけだと、営業的な施策に偏ってしまう可能性があるから、社内外を包括した全社的に一貫性のある施策を提案してほしいということだろうね。

【具体的な記述は？】

先生：以上のように「充実と拡大」をイメージすると、施策はどう記述する？

外海：だったら、充実施策は、納期改善ですよねぇ。今回の大きなテーマやし間違いなし。

和風：えー第2、3問で解答したのに？ 作業員の技術力向上じゃない？ これなら、納期に効果があるうえに、品質も上がるし、効率よくなってコストも下がるし、戦略っぽくね？

外海：ほな、納期改善と違うか〜。

先生：2人の解答、どちらも悪くないだろう。実際、合格＋A答案に目を通しても、具体的に解答されている施策はさまざまだ。拡大のほうはどうかな？

和風：これは営業力向上！ 拡大施策として間違いないでしょ！

外海：あと、例年の傾向からして、強みの訴求やろ〜。C社の強みである溶接・研磨技術の顧客への訴求と睨んでるのよ〜。

先生：強みの訴求という観点、悪くないだろう！ ただし、今回はモニュメント製品事業というターゲットが明確なので、強みのなかでもターゲットのニーズに沿ったものが、よりよいだろう。ニーズとして、与件文に「特殊加工と仕上げ品質が要求される」と記載されているから、その元である溶接技術や研磨技術の訴求は、その観点でもいい施策だ。ちなみに、同じ強みである一貫体制の訴求でも、顧客ニーズに応えている可能性はあるので、加点はされたと思われる。しかし、よりニーズに沿った溶接・研磨技術の訴求のほうが合格＋A答案に記述が多かったため、高く加点されたと予想される。ニーズの観点だと、ほかにはどうかな？

和風：じゃあ大型化っていうニーズもあるから、それにも対応しよ！

外海：大型化への対応って、建屋を改造するってこと？ コストかかりすぎやろ〜。あと建屋改造してるから、拡大施策やなくて充実施策とちゃう？

〜会場で緊張をほぐす方法〜
教室の一番前から教室内の受験生を見渡し、みんな同じやなと心で唱え、深呼吸。

先生：大型化への対応は、記述するか迷った人も多いだろう。だが、ニーズに対して放置するわけにもいかないし、合格＋Ａ答案にも一定数記述があるので、加点されたと思われる。ただし、同じニーズへの対応としては溶接・研磨技術の訴求のほうが合格＋Ａ答案に多く、優先度は高いだろうね。また、大型化対応はニーズへの対応なので拡大施策としての側面が強いけど、確かに充実施策としても考えられる。どちらも満たしている施策として捉えて問題ないだろう。大型化への対応に限らず、充実施策はそのまま拡大施策になることもあるはずだ。

和風：一つひとつの施策を、厳密に充実施策と拡大施策に分けることにこだわらなくていいんだね。じゃあ、思いついたのから、どんどん書いていけばいいのか！

先生：思いつきで書くのは、さすがにダメだ。120字の文字数制限からも、複数の施策が書けるので、施策全体で内部強化と外部への展開を記述すべきなんだ。Ｂ答案以下ほど、営業の施策にしか触れていなかったり、具体的な施策に言及しすぎて文字数を使ってしまい多面的でなかったりする。そうなると点数が伸びなかったようだ。また、複数の施策を記述すると混乱しがちだけど、合格＋Ａ答案ほど、論理的に整理されていた。

【効果の記述について】

先生：論理的な記述といえば、２人は、効果については記述した？

和風：あたし、今回は書かなかったよ！　必要？

外海：ここでは書いたほうがええやろ〜。効果なんてなんぼあってもいいですからね〜。

先生：いくつあっても困らないかは置いておいて、効果は重要だ。コンサルタントが、社長に施策を助言した際に、効果を伝えないのは変だろう？　実際今回も、合格＋Ａ答案の多くは効果に言及していた。では、今回の効果は何だと思う？

和風：じゃあ、売上とか受注の拡大。そもそも、モニュメント製品事業の拡大が目的なんだし。

先生：そのとおりだ。充実と拡大を図ることで、付加価値を高めて差別化し、事業を拡大していくという論理の流れが押さえられたかが重要だ。しっかり施策と効果がつながっているかをチェックしよう。

和風：そうかー、効果って大事なのね！

先生：では、まとめよう。合格＋Ａ答案ほど、多面的に全社施策を記述して、効果にまで言及していた。また、キーワードを書いているだけではなく、因果関係や一貫性などが整理された論理的な文章が多く、とても読みやすかった。Ｃ社に対して総合的な戦略提案をする能力を見られていたんだろう。

〜会場で緊張をほぐす方法〜
周りの人に心のなかであだ名をつける。

▶ **事例Ⅲ特別企画**

「めざせデリバリーマスター！」
～納期遅延にさよならバイバイ～

【納期遅延はなぜ起こるか】

和風：今回のC社を見て思ったけど、納期遅延、やばくね？　何か対応できないの？

先生：納期対応はイメージがしづらいと思うので、今回はQCDの「D」をテーマに掘り下げてみよう。納期遅延とは、契約納期に対して、リードタイム（受注から納品までの期間）がオーバーすることを指す。このリードタイムは、さまざまなことに影響されて延びるから、納期遅延は起きやすいんだ。ちなみに、リードタイムをMECE（もれなくダブリなく）で分けるとどうなるかわかる？

外海：知識は任せてください！　調達リードタイム、生産リードタイム、配送リードタイムに分けられますからね。製品によっては、最初に開発リードタイムを入れる場合もありますよねぇ？

先生：ピュ～イ、そのとおり！　そして、これらリードタイムは４M、つまり「Man（人）」、「Machine（設備）」、「Material（材料）」、「Method（方法）」の影響を受けるよ。どのリードタイムも４M全てから影響を受ける可能性はあるが、特に調達リードタイムと生産リードタイムは、影響が強い。どんな影響を受けるかイメージつくかな？

和風：調達リードタイムは、そのまんま「Material」じゃん！　どんな材料を、どのくらいの数量、どこから買ってくるかで、材料発注してから納入されるまでの時間が違うだろうし。生産リードタイムに影響が強いのは……「Man」、「Machine」かな？

先生：素晴らしい！　「Man」の観点では、作業員が多能工化されていなかったり、そもそも製造の技術が低かったりすると、非効率な生産計画しか立てられず、納期遅延につながる可能性がある。「Machine」の観点では、設備の保全ができておらず止まったり、SLPができていないなど設備配置に問題があるため製造が非効率だったりして、遅延が起きることもある。ちなみに、設備保全は事後保全ではなく予防保全を重視してMTBF（平均故障間隔）を延ばすことが、納期改善にとって重要だ。

和風：でも、今回の事例を見てると、４Mだけじゃなくて、営業とのやり取りとか管理の仕方も、納期遅延の原因ぽくない？

先生：いい視点だ！　情報や生産管理もリードタイムに影響する。情報を「Information」として「４M＋I」と言ったり、生産管理（計画と統制）を「Management」として重要な要素として加えることもある。

和風：やっぱりね～。あたしって目の付けどころが天才！

～試験の休憩時間の過ごし方～
　さっき解いた事例の再現答案をスマホに打ち込む（クールダウンも兼ねて）。

【QCDのバランスをとる】

先生：この4Mの影響を強く受けるものが、リードタイム以外にもあるけれどわかる？

外海：品質とコストですよねぇ。4MをコントロールしてQCDを作り上げるわけやから。

先生：そのとおり。つまり、QCDはそれぞれ、4Mを経由して影響を与え合っているんだ。

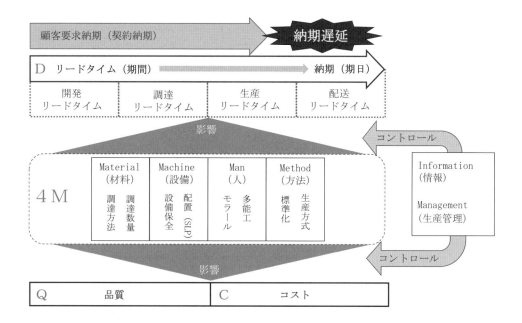

和風：品質向上のために特注品材料を購入したら、一般品と比べてコストは上がるし、供給側も在庫がないため、調達リードタイムが長くなり納期にも影響を与える、とか？

外海：コストを抑えるため、設備の更新や保全を怠れば、品質や納期にも影響が出そうやね。運送なんかも、配送料を下げるためにトラックが満載になるまで出荷を待ってたら、納期に影響が出そうやなぁ。

先生：そう。常にトレードオフというわけではないけど、QCDは影響を与え合っている。だから、バランスを常に考えなければいけない。納期対応は、品質・コストとバランスを取りながら、問題が起きないように4Mをコントロールしなければいけないので、難しい。「リードタイムは、製造の総合力」といわれる所以だ。

和風：そうは言っても納期よりも、まず品質とコストの観点から4Mに関する意思決定をする企業も多そうだから、納期管理は難しそうだね。

【受注生産と見込生産の納期対策の違い】

先生：4Mの「Method」に関する部分で、生産方法という論点がある。今回の企業は受注生産だったけど、再現答案を見ていると、受注生産と見込生産を混同した解答もかなりあった。2人は、受注生産と見込生産の違いはわかるかな？

～試験の休憩時間の過ごし方～

屋外で深呼吸&ファイナルペーパー確認、仮眠。

外海：任せてください！　受注生産は、顧客の注文に応じて製造出荷する製造形態。見込生産は、受注の前に生産を行って在庫を保有して、顧客の注文に応じて出荷する製造形態。在庫の保有の有無が大きな違いですよねぇ？

先生：そう。そして、受注生産と見込生産は、納期遅延を防ぐために重視するべきポイントも違う。受注生産は、いかに適切な計画を立てて進捗管理を行って、注文の納期に対応するかが、重要な要素になっている。これは、さっき紹介した、「Management」にあたる。もちろん、生産計画や生産統制を適切に行う前提といえる、工程・作業の標準化、進捗の見える化（そのためのIT化）なんかも重要だ。

和風：じゃあ、見込生産は、「Information（情報）」が重要かな？　事前に製造するんだから、受注情報や受注見込情報とかの精度が低かったらあっという間に製品在庫が欠品して、納期遅延になっちゃうね。

先生：そのとおり。しかも見込生産は、定常的に注文がある製品の場合が多いので、一度納期遅延が起きると、製造が追いつかず、その後の注文も納期遅延になることが多い。そして、そのまま立て直せずに、つねに納期遅延が起きる状態になり、それに対応するため品質もコストも悪化……、なんていう恐ろしいことになりかねない。そのために、「Information（情報）」は重要なんだ。

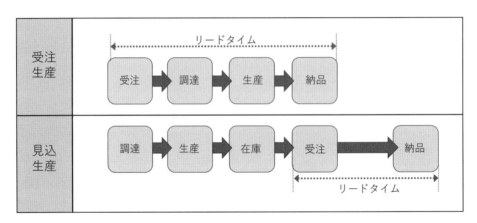

【納期対策としての在庫の功罪】

外海：ほな、見込生産の企業は在庫を大量に持てばいいじゃないですか〜？

先生：そうとも言えないのが、難しいところだ。大量に在庫を持っていると、保管中に品質劣化や陳腐化が起きたり、保管・管理コストがかさんだりと、結局品質とコストに悪影響を及ぼす。資金が在庫に固定されて、キャッシュフローが悪化するのも、致命的なんだ。そしてさらに重要なことは、大量の在庫は、ほかの4Mの悪いところを覆い隠してしまうことだ。

和風：なんで？　ほかの悪いところをカバーしてくれるならよくね？

先生：さっき言ったとおり、リードタイムは製造の総合力。つまり4Mの悪いところは、

～試験の休憩時間の過ごし方～

　　クラシックを聴きながら、ツボ押しボールとアイマスク（使い捨ての蒸気アイマスク）でリラックス。

そのまま納期に跳ね返ってくる。見込生産の場合、在庫は納期の問題を短期的には解決してくれることが多い。だけど、修正すべき問題点が見えなくなってしまう逆効果があるんだ。品質・コスト・キャッシュのリスクを負いながら、在庫によって４Ｍがいつまでも改善されず、気づいたときにはもうどうしようもないほど状況が悪化……、なんてことはよくある話。在庫は、薬は薬でも麻薬なんだ。

外海：そうなんですねぇ。納期を優先するあまり在庫を持ったことがきっかけで、QCDのバランスが崩れて、コストや品質に悪影響がでているんやね。

先生：今回のＣ社は受注生産なので完成品在庫は出てこないけれど、今後の事例で納期問題を抱える見込生産企業が出題されるかもしれないし、現実の製造業でも納期と在庫が問題になることはよくある。納期対応をマスターするには在庫を持つことの問題点も知っておくといいよ。ちなみに少し脇道にそれるが、在庫に頼らず４Ｍを改善してQCDを改善していくのは、たまに出題される「トヨタ生産方式」の考え方でもあるよ。トヨタ生産方式の特徴はさまざまな「ムダ」の排除。後工程引取りやカンバンによる必要量の製造を徹底して行い、「ムダな在庫」を無くすこともその一環だ。そして「ムダな在庫」を排除して、「他のムダ」をあぶり出し改善を行う。トヨタ生産方式について話し出すと１冊本が書けてしまうので、簡単な紹介にとどめるが、今後試験で問題が出た際の参考程度にしてくれ。

外海：最近の試験では、トヨタ生産方式という名前ではないけれど、令和元年度に後工程引取方式、平成30年度にJIT、などが出てきましたね。その背景にはそんな理由があるんですね〜！　知っとったら解けそうですわ〜。

【なぜ納期が重要？】

先生：感想を聞かせてくれるかな？

和風：納期対応は４ＭのいろんなことがQCDのバランスもとらなきゃいけなくて、めっちゃ大変！

外海：でもそんな大変な思いをしてまで、納期って対応しなきゃあかんかな？　品質やコストはわかるんやけど……。

先生：もちろんさ。納期遅延したら顧客は他社に逃げてしまって売上が落ちてしまうしね。裏を返すと、顧客が欲しいときに届けられる、ということは差別化になるんだ。

和風：納期が短いから顧客が買うってこと？　品質がいいとか、安いからじゃなくて？

先生：そう。購入する顧客企業側の立場になってみよう。安定的に短納期で納入されれば、購入する顧客企業自身の納期対応力も上がる。さらに購入する顧客企業が製造業なら、効率のよい生産計画を立てることが可能で、コストにもメリットがある。だから納期対応がしっかりできる企業からモノを買うのさ。

和風：なるほどー。納期対応、超重要じゃん。Ｃ社！　納期遅延の根絶、頑張れよー！

～試験の休憩時間の過ごし方～

音楽を聴きながら要点のおさらい。自分の世界に入り込むようにしました。

ふぞろい流ベスト答案　事例Ⅲ

第1問（配点20点）

(a) 40字　【得点】10点

①高い溶接技術・研磨技術と、②設計から製作、据付工事までの一貫体制を有すること。

(b) 39字　【得点】10点

①納期遅延が発生し、②作業チームごとに技術力の差があり、③受注変動があること。

第2問（配点40点）

(設問1)(a) 59字　【得点】10点

①仕様や図面変更が多く製作前プロセスに時間がかかり製作期間を圧迫すること、②受注や設計等営業の負荷が大きいことである。

(b) 60字　【得点】10点

①製造担当の同席や3次元CADの活用でイメージ共有を促進し、顧客との打合せ削減を図る。②設計部新設等で営業の負荷を軽減する。

(設問2)(a) 58字　【得点】10点

①作業チーム間の技術力の差、②工程順序・工数見積もりの標準化が未確立、③モノの移動が多く、不稼働が発生していること。

(b) 59字　【得点】10点

①作業内容のマニュアル化と教育の実施、②工程順序、工数見積もりの標準化、③SLPによるレイアウトの見直しの実施である。

～試験の休憩時間の過ごし方～
次の事例のファイナルペーパーをざっと読み返し、あとは周りの受験生の様子を見学。

第3問（配点20点）　118字　【得点】20点

助言は、①工数見積もり・工程順序の標準化の実施、②CADデータや仕様情報等を一元管理し営業部・製造部で共有、③生産統制の実施、である。これらにより打ち合わせ時間が減り、稼働率が向上することでリードタイムが短縮され、納期遅延に対応できる。

第4問（配点20点）　115字　【得点】20点

教育・標準化により作業者の加工技術向上等を行い、効率性や納期対応を改善させる。さらに、営業力を強化して、強みである溶接・研磨技術と一貫生産を顧客に訴求する。以上を通して、モニュメント製品事業の高付加価値化を図り、受注を拡大させる。

ふぞろい流採点基準による採点

100点

- 第1問：C社の強みと弱みについて、第2問以降とのつながりを考慮しながら、重要度の高いと考えられる要素を絞り込んで記述しました。
- 第2問（設問1）：納期遅延について、営業部門で生じている問題点とその対応策を「製作前プロセスの面」と「営業の業務負荷の面」の切り口を用いて記述しました。
- 第2問（設問2）：納期遅延について、製造部門で生じている問題点とその対応策を「生産計画の面」と「不稼働の面」の切り口を用いて記述しました。
- 第3問：納期遅延の対策に有効なIT活用について、「施策」と「効果」の切り口を用いて記述しました。
- 第4問：「充実・拡大」という観点から社内外を包括する一貫性のある施策を、複数記述しました。また、施策効果として、戦略目標であるモニュメント製品事業の拡大につながることを記述しました。

～試験の休憩時間の過ごし方～
前の事例の問題用紙を速攻でしまう→目薬→お手洗→ストレッチ→糖分補給→筆記用具確認、でルーティーン化。

▶事例Ⅳ（財務・会計）

令和２年度　中小企業の診断及び助言に関する実務の事例Ⅳ（財務・会計）

【注意事項】
新型コロナウイルス感染症（COVID-19）とその影響は考慮する必要はない。

　D社は、約40年前に個人事業として創業され、現在は資本金3,000万円、従業員数106名の企業である。連結対象となる子会社はない。
　同社の主な事業は戸建住宅事業であり、注文住宅の企画、設計、販売を手掛けている。顧客志向を徹底しており、他社の一般的な条件よりも、多頻度、長期間にわたって引き渡し後のアフターケアを提供している。さらに、販売した物件において引き渡し後に問題が生じた際、迅速に駆け付けたいという経営者の思いから、商圏を本社のある県とその周辺の３県に限定している。このような経営方針を持つ同社は、顧客を大切にする、地域に根差した企業として評判が高く、これまでに約2,000棟の販売実績がある。一方、丁寧な顧客対応のための費用負担が重いことも事実であり、顧客対応の適正水準について模索を続けている。
　地元に恩義を感じる経営者は、「住」だけではなく「食」の面からも地域を支えたいと考え、約６年前から飲食事業を営んでいる。地元の食材を扱うことを基本として、懐石料理店２店舗と、魚介を中心に提供する和食店１店舗を運営している。さらに、今後１年の間に、２店舗目の和食店を新規開店させる計画をしている。このほか、ステーキ店１店舗と、ファミリー向けのレストラン１店舗を運営している。これら２店舗については、いずれも当期の営業利益がマイナスである。特に、ステーキ店については、前期から２期連続で営業利益がマイナスとなったことから、業態転換や即時閉店も含めて対応策を検討している。
　戸建住宅事業および飲食事業については、それぞれ担当取締役がおり、取締役の業績は各事業セグメントの当期ROI（投下資本営業利益率）によって評価されている。なお、ROIの算定に用いる各事業セグメントの投下資本として、各セグメントに帰属する期末資産の金額を用いている。
　以上の戸建住宅事業および飲食事業のほか、将来の飲食店出店のために購入した土地のうち現時点では具体的な出店計画のない土地を駐車場として賃貸している。また、同社が販売した戸建住宅の購入者を対象にしたリフォーム事業も手掛けている。リフォーム事業については、高齢化の進行とともに、バリアフリー化を主とするリフォームの依頼が増えている。同社は、これを事業の拡大を図る機会ととらえ、これまで構築してきた顧客との

～試験の休憩時間の過ごし方～
とりあえずトイレに行く（ここ最近トイレが近くなってきた…笑）。

優良な関係を背景に、リフォーム事業の拡充を検討している。

D社および同業他社の当期の財務諸表は以下のとおりである。

貸借対照表
（20X2年3月31日現在）

（単位：百万円）

	D社	同業他社		D社	同業他社
＜資産の部＞			＜負債の部＞		
流動資産	2,860	3,104	流動負債	2,585	1,069
現金及び預金	707	1,243	仕入債務	382	284
売上債権	36	121	短期借入金	1,249	557
販売用不動産	1,165	1,159	その他の流動負債	954	228
その他の流動資産	952	581	固定負債	651	115
固定資産	984	391	社債・長期借入金	561	18
有形固定資産	860	255	その他の固定負債	90	97
建物・構築物	622	129	負債合計	3,236	1,184
機械及び装置	19	—	＜純資産の部＞		
土地	87	110	資本金	30	373
その他の有形固定資産	132	16	資本剰余金	480	298
無形固定資産	11	17	利益剰余金	98	1,640
投資その他の資産	113	119	純資産合計	608	2,311
資産合計	3,844	3,495	負債・純資産合計	3,844	3,495

損益計算書
（20X1年4月1日～20X2年3月31日）

（単位：百万円）

	D社	同業他社
売上高	4,555	3,468
売上原価	3,353	2,902
売上総利益	1,202	566
販売費及び一般管理費	1,104	429
営業利益	98	137
営業外収益	30	26
営業外費用	53	6
経常利益	75	157
特別利益	—	—
特別損失	67	4
税金等調整前当期純利益	8	153
法人税等	△27	67
当期純利益	35	86

（以下、設問省略）

第1問（配点25点）
（設問1）【難易度 ★☆☆ みんなができた】

D社および同業他社の当期の財務諸表を用いて比率分析を行い、同業他社と比較した場合のD社の財務指標のうち、①優れていると思われるものを1つ、②劣っていると思われるものを2つ取り上げ、それぞれについて、名称を(a)欄に、計算した値を(b)欄に記入せよ。(b)欄については、最も適切と思われる単位をカッコ内に明記するとともに、小数点第3位を四捨五入した数値を示すこと。

●出題の趣旨

財務諸表を利用して、診断及び助言の基礎となる財務比率を算出する能力を問う問題である。

●解答ランキングとふぞろい流採点基準

凡例　合格 110人　A 37人　B 52人　C 34人　合計 233人

優れている指標（MAX4点：指標2点、数値2点）

ランク	(a)指標	点数	(b)数値	点数
1位	棚卸資産回転率	2点	3.91（回）	2点
2位	売上高総利益率	1点	26.39（％）	1点
3位	売上債権回転率	1点	126.53（回）	1点
4位	販売用不動産回転率	1点	3.91（回）	2点

Column　本番トラブルの対処法

　年に1度しかない診断士試験、できれば目の前の問題にだけ集中したいものですよね。ですが、本番でのトラブルはつきものです。部屋が寒すぎる、忘れ物をした、知り合いとばったり会った……などなど。そのような思わぬトラブルへの対策は2つかと思います。
　1つ目は、準備。2つ目は、準備しきれないという心の準備。1つ目の準備は、とにかく考えられる対策はしておくことです。忘れ物や防寒対策は当然として、先輩受験生の本番での過ごし方などが結構ブログに掲載されているので、参考にして対策を練っておくのもよいのではないでしょうか。2つ目は、それでも思わぬ事が起きる、と最初から決めて試験に臨めば、実際に思わぬ事が起きても意外と動揺しないものです。ちなみに私は、購入したばかりのマーカーのペン先が、事例Ⅰの試験開始後5分で折れました（しかも3本用意したうちの2本）。正直言うと、動揺しちゃいました。　　　　　　　　　　（ミナト）

～当日、試験終了後の過ごし方～
　打ち上げということで、妻とカフェへ。

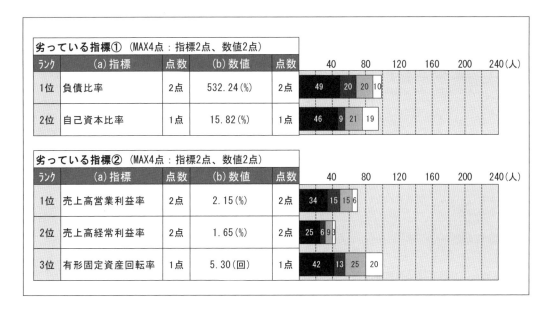

> **(設問2)**【難易度 ★★☆ 勝負の分かれ目】
> D社の当期の財政状態および経営成績について、同業他社と比較した場合の特徴を60字以内で述べよ。

● 出題の趣旨

財務比率を基に、財政状態及び経営成績について分析し説明する能力を問う問題である。

> **Column**
>
> **多年度受験と家族の負担**
>
> 「このテーマはタブーである」という話を聞いたことがあるような、ないような……。でも、現実的には、何年も受験をしていると家族に大きな負担がかかるのは事実です。そして、その負担をわかったうえで勉強をしているつもりだとしても、その負担の本当の大きさを知っているのは自分ではなく、自分以外の家族です。ここで「撤退」を選択するもよし、「継続」を選択するもよし……だと思います。私は「継続」を選択しました。理由は「子供たちに親が自己実現をする姿を見せたい」という、自分勝手で自分に有利な内容です。これでいいのか？　と悩んだことは何度もありましたが、先日、子供が妻の「お父さんの好きなところは？」という質問に「勉強しているところ！」と答えてくれました。正直、泣きそうになりました……。あとから考えると、ほかにないのか？？　という疑問は残りましたがそれはさておき……。これからは、かけ過ぎた負担以上に、ここで学んだことを生かしていろいろな活動をやっていこうと思います。これで許されるかはわかりませんが、何年後かには「あのときは大変だったけれどあれはあれで良かったね」と言ってもらえるようにはしないといけないなと思っています。
> （しーだ）

～当日、試験終了後の過ごし方～
とにかく帰って再現答案作成！

●解答ランキングとふぞろい流採点基準

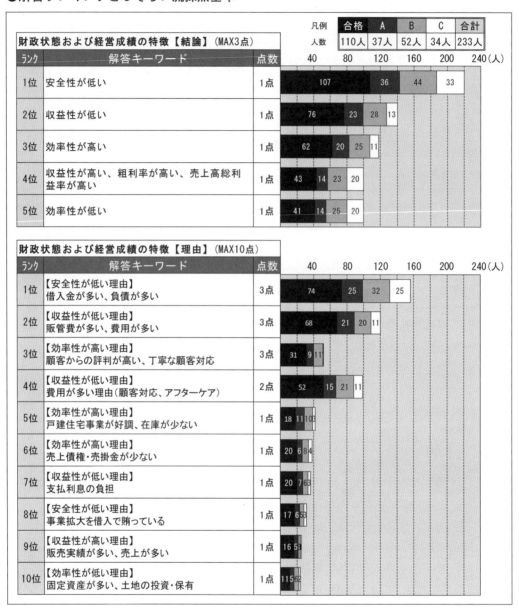

~当日、試験終了後の過ごし方~

会場の近くにあった五代友厚像（後で知ったが大阪商工会議所の初代会頭らしい）とその奥の神社で神頼み。

●再現答案

区	再現答案	点	文字数
合	顧客志向による評価の高さから効率性は高いが、丁寧な顧客対応による販管費の高さと借入金の多さから収益性と安全性は低い。	13	58
A	粗利益率は高いが、丁寧な顧客対応で販管費の負担が重く最終的な収益性は低い。運転資金を短期借入金で賄い安全性が低い。	11	57
B	販売実績良好で資産の効率性が高い一方で、有利子負債が過大で安全性低く、飲食事業が不振で赤字体質、支払利息過大で収益性低い。	8	60
C	顧客志向の評判が高く収益性は高いが飲食事業の設備投資に対する売上が低く効率性は低く費用負担を借入金に頼り安全性は低い。	6	59

●解答のポイント

> 与件文から読み取ったD社の特徴と財務諸表を照らし合わせて適した指標を選択し、財政状態・経営成績について制限文字数のなかで簡潔に説明することがポイントだった。

【どの指標を選ぶか？】

先生：第1問は毎年恒例の経営分析だった。2人はどのように指標を選んだ？

外海：俺は同業他社より優れていると思われる指標に、売上高総利益率を選びましたわ〜。

和風：損益計算書（以下、P／L）を見ると売上高営業利益率と売上高経常利益率の両方が同業他社より低いよ。売上高総利益率を優れている指標として選んじゃうと、収益性が高いってことになっちゃわない？ 与件文に「丁寧な顧客対応のための費用負担が重い」って書いてあるから、あたしは費用負担が重くて収益性が低くなっているって読み取った。

外海：与件文には「評判が高く、これまでに約2,000棟の販売実績がある」と記載されているやん？ 財務諸表から数値を計算したら、売上高総利益率、売上債権回転率と棚卸資産回転率が同業他社より上回っているねんな。特に売上高総利益率は同業他社より10ポイント以上も上回っている。ほな売上高総利益率とちゃう？

和風：あたしは棚卸資産回転率を優れている指標として選んだよ。収益性・効率性・安全性からそれぞれ1つずつ指標を選ぶと抜け漏れがないっていうじゃん？ 収益性と安全性は同業他社より低いから、効率性が高い指標を財務諸表から探したら、棚卸資産回転率と売上債権回転率がどっちも同業他社より高くて、悩んだ結果、棚卸資産回転率を選んだよ。

先生：受験生のなかでも、優れている指標を選ぶのに売上高総利益率、棚卸資産回転率、

売上債権回転率の3つで迷った人が多かったようだ。受験生のなかで一番多かった解答は売上高総利益率だった。ただ、売上高総利益率と棚卸資産回転率を比べると、売上高総利益率のほうがB答案以下の割合が高かったんだ。棚卸資産回転率を選んだ人は、先ほど和風ちゃんが指摘したように、与件文に「販売実績は多いが費用負担が重い」と書いてあることを踏まえて、売上高総利益率ではなく棚卸資産回転率を選んだということだろう。

和風：棚卸資産回転率じゃなくて販売用不動産回転率でもよかった？

先生：D社の貸借対照表（以下、B／S）には棚卸資産が販売用不動産として計上されているから、販売用不動産回転率でも加点された可能性があるだろう。

外海：安全性についての記述は与件文からは見つからないから、財務諸表から計算して、同業他社より劣っている指標をどれか1個選んで解答しておけばええんですね？

先生：今回の問題に関しては、そうとも言い切れない。負債比率と自己資本比率を比べると、負債比率のほうが合格＋A答案の割合が高かったんだ。B／Sを見ると、D社は同業他社と比べて短期借入金、長期借入金とも金額が大きい。またP／Lを見ると、営業外費用が同業他社の9倍近くある。この2点を踏まえ、多額の借入金がD社の財政状態に影響を及ぼしていると考えて、負債比率を選んだ受験生が多かったのだろう。なお、短期安全性を見る指標である当座比率や流動比率を選んだ合格＋A答案も、数は少ないながらも見受けられたので、加点された可能性がある。

和風：経営分析の問題は、ただ単に財務諸表から計算するだけじゃなくて、与件文から読み取れるD社の財政状態も踏まえたうえで指標を選ぶことが大切ってことね。

先生：ピュ〜イ！

【迷ったときは柔軟に対応しよう】

先生：（設問2）は、合格＋A答案で「丁寧な顧客対応のための費用負担が重いから収益性が低い」と指摘した人が多かった。

和風：あたし「収益性が低い」「効率性が高い」ってちゃんと書けた！　マジ天才じゃね！

外海：（設問1）で選んだ指標に合わせて、（設問2）では「収益性が高い」、「効率性が低い」と書いてしまうやないですか。俺の解答はほんまに得点が低いんですか？

先生：因果が通った文章が書けていれば加点された可能性がある。合格＋A答案には「丁寧な顧客対応で評判が高いので粗利益率は高いが、販管費が重いので収益性が低い」というように、収益性が高い点と低い点の両方に触れているものがあった。どの指標を選ぶか迷ったときは、与件文と財務諸表の両方から自信を持って読み取れることだけを記述することで、得点を積み重ねられた可能性がある。収益性、効率性、安全性の3つすべてを網羅することにとらわれ過ぎず、柔軟に対応することも大切なのかもしれない。

～当日、試験終了後の過ごし方～

SNSを見て、事例Ⅳみんな解けなかったことを確認。とりあえず安堵した。

第2問（配点30点）
（設問1）【難易度 ★★☆ 勝負の分かれ目】

ステーキ店の当期の売上高は60百万円、変動費は39百万円、固定費は28百万円であった。変動費率は、売上高70百万円までは当期の水準と変わらず、70百万円を超えた分については60％になる。また、固定費は売上高にかかわらず一定とする。その場合の損益分岐点売上高を求めよ。(a) 欄に計算過程を示し、計算した値を (b) 欄に記入すること。

● 出題の趣旨

短期利益計画の策定に利用する損益分岐点売上高の計算において、変動費率が変化する場合に応用する能力を問う問題である。

● 解答ランキングとふぞろい流採点基準

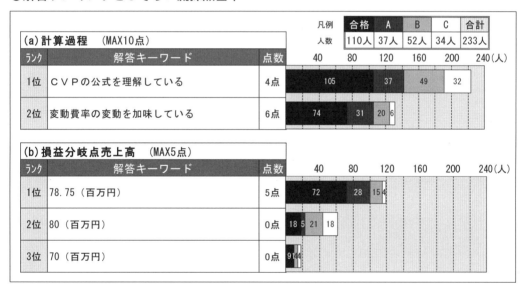

● 再現答案

区	再現答案	点	文字数
合	損益分岐点売上高をSとすると、 $(S-70) \times (1-0.6) + 70 \times (1-39 \div 60) - 28 = 0$　$^{4+6}$ よって、S＝78.75（百万円）	10	－

～当日、試験終了後の過ごし方～
　直帰して子どもをハグ。家族に感謝を伝える。ビールの量を調整し再現答案作成（エラい！）。

合	売上高70百万円までの変動費率：39÷60×100＝65% 売上高70百万円の限界利益：70×(1−65%)＝24.5 <u>売上高70百万円を超えて必要な限界利益：28−24.5＝3.5</u>⁶ <u>必要な限界利益を得るための売上高：3.5÷(1−60%)＝8.75</u>⁴ 損益分岐点売上高：70＋8.75＝78.75	10	-
A	70百万円を超える売上高をxと置くと、 <u>(70＋x)−(45.5＋0.6x)−28＝0</u>⁴⁺⁶ これを解くと、x＝8.75となり、損益分岐点は78.75百万円である。	10	-
B	求める損益分岐点売上高をx百万円とすると、 変動費：<u>(x−70)×0.6＋70×(39÷60)</u>⁶＝0.6x＋3、固定費：28 ゆえに、x＝28÷<u>{1−(0.6x＋3)÷x}</u>⁴ これを計算して、 x＝77.5百万円	10	-
C	損益分岐点売上高：<u>固定費÷(1−変動費率)</u>⁴＝28÷(1−0.65)＝80	4	-

●解答のポイント

> CVPの公式の意味を理解し、変動費率が変化する応用パターンに落ち着いて対応できたかどうかがポイントだった。

【落ち着いて解けば怖くない！】

先生：第2問（設問1）はCVPの問題だ。一定の売上高を超えると変動費率が変化する応用パターンだったが、2人はできたかな。

和風：最初は「ラッキー！　CVPの計算なんて楽勝じゃん。どうせCVPの公式に当てはめるだけでしょ」って思ったけど、変動費率の変化をどう加味すればいいかわからなくて焦っちゃった。CVPの公式って「損益分岐点売上高＝固定費÷（1−変動費率）」でしょ。変動費率を2つ使えないし、マジ意味わかんなすぎ。

外海：俺も最初、はまっちゃいましたわ〜。まずは、CVPの公式をもとに売上高70百万円以下の変動費率を使って損益分岐点売上高を計算したら80百万円になりました。70百万円との差額である売上高10百万円に対して何か処理をすればええんかな思ったんですけど、どうしたらよいかわからず、つまずいてしまったんですわ〜。ほんま、相方のおかんに聞いてみようかと思いましたわ。

先生：2人とも最初は苦戦したようだね。それに外海。相方の母親に聞くのは反則だ。時を戻そう。その後、2人ともどうやって解いたのかな？

和風：売上高70百万円と売上高70百万円超を分けて計算することを思いついたの！　まずは、売上高が70百万円のときの営業利益を「売上高−売上高×<u>売上高70百万円まで</u>

～当日、試験終了後の過ごし方～
　妻と焼肉を食べながら再現答案作成（お代は私持ち）。

の変動費率－固定費」で求めてみたら「70－70×0.65－28＝－3.5」になったよ。次に、営業利益3.5百万円を得るために必要な追加の売上高を「営業利益÷（1－売上高70百万円超の変動費率）」で求めてみたら「3.5÷（1－0.6）＝8.75」になったの。最後は、8.75百万円に70百万円を足して損益分岐点売上高を求めたの。あたしって、マジ天才じゃね。

外海：（和風ちゃんやるな〜。その解き方は思いつかんかったわ……）俺はCVPを別の計算式「損益分岐点売上高＝変動費＋固定費」で算出することを思いつきましたわ。この式を今回の設問に応用すると、「損益分岐点売上高＝売上高70百万円超の変動費＋売上高70百万円までの変動費＋固定費」になります。その式をもとにして、損益分岐点売上高をＳに置き換えると「S＝（S－70）×0.6＋70×0.65＋28」になるから、これを解いて損益分岐点を求めたんですわ。これで完璧ですよねぇ？

先生：和風ちゃんも外海もよくできた！　この設問は合格＋Ａ答案とＢ答案以下で正答率に大きな差があったことから、合否に大きく関係したと思われる。ただし、落ち着いて解けば、正解にたどり着くことは難しくなかった問題じゃないかな。

和風：最初は変動費率が変化する場合の計算方法がわからなくて焦っちゃった。

先生：和風ちゃんと同じで焦った人は多かっただろう。変動費率の変化への対応方法が見出せず、どちらか一方の変動費率のみで損益分岐点売上高を算出した、80百万円や70百万円といった解答が多数見受けられた。ただ、出題の趣旨である変動費率の変化への考慮ができていないことから、計算過程での加点もあまり見込めなかったんじゃないかな。

和風：最後まで解けなかったとしても、変動費率の変化を意識した計算過程を書いたほうがよかったってことね。

外海：俺も最初わからなくて焦ったんやけど、そんなときは深呼吸したり、体を伸ばしたりしますねん。こんなんなんぼあってもいいですからね。

先生：そうだな。問題につまずいたときのリラックス方法を自分で持っておくのがよいかもしれない。

（設問２）【難易度　★★★　難しすぎる】

　このステーキ店（同店に関連して所有する資産の帳簿価額は35百万円である）への対応を検討することとした。Ｄ社の取りうる選択肢は、①広告宣伝を実施したうえでそのままステーキ店の営業を続ける、②よりカジュアルなレストランへの業態転換をする、③即時閉店して所有する資産を売却処分する、という３つである。それぞれの選択肢について、Ｄ社の想定している状況は以下のとおりである。

〜当日、試験終了後の過ごし方〜

乗り換えの駅で飲んで、駅前でも飲んで、家でも飲んだ（禁酒してたので……）。

①	・広告宣伝の契約は次期期首に締結し、当初契約は3年間である。広告料は総額15百万円であり、20X2年4月1日から、毎年4月1日に5百万円ずつ支払う。 ・広告宣伝の効果が出る場合には毎年35百万円、効果が出ない場合には毎年△5百万円の営業キャッシュ・フロー（いずれも税引後の金額である。以下同様）を、契約期間中継続して見込んでいる。なお、この金額に広告料は含まない。 ・効果が出る確率は70％と想定されている。 ・効果が出る場合、広告宣伝の契約を2年間延長する。広告料は総額10百万円であり、毎年4月1日に5百万円ずつ支払う。延長後も広告宣伝の効果は出続け、営業キャッシュ・フローの見込み額は同額であるとする。その後、20X7年3月31日に閉店し、同日に、その時点で所有する資産の処分を予定している。資産の処分から得られるキャッシュ・フローは24百万円を予定している。 ・効果が出ない場合、3年後の20X5年3月31日に閉店し、同日に、その時点で所有する資産の処分を予定している。資産の処分から得られるキャッシュ・フローは28百万円を予定している。
②	・業態転換のための改装工事契約を次期期首に締結し、同日から工事を行う。改装費用（資本的支出と考えられ、改装後、耐用年数を15年とする定額法によって減価償却を行う）は30百万円であり、20X2年4月1日に全額支払う。 ・改装工事中（20X2年9月末日まで）は休店となる。 ・改装後の営業が順調に推移した場合には毎年25百万円、そうでない場合には毎年15百万円の営業キャッシュ・フローを見込んでいる。ただし、営業期間の短い20X2年度は、いずれの場合も半額となる。 ・改装後の初年度における営業キャッシュ・フローがその後も継続する。 ・営業が順調に推移する確率を40％と見込んでいる。 ・いずれの場合も、5年後の20X7年3月31日に閉店し、同日に、その時点で所有する資産の処分を予定している。資産の処分から得られるキャッシュ・フローは27百万円を予定している。
③	・20X2年4月1日に、30百万円で処分する。

　以上を基に、D社が次期期首に行うべき意思決定について、キャッシュ・フローの正味現在価値に基づいて検討することとした。①の場合の正味現在価値を（a）欄に、②の場合の正味現在価値を（b）欄に、3つの選択肢のうち最適な意思決定の番号を（c）欄に、それぞれ記入せよ。（a）欄と（b）欄については、（ⅰ）欄に計算過程を示し、（ⅱ）欄に計算結果を小数点第3位を四捨五入して示すこと。

　なお、将来のキャッシュ・フローを割り引く必要がある場合には、年8％を割引率として用いること。利子率8％のときの現価係数は以下のとおりである。

	1年	2年	3年	4年	5年
現価係数	0.926	0.857	0.794	0.735	0.681

～私の周りのツワモノぶりエピソード～
予備校をひととおり受講して熟知している（某ふぞろいメンバー）。

●出題の趣旨

将来キャッシュフローに関する情報に基づいて正味現在価値を算出する能力を問うとともに、算出された正味現在価値を用いた合理的な意思決定の方法を理解しているか確認する問題である。

●解答ランキングとふぞろい流採点基準

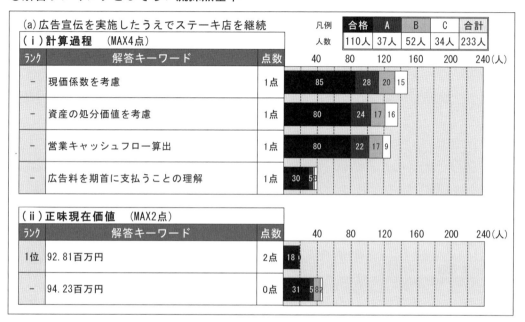

Column　重要な精神面と対応力

　事例Ⅰでこけると、もう途中で帰ろうかという気になります。

　はっきり言って、令和2年度の事例Ⅰは何が聞かれているのかまったくわかりませんでした。特に、システム化の手順。元SEの私としては、え？　手順って何、このざっくりとした感じ。てか、1人でシステム化なんてできないし、事例Ⅰだと、チームを作ったとかか？　要件定義をやって、とかそういうことか？　となってしまい、まったくわかりませんでした。このように、問われていることがわからない、どう答えればよいのかわからない、といったことは本番できっと起こります。

　その際に、どう対応するのか、精神面でパニックに陥ることのないよう、事前に決めておくことが重要です。たとえば、解答欄の1／3は、与件文のなかで重要そうな部分をコピペで対応して、その他をなんとかして埋めよう、など、ある程度の対応を決めておくことが、時間制限のある試験のなかではとても重要だと思います。

　60％とまではいかなくとも、ある程度の点数を取り、何があっても諦めないためにも、事前に自分に合った対応策を決めておきましょう。

（ひろまてぃ）

～私の周りのツワモノぶりエピソード～

1年目の2次試験、仕事のプレッシャーで申込みしそびれるも、翌年すっと合格。

●再現答案

区	再現答案	点	文字数
合	効果が出る場合 △5×($\underset{1}{1}$+0.926+0.857+0.794+0.735)+$\underset{1}{35}$×(0.926+0.857+0.794+0.735+0.681)+$\underset{1}{24×0.681}$=134.539 百万円 効果が出ない場合 △5×($\underset{1}{1}$+0.926+0.857)+$\underset{1}{△5}$×(0.926+0.857+0.794)+$\underset{1}{28×0.794}$=△4.568 百万円 134.539×0.7+△4.568×0.3=92.81 百万円	4	—
B	毎年のキャッシュフロー 広告宣伝の効果がある場合=35−5=$\underset{1}{30}$ 広告宣伝の効果が無い場合=−5−5=$\underline{-10}$ 正味現在価値 0.7×{30×($\underline{0.926+0.857+0.794+0.735+0.681}$)+$\underline{24×0.681}$)} +0.3×{(−10×$\underline{(0.926+0.857+0.794)}$+$\underline{28×0.794}$} =94.2324	3	—

●解答ランキングとふぞろい流採点基準

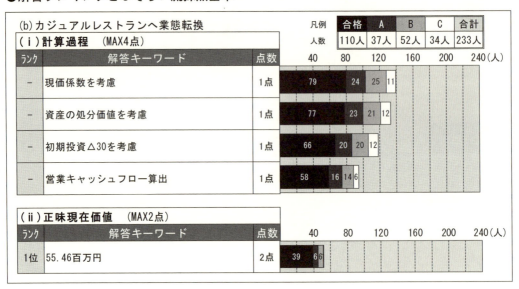

●再現答案

区	再現答案	点	文字数
合	①効果が出る場合　NPV＝－30＋12.5×0.926＋25×(0.857＋0.794＋0.735＋0.681)＋27×0.681＝76.637 ②効果が出ない場合 NPV＝－30＋7.5×0.926＋15×(0.857＋0.794＋0.735＋0.681)＋27×0.681＝41.337 ①×0.4＋②×0.6＝55.457　→55.46百万円	4	－

●解答ランキングとふぞろい流採点基準

(c) 意思決定　（MAX3点）

ランク	解答キーワード	点数
1位	①	3点

凡例　合格　A　B　C　合計
人数　110人　37人　52人　34人　233人

●解答のポイント

設問文から読み取れる仮定に基づき、営業キャッシュフローや資産の処分価値に適切な現価係数を乗じ正味現在価値を導くことができたかがポイントだった。

【広告料の支払いは期初】

先生：（設問2）はNPV算出と意思決定に関する問題だったが、2人ともできたかな？

和風：4事例目で疲れてるのに、問題文長すぎて読む気しないよ！　即決で後回し！

外海：NPVは頻出分野だから俺はしっかり準備していましたからね、文章の長さに面食らいましたけど、なんとか解けましたわ～。

先生：まずは①の広告宣伝を実施したうえでステーキ店の営業を継続する場合だけど、確かに文章は長い。しかし実は条件はすっきりしている。そこには気づけたかな？

外海：俺は効果が出る場合、出ない場合の営業キャッシュフローを算出して、それぞれに資産の処分価値を加えて現価係数で正味現在価値に直しました。それから確率を掛けて算出したんですわ。案外シンプルでしたわ～。ただ、法人税率の記載がなく、与件文やその他の設問まで読み返すことになってしまったんですけどね～。

先生：NPVの問題を解き慣れている人ほど、そこに違和感を覚えたかもしれない。営業利益が与えられているケースでは税率等をもとに営業キャッシュフローを求める必要があるが、本設問では初めから営業キャッシュフローが与えられているため、税率の記載がなかったと考えられる。

~試験当日のアクシデント~
机が小さくて試験中に筆記用具を落下させまくる。試験官さんごめんなさい。

和風：あたしは時間もなかったし、設問文にないことは気にせずに計算したよ。逆にラッキー！

先生：ところで2人は、期首発生費用と期末キャッシュフローの区別はできたかな？

和風：何それ、期首と期末って分ける必要あんの。同じ年度じゃん。

外海：広告料は4月1日に支払いとあるからね、期首に計上する営業キャッシュフローは期末に計上する場合と発生するタイミングが違うから、現価係数が1年ずれるのよ。

先生：ピュ～イ！　実は「期首発生費用と期末キャッシュフローの違いの把握」は正しい正味現在価値にたどり着くための必須要素だった。計算過程で勘案できていた答案は16.5％と非常に低く、正味現在価値までを正しく解答できた受験生は7.9％しかなかった。そして、解答までできていた答案はすべて合格＋A答案だったため、この要素に気づけたかは得点を積み増すポイントになっただろう。ただし、ほかのポイントを押さえていれば、計算過程で十分に加点された可能性は高いだろう。

外海：計算過程なんてなんぼ丁寧に書いてもいいですからね。

和風：あたしは時間がなくて途中までしか書けなかったよ。でも部分点は狙った！

先生：そう、途中まででも書くことに意義がある。

【設問文から必要な項目だけを的確に読み取る】

先生：②のよりカジュアルなレストランへの業態転換をした場合はどうだったかな。

外海：NPVのお手本のような問題やと思いましたわ。順調な場合とそうでない場合の営業キャッシュフローを算出して、それぞれに資産の処分価値を加えて現価係数で正味現在価値に直して、最後に確率を掛けて算出しましたわ。こちらの改装費用は20X2年4月1日に全額支払うとありますから、現価係数を考慮せずに算出できましたわ。

和風：あたしは減価償却費を営業キャッシュフローに足すのか引くのかわからなくなっちゃって、時間がなくてパニックだった。どうするのが正解だったの？

先生：実はそういう受験生も多かったようだ。NPVはキャッシュインフロー（CIF）とキャッシュアウトフロー（COF）で算出するから、非現金支出の減価償却費は考慮しなくていいことは知っておいて損はないだろう。ただし、減価償却費はタックスシールドの観点からは重要な要素となる。今回は法人税率の記載がなかったため無視できたが、使い方は確認しておいたほうがよいだろう。

和風：そっかぁ。冷静に考えるとわかるんだけどなー。やっぱり焦るとよくないね。

先生：今回もタイムマネジメントに苦労した受験生は多かったようだ。最終事例だからこそ、緊張と疲労をコントロールして冷静に対処することが求められるだろう。時は戻せないこともある……。

―― ～試験当日のアクシデント～ ――――――――
試験前日に購入した昼食をホテルに忘れ、事例Ⅰ開始直前に気づいた。（会場近くにコンビニがあり、助かった）。

第3問（配点20点）

　D社は、リフォーム事業の拡充のため、これまで同社のリフォーム作業において作業補助を依頼していたE社の買収を検討している。当期末のE社の貸借対照表によれば、資産合計は550百万円、負債合計は350百万円である。また、E社の当期純損失は16百万円であった。

（設問1）【難易度　★★☆　勝負の分かれ目】

　D社がE社の資産および負債の時価評価を行った結果、資産の時価合計は500百万円、負債の時価合計は350百万円と算定された。D社は50百万円を銀行借り入れ（年利4％、期間10年）し、その資金を対価としてE社を買収することを検討している。買収が成立した場合、E社の純資産額と買収価格の差異に関してD社が行うべき会計処理を40字以内で説明せよ。

●出題の趣旨

　買収額が純資産額を下回る買収をした場合に企業が行うべき会計処理を理解しているか確認する問題である。

●解答ランキングとふぞろい流採点基準

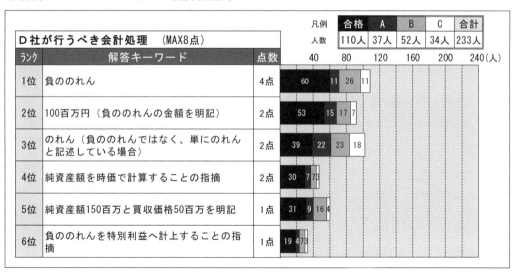

～試験当日のアクシデント～

使い慣れていた電卓にルート計算機能がなかったため、予備（ルート計算機能あり）を机に置いていたら片づけるよう注意された。

●再現答案

区	再現答案	点	文字数
合	純資産額の時価150百万円と買収価格50百万円の差異100百万円を負ののれんとして計上。	8	40
A	E社の自己資産から買収額を引いた100百万円を負ののれんとして計上する。	6	36
B	D社は買収価格差異100百万円をのれんとして、貸借対照表の無形固定資産に計上すべき。	4	40
C	差額分をのれんとして計上する必要がある。	2	20

●解答のポイント

> 買収価格が時価純資産額を下回る買収をする際、差額を「負ののれん」として計上することを知っているかがポイントだった。

【純資産額よりも低い価額で買収する場合ののれんの計上方法は？】

先生：事例Ⅳも折り返しだ。さあ、行こうか。

和風：「純資産額と買収価格の差異」ってことはのれんじゃん？ 資産の時価が500百万円、負債の時価が350百万円だから純資産は時価150百万円。買収価格の50百万円との差額100百万円をのれんとして計上するだけ！ ダメ押しで「20年以内で減価償却する」って書いておけば完璧じゃん。ラッキー！

外海：いやいやどこ見てんねん！ 買収価格のほうが純資産額よりも安いやん！ そういうときは「負ののれん」やがな。ただの「のれん」と違うのよ～。ついでに言うと、「負ののれん」は特別利益に一括計上するから、減価償却なんてせーへんからね。

和風：げげ！ 簿価じゃなくて時価で計算することは知ってたから、ひっかけクリアって思ったのに……。「負ののれん」なんて知らないよ、細かすぎるっつうの！

外海：何言うてんのよ。「負ののれん」は平成28年度の1次試験「財務・会計」の第3問に出てきてるがな。やっぱり知識は大事ですわ～、過去問演習なんてなんぽやってもいいですからね。

先生：その心意気、悪くないだろう！ 連結会計は近年の事例でもよく取り上げられていたが、今回はさらに一歩踏み込んできたようだ。「のれん」は多くの受験生が書けていたが、「負ののれん」であることまで言及できたかが今回のポイントだった。1次試験の論点も、理解度は浅くても構わないが広くカバーしておくことが望ましい。

~試験当日のアクシデント~

コンビニにてポイントで買い物をしようとしたら、使えず、不正ログインされていたこと。休み時間は対応に追われた。

（設問2）【難易度 ★★★ 難しすぎる】

この買収のリスクについて、買収前に中小企業診断士として相談を受けた場合、どのような助言をするか、60字以内で述べよ。

●出題の趣旨

買収額が純資産額を下回る買収をした場合のリスクについて適切に助言する能力を問う問題である。

●解答ランキングとふぞろい流採点基準

凡例：合格 110人／A 37人／B 52人／C 34人／合計 233人

リスクの内容①収益性への影響　（MAX5点）

ランク	解答キーワード	点数
1位	【原因】E社の赤字（純損失）について言及	5点
2位	【結果】D社の収益性悪化について言及	5点
3位	【原因】支払利息の負担増について言及	3点

リスクの内容②安全性への影響　（MAX5点）

ランク	解答キーワード	点数
1位	【原因】D社の負債増（借入金の増加やE社負債の抱え込み）について言及	5点
2位	【結果】D社の安全性悪化について言及	5点

リスクに対する施策の助言　（MAX2点）

ランク	解答キーワード	点数
1位	シナジー効果について言及	2点
2位	黒字化・収益改善の可能性（E社の成長性）の吟味	1点
3位	企業価値の正確な把握（デューデリジェンス等）	1点

～試験当日のアクシデント～

スリッパを忘れた。10月の少し冷えた床を靴下で踏みしめながら試験に臨むことになった。

●再現答案

区	再現答案	点	文字数
合	当期純損失が赤字で負債も増加するためリスクが大きく、シナジーを活用できるか慎重に検討する必要がある。	12	50
A	①当期純損失が発生しており、改善されない場合のD社収益低下や、②負債増加による自己資本比率低下のリスクを助言する。	10	56
B	当期純損失となっており、このまま損失が続くなら企業価値はマイナスであり、買収後は収益性が低下するリスクがある。	5	55
C	売却金額が適正かどうか、簿外債務がないかどうか、買収により売り上げ拡大するのか等を調査・分析を行うべきであると言う。	2	58

●解答のポイント

> リスクの内容の因果関係やリスクに対する施策など、多面的な要素を解答に盛り込めたかがポイントだった。

【買収のリスクとして、どのようなことが考えられるか】

外海：あかんな〜。E社の買収はやめたほうがええんとちゃう？　まず、そもそもE社は当期純損失が出てるやないかい。さらに買収の費用を借入金で賄うということは、支払利息の負担が増すやん。E社の買収が、D社の収益性悪化につながることは目に見えてるのよ。中小企業診断士たる者、バシっと結論を言ってあげてなんぼやろ！　この場合は「買収するべきでない」で決まりなのよ〜。

和風：あたしも、負ののれんは知らなかったけど直感でビビっときた。E社は利益を出せていないって設問文に明記されてたから。それに借入金が増えるってことは、負債が増えるんだから安全性も悪化するじゃん。買収なんて考えられないよ、絶対反対！

先生：2人とも、いいテンポでキーワードを紡いでいる。悪くないだろう。けれど本当にそれだけかな？　視点を変えよう。助言というのは、リスクを伝えることだけなのだろうか？

外海：今、先生からヒントをいただきました！　視点を変えると、リスク回避のために考えるべき施策も、助言の内容として挙げられるんですわ。一般的な買収のメリットとしては、シナジー効果の発揮が考えられるのよ。E社にはリフォームの作業補助を依頼していたみたいやから、D社に合わせて業務内容の効率化や高付加価値化ができれば、収益改善につながる買収になるんやないですか〜？

～試験当日のアクシデント～

事例Ⅰで強く筆記用具を握りすぎて、試験終了間際に手の指がつって、鉛筆が持てなくなった。

【買収の是非について、意見をはっきり示すべき？】

和風：そもそも、買収の是非って問われてんのかな。わかんなくなっちゃった。ねーこれどうすんの？

外海：そうやなぁ。ほな買収反対と違うか〜。先生こういうときってどうしたらええんですかね〜？ もうちょっと詳しく教えてもらえます？

先生：いいだろう。設問文には「買収"前に"相談を受けた場合」といった表現があり、「買収を勧めない提案も可能」と考えられる。一方、出題の趣旨には「買収をした場合のリスク」という、買収することが前提のような表現がある。

和風：よく考えると、買収を考えている社長に対して「反対」とだけ助言するのはダメな気がしてきた。前向きな助言って大事じゃん。

先生：買収の是非に対する明確な意見が求められていたのかどうかは、判断が分かれるところだろう。受験生の再現答案では、合格＋Ａ答案で「買収すべき」と明記したのは０人だった。また「やめるべき」と明記したのも合格＋Ａ答案のうちの１割程度にとどまり、買収の是非を明記した解答は少なかった。買収の是非については言及せずに、与件文や設問文に根拠がある「リスクの内容」を多面的に記述するだけでもある程度の点数は得られたと考えられる。

外海：長年の経験から、助言をするときは立場をはっきりさせるべき、と思い込んでましたわ〜。

先生：賛成か反対かを明確にせずとも、社長の思いを真摯に受け止めたうえで、考えられる可能性を指摘してあげよう。その姿勢こそが美しい！

Column　養成課程という選択肢

　２次筆記試験が終わり、手ごたえがなかったため、養成課程の受講を考えました。養成課程は、平日の昼間も通えれば半年で卒業できます。早く診断士の活動がしたかった私は、半年の休職を上司に相談してみました。しかし、適応できる制度がなく不可でした。仕方がないので、１年間や２年間の働きながら通える課程の受験準備を開始しました。説明会に参加し、過去問を取り寄せ、志望動機や診断士になった後のキャリアプランを練り、よし願書を出そうとしたところで、なんと転居を伴う異動を言い渡されました。志望する課程の変更を余儀なくされたため、志望校を変え、新たに説明会へ参加し、願書を取り寄せました。この頃は、養成課程では実務を学べて、卒業したら即活動できそうな印象を受けており、期待が高まっていました。結局のところ、２次試験に合格していたので養成課程の受験は見送りましたが、長い目で見たら養成課程のほうがよいのかもと今でも思います。実際にどちらがよいのかは人によるとは思いますが、選択肢に入れてもよい気がしています。課程によっては複数回の受験ができ、第１回目の出願が２次筆記試験直後の学校もありますので、もし受験を考えるのであれば対策はお早めに。　　　　　　　　　　　　　　　　　（アヤカ）

〜試験当日のアクシデント〜
　マーカーのペン先が折れる（１週間前に買い直したのに！）。

第4問（配点25点）

D社の報告セグメントに関する当期の情報（一部）は以下のとおりである。

（単位：百万円）

	戸建住宅事業	飲食事業	その他事業	合計
売上高	4,330	182	43	4,555
セグメント利益	146	△23	△25	98
セグメント資産	3,385	394	65	3,844

※内部売上高および振替高はない。
※セグメント利益は営業利益ベースで計算されている。

　D社では、戸建住宅事業における顧客満足度の向上に向けて、VR（仮想現実）を用い、設計した図面を基に、完成予定の様子を顧客が確認できる仕組みを次期期首に導入することが検討されている。ソフトウェアは400百万円で外部から購入し、5年間の定額法で減価償却する。必要な資金400百万円は銀行借り入れ（年利4％、期間5年）によって調達する予定である。このソフトウェア導入により、戸建住宅事業の売上高が毎年92百万円上昇することが見込まれている。以下の設問に答えよ。

（設問1）【難易度　★☆☆　みんなができた】
　(a) 戸建住宅事業および (b) D社全体について、当期のROIをそれぞれ計算せよ。解答は、％で表示し、小数点第3位を四捨五入すること。

●出題の趣旨

業績評価に用いられる投下資本営業利益率を算出する能力を問う問題である。

●解答ランキングとふぞろい流採点基準

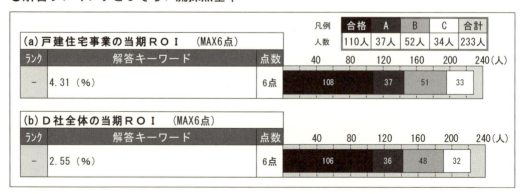

～試験当日の失敗・反省～
事例Ⅳが全然わからない。

●解答のポイント

> 与件文の情報から正しくROI（投下資本営業利益率）を算出できたかがポイントだった。

【ROIを理解しよう！】

先生：ROIの計算問題、2人はできたかな？

和風：意味はよくわかんなかったけど、与件文にROIが「投下資本営業利益率」って書いてあったし、投下資本も「各セグメントに帰属する期末資産の金額を用いる」って書いてあったから、設問の表を見てセグメント利益÷セグメント資産で計算したらできちゃった！　マジサービス問題！

外海：俺も余裕でしたわ〜。しかも俺なんかROIの意味もわかってましたからね。和風ちゃんとは次元が違うんですわ〜。

先生：2人とも簡単に正解を導き出せたようだな。実際この問題の正答率は9割以上だった。たとえ指標の計算式はわからなくても、与件文のヒントを見逃さなければ容易に対応できただろう。みんなができたということはつまり、この問題は友だちの彼女だ。落とすわけにはいかない。

外海：え、どうゆうことですか？　もうちょっと詳しく教えてもらえます？

先生：時を戻そう。では外海、ROIの意味を和風ちゃんに教えてあげてくれないか？

外海：今、知識を披露する機会いただきました〜！　ROIってのはReturn On Investmentの頭文字を取ったもので、事業活動への投下資本（投資額）に対する収益性を表す指標なのよ。こんなもん高ければ高いほどいいですからね。

和風：売上高利益率とは何が違うわけ？

外海：ROIは売上高利益率に加えて、投資の効率性を加味している点が違うのよ。ROIの計算式は「利益÷投下資本」。これを分解してみると「売上高利益率（利益÷売上高）×投下資本回転率（売上高÷投下資本）」となるのよ〜。利益率だけじゃなくて、少ない投資でたくさんの売上をあげられる事業も評価できるわけやねん！

和風：へー外海すごいじゃん！　つまり某動画サイトにありのままの自分を投稿するだけで稼げるあたしはROI高いってことね！

外海：そうやな。俺みたいに長期間かけて劇場から這い上がってきた人間と違うもんな〜。

先生：ROIで評価すれば和風ちゃんの圧勝だが、外海の泥臭さも悪くないだろう。

～試験当日の失敗・反省～

新型コロナウイルス感染症対策のため窓全開で寒い。

（設問2）【難易度 ★★★ 難しすぎる】

各事業セグメントの売上高、セグメント利益およびセグメント資産のうち、このソフトウェア導入に関係しない部分の値が次期においても一定であると仮定する。このソフトウェアを導入した場合の次期における戸建住宅事業のROIを計算せよ。解答は、％で表示し、小数点第3位を四捨五入すること。

● 出題の趣旨

投下資本及び営業利益の双方が増加する投資を行った場合の投下資本営業利益率の変化について算出する能力を問う問題である。

● 解答ランキングとふぞろい流採点基準

戸建住宅事業の次期ＲＯＩ （MAX5点）		
ランク	解答キーワード	点数
1位	4.18（％）	5点
2位	4.26（％）	3点
3位	4.17（％）	2点
－	3.75（％）	0点
－	3.83（％）	0点

凡例 合格 A B C 合計
人数 110人 37人 52人 34人 233人

● 解答のポイント

設問文から営業利益と期末資産の増減を正確に把握し、変化するROIを正しく算出できたかがポイントだった。

【どこで間違えたのか計算過程を振り返ろう】

先生：（設問2）は異例の事態が起きている。予備校で最も多かった解答と一致したのは、233人中1人しかいなかった。一見すると簡単そうな問題だったが、設問文の情報から正確に次期の変動要素を把握することが難しかったのだろう。

外海：正解が1人しかいないてどないなってますの！　難しすぎるんとちゃいますか？

和風：でもさ、みんなできなかったなら問題ないんじゃね？

先生：そのとおりだ！　おそらく大きな差はつかなかっただろう。一方で正しいとは言え

～試験当日の失敗・反省～
糖分の取りすぎと、模試を受けていなかったので試験慣れしておらず、事例Ⅲで一瞬寝る。

ないが合格＋A答案にも一定数見受けられる解答があった。次期のセグメント利益とセグメント資産の算出過程を理解できていれば、部分点が存在した可能性はあるだろう。2人はどんな計算をしたかな？

外海：まず次期のセグメント利益については、売上高の増加92を利益増の要素、ソフトウェアの減価償却費80と借入金の支払利息16を利益減の要素にして、当期セグメント利益の146から－4した142にしたんですよ〜。利益はこれで決まりですわ。実際は売上増によって材料費とかの売上原価も増えると思いますけど、そこはもう設問文に従って一定と目をつむりましたわ〜。

和風：ちょっと外海、設問の表の注記をちゃんと見なよ！「セグメント利益は営業利益ベース」って書いてあるじゃん？ 営業外費用の支払利息を引いたらダメでしょ。

外海：……あちゃ〜!! やってしもた〜！ ほな俺の答えは違うか〜。

先生：本来なら支払利息を加味することは悪くない。ただ設問文の見落としは命取りだろう。3.75％や3.83％と解答した人もいたが、おそらくここを間違えている。

和風：営業利益ベースだと売上高の増加と減価償却費だけを考慮して、次期のセグメント利益は158だよね。次期のセグメント資産はソフトウェアの400が足されて3,785だから、ROIは158÷3,785で4.17％！ あたしの答えはこれ！

外海：なんで利益には減価償却費を加味しとんのに、期末資産には加味せーへんのよ〜。期末Ｂ／Ｓの貸借がバランスしなくなっとるやないかい！

和風：えーそれはわかるわけなくね？ 貸借のバランスなんて意識してなかったわ。

外海：いやいや意識せなあかんやろ〜！ 期末資産を計算に使うんやから。ほんならセグメント利益は158、セグメント資産は減価償却費を除いた3,705で、ROIは4.26％が正解や！

先生：いや、そうとも言い切れない！ 期末資産の増減、何か見落としていないか？

和風：期末Ｂ／Ｓの貸借のバランスっていうなら、売上増による現預金とか売掛金の増加と、利息支払いによる現預金の減少は加味しなくていいわけ？

外海：それはいくらなんでもセグメント資産といえるかわからんよ！ 普通セグメント資産といえば利益増に寄与する棚卸資産や固定資産であって、現預金までセグメント資産に割り当てられているなんて設問文には書いてなかったからね。

先生：外海、D社のＢ／Ｓとセグメント資産の各合計をよく見てみるといいだろう。

外海：どうゆうことですか？ えー、D社のＢ／Ｓの資産合計は3,844、セグメント資産の合計は3,844……割り当てられとるやないですか！

和風：じゃあ売上増92と利息支払い16も期末資産に増減させて、期末資産は3,781。ROIは158÷3,781で4.18％ってことね！ これ本番中に解読できたらマジ神！

先生：自分が見落としていたポイントに気づくことで、次こそは対応できるだろう！

~試験中に起きた面白エピソード~

手が震えてきれいな文字が書けなかった。過去コラムでも同じような人がいたが、私もそうなるとは思わなかった。

(設問3)【難易度 ★★★ 難しすぎる】

取締役に対する業績評価の方法について、中小企業診断士として助言を求められた。現在の業績評価の方法における問題点を(a)欄に、その改善案を(b)欄に、それぞれ20字以内で述べよ。

●出題の趣旨

業績評価において投下資本営業利益率を用いることが部分最適を誘発する可能性があることを理解しているか確認するとともに、適切な方策を提言する能力を問う問題である。

●解答ランキングとふぞろい流採点基準

(a) 問題点 (MAX4点)

ランク	解答キーワード	点数
1位	事業特性(業種、業態)の違いが考慮されず評価が不公平	4点
2位	中長期的な投資効果が評価されず短期志向になる	4点
3位	資本コスト(支払利息)が未考慮	3点
4位	管理不能な(共通)固定費が含まれている	2点
5位	利益が増加してもROIが低下する投資案は評価されない	2点

(b) 改善案 (MAX4点)

ランク	解答キーワード	点数
1位	貢献利益で評価する	4点
2位	中長期的な投資効果を評価に加える	4点
3位	事業特性を考慮した評価指標も加える	3点
4位	資本コスト(支払利息)を考慮した利益で評価する	2点

~試験中に起きた面白エピソード~

事例Ⅱの設問文「観光以外で」を見たときは心のなかで思わずツッコみました(こんなに観光資源を書いといて使わせんのかーい!)。

●再現答案

(a)

区	再現答案	点	文字数
合	短期志向となり中長期的な投資が抑制される。	4	20
A	事業特性が異なるため同一基準の評価が困難。	4	20
B	営業利益ベースで金利負担を考慮してない。	3	20
C	資産の投資増加で、過大に業績評価される。	0	20

(b)

区	再現答案	点	文字数
合	将来の成長を考え長期的視野で評価を行う。	4	20
A	セグメントの貢献利益で業績評価を行う。	4	19
B	金利負担を考慮し、経常利益で評価を行う。	2	20
C	事業毎に計算して比較検討を行うこと。	0	18

●解答のポイント

> D社の現状を踏まえ、当期ROI（投下資本営業利益率）を取締役の業績評価に用いることの問題点と改善案について、限られた字数内で適切に提言できたかがポイントだった。

【問題点は1つだけ？】

先生：いよいよ令和2年度の2次試験最終問題だ！　心してかかろう。

外海：20字って少ないなぁ。一番の問題点を書けゆうことですよねぇ。

先生：外海はどんな問題点が浮かんだ？

外海：ROIで事業部を評価することの問題点は、利益が増えてもROIの下がる投資案が

~試験中に起きた面白エピソード~
机が小さかったので頻繁に物を落としましたが、毎回、自分で気づく前に試験官が拾ってくれたこと。

採択されないということで決まりなのよ〜。

和風：どうゆうこと？　あたしはROIが意味不明だったからこの問題白紙で出しちゃった。

外海：じゃあ（設問1）と（設問2）を踏まえて、和風ちゃんがもし戸建住宅事業の取締役だったらどうするか考えてみてよ〜。当期ROIは4.31％で、ソフトウェア投資をしたら4.18％に下がるんや。こんな投資案を採用するんか〜？

和風：するわけないじゃん！　あたしの評価ダダ下がりだもん。

外海：でも営業利益は増えるんやで〜。さらに全社の当期ROIは2.55％や。仮に（設問2）の投資案を採用すると全社の次期ROIは2.59％に上がるやろ〜！

和風：あー！　事業部だとおいしくないけど、全社で見れば儲け話ってことね！

先生：いい答えだ！　出題の趣旨である「部分最適」にもつながっている。つまり全社の利益に貢献する投資案であっても、事業部の取締役は自身の評価が下がるのであれば採用しない可能性がある。

和風：でもさー、そもそも（設問2）の投資案って支払利息を考慮したら全社の利益も減るんじゃね？　そっちのほうが問題だと思うんだけど。

外海：確かに……、一般的な問題点より問題がありそうやなぁ。

先生：ピュ〜イ！　和風ちゃんの指摘、悪くないだろう！　評価に使うROIを営業利益ベースで計算するというD社特有の問題ではあるだろう。これを改善するには経常利益ベースや管理不能な費用を除いた事業部貢献利益ベースでの評価が望ましい。

和風：あとさ、評価は当期しか見てないけど、もしかしたら数年後にはもっと売上拡大するかもしんないじゃん！　当期ROIだけだとそれが評価されないよね。

先生：素晴らしい！　中長期的な投資効果が評価できていないことも大きな問題だろう。取締役が短期志向になる、という点では「部分最適」といえるかもしれない。

外海：なんかどれが一番の問題かようわからんくなってきたわ〜。

先生：（設問3）は再現答案でも答えが分かれていた。ほかにも、異なる事業特性を同一基準で評価することを問題としている解答も多数見受けられた。幅広く加点された可能性はあるだろう。ただし、問題になるのは事業特性（業種や業態）であって事業規模ではない点に注意が必要だ。事業規模が異なっても投資効率という視点で横並びの評価ができるのがROIの良い点だ！

外海：まぁ問題点さえ指摘できれば改善案はその裏返しでいいですからね。評価方法について1つでも問題点を思いつけるかがポイントだったということですかねぇ。

先生：知識が足りなくても、中小企業診断士としてD社の現状に寄り添い改善提案する姿勢が大切ということだ！

和風：なるほどねー！　白紙で出しちゃってマジ反省！

～試験中に起きた面白エピソード～
張り切って持参したホッチキスリムーバーを使ったら、問題文の真ん中を大きく破ってしまった。

▶事例Ⅳ特別企画

「CVP のソテー」
～解法のポイントを添えて～

【6年連続の出題となった CVP】

先生：令和2年度も CVP が出題された。なんと、6年連続の出題だ。CVP の難易度は簡単すぎず、難しすぎないことから、勝負の分かれ目となることが多い。出題パターンは毎回違うが、実は解くためのポイントは共通なんだ。CVP を得点源にできる時代がもうそこまで来ている！

外海：今回の CVP は解けたんですけど、いまいち自信がないですわ～。

和風：あたしは得意だけど、過去どんなことが問われていたのか知りたい！

先生：では、まずは今回の第2問（設問1）から見てみよう。

【CVP の公式にとらわれすぎないのがポイント】

先生：今回の問題は、一定以上の売上高の場合に変動費率が変化する応用パターンだった。この問題を解くための最も重要なポイントは何だったと思う？

外海：俺は、落ち着いて解くことやと睨んでますわ～。

先生：間違いとも言い切れない！　しかし、最も重要なことは「CVP の公式にとらわれすぎないこと」だ！

和風：CVP の問題なのに CVP の公式にとらわれすぎないってどうゆうこと。マジわかんない。

先生：今回の問題は CVP の公式「損益分岐点売上高＝固定費÷（1－変動費率）」に当てはめようにも、変動費率が2つあるため、そのままでは使えない。そのため、損益分岐点売上高を別の切り口で算出できるかがポイントだった！　どういう式だったか覚えているかな？

和風：さっき話したから覚えてるよ。「損益分岐点売上高＝変動費＋固定費」ね。

先生：そのとおり！　その計算式を今回の設問に応用して、「損益分岐点売上高＝売上高70百万円までの変動費＋売上高70百万円を超えた分の変動費＋固定費」とすれば計算できる。

外海：なるほど～。公式にとらわれすぎるとドツボにはまるわけですねぇ。笑いと一緒やなぁ。そういえば令和元年度の第2問（設問3）もそういう問題だったような。

先生：そう、実は令和元年度の第2問（設問3）はテーマこそ違うものの、今回と同じことが問われていたんだ。ここからは実際に解いてから読むことを推奨するぞ。時を戻そう。シュッ！

～試験中に起きた面白エピソード～
　試験監督官の方が注意事項の読み上げの際によく噛んでいて和んだ。

令和元年度　事例Ⅳ　第2問　一部抜粋・改訂

D社のセグメント情報（当期実績）は以下のとおりである。

（単位：百万円）

	建材事業部	マーケット事業部	不動産事業部	共通	合計
売　上　高	4,514	196	284	―	4,994
変　動　費	4,303	136	10	―	4,449
固　定　費	323	101	30	20	474
セグメント利益	−112	−41	244	−20	71

（設問3）【難易度 ★★☆ 勝負の分かれ目】

次期に目標としている**全社的な経常利益は250百万円**である。不動産事業部の損益は不変で、マーケット事業部の売上高が10％増加し、建材事業部の売上高が不変であることが見込まれている。この場合、**建材事業部の変動費率が何％**であれば、目標利益が達成できるか、(a) 欄に答えよ。(b) 欄には計算過程を示すこと。

先生：セグメント情報が与えられた、CVPの応用問題だ。目標利益は全社なのに対し、求める変動費率が建材事業部であることがポイントだ。

和風：まずは、CVPの公式にどう当てはめられるか考えてみよ〜。来期の全社の固定費は474ってわかるけど、変動費率はセグメントごとにあるから、全社の変動費率をどう求めればいいのかわかんない。

外海：これ、令和2年度の問題と同じで変動費率が複数あるから、CVPの公式をそのまま適用できへんやん。ってことは切り口を変えればええんとちゃう？　この場合は全社目標利益が与えられとるから、「全社目標利益250＝各事業部の限界利益−全社固定費474」の式で計算すればええんやろ？　これで決まりなのよ〜。

先生：外海！　いい調子だ。

外海：頭柔らかくすればええんやなぁ。ミルクかけたコーンフレークみたいに！

先生：最近の問題はCVPの公式にとらわれず、売上と費用、利益の構造を理解して、柔軟に式を立てることができたかどうかがポイントだった。

【設問文を丁寧に読み解くことがポイント】

和風：ほかにはどんなパターンがあるの？

先生：よし！　それでは平成30年度の第3問（設問1）を見てみよう。先ほどと同じく、実際に解いてから読むことが望ましい。シュシュッ！

〜試験中に起きた面白エピソード〜

事例Ⅳのときに自分の右前の人が終始電卓を出さずに事例を解いていた（暗算⁉）。

> 平成30年度　事例Ⅳ　第3問　一部抜粋・改訂
>
> 今年度の売上原価と販売費及び一般管理費の内訳は次のとおりである。以下の設問に答えよ。
>
> （設問1）
>
> 【難易度　★★★　難しすぎる】
>
> 来年度は外注費が7％上昇すると予測される。また、**営業所の開設**により売上高が550百万円、固定費が34百万円増加すると予測される。**その他の事項に関しては、今年度と同様**であるとする。予測される以下の数値を求め、その値を（a）欄に、計算過程を（b）欄に記入せよ。①変動費率（小数点第3位を四捨五入すること）、②営業利益（百万円未満を四捨五入すること）

（単位：百万円）

変動費	売上原価	1,014
	外注費	782
	その他	232
	販売費及び一般管理費	33
	計	1,047
固定費	売上原価	126
	販売費及び一般管理費	312
	支店・営業所個別費	99
	給料及び手当	79
	賃借料	16
	その他	4
	本社費・共通費	213
	計	438

外海：この設問は、売上高と外注費、固定費は増加し、その他は今年度と同様との記載があったから、売上高の増加率を変動費に反映させるかどうかが悩ましかったわ〜。

先生：そう。「その他の事項に関しては、今年度と同様である」をどう読み取るかがポイントだった。外海は当時どう答えたのかな？

外海：記載をそのまま受け取って、売上高の増加率を変動費に加味しませんでしたわ〜。

和風：え、「営業所の開設」だから「売上単価」じゃなくて「販売数」が増加しているはずなのに、変動費がそのまま据え置きっておかしいよね。コーンフレークが増えるのにミルクの量がそのままだったらパサパサじゃん。

外海：和風ちゃん、俺のコーンフレーク取らんといて〜。

先生：「サービス水準向上」のような「売上単価」向上につながる根拠があれば、外海のように解答することもできるかもしれないが、本設問には記載がないため、売上高の増加率を変動費に反映すべきと判断できたんだ。一見どう解釈すべきかわからない記述があっても、設問を丁寧に読み解けば答えにたどり着けたはずだ。それでは2人とも、CVPを解く際のポイントをおさらいしてみよう。

和風：1つ目は「CVPの公式にとらわれすぎないこと」。

外海：2つ目は「設問文を丁寧に読み解くこと」。

先生：これで、どんな応用問題が出題されても大丈夫。CVPのソテーを召し上がれ！

外海：和風ちゃんと2人で美味しくいただきますわ〜。

和風：外海と2人で食事なんてマジ無理。みんなで一緒に食べたーい！

～試験中に起きた面白エピソード～

試験官の方が「ウェアラブル端末」の発音に苦戦。

ふぞろい流ベスト答案　事例Ⅳ

第1問（配点25点）
（設問1）　　　　　　　　　　　　　　　　　　　　　　　　　　　【得点】12点

	(a)	(b)
①	棚卸資産回転率[2]	3.91（回）[2]
②	負債比率[2]	532.24（％）[2]
	売上高営業利益率[2]	2.15（％）[2]

（設問2）　60字　　　　　　　　　　　　　　　　　　　　　　　【得点】13点

顧	客	か	ら	の	評	判	が	高	い[3]	の	で	効	率	性	は	高	い[1]	が	、
丁	寧	な	対	応[2]	で	販	管	費	が	増	加[3]	、	多	額	の	借	入[3]	に	伴
う	利	息	負	担[1]	も	あ	り	、	収	益	性[1]	や	安	全	性	は	低	い[1]	。

第2問（配点30点）
（設問1）　　　　　　　　　　　　　　　　　　　　　　　　　　　【得点】15点

(a)	(b)
損益分岐点売上高をSとすると、 $S=(S-70)\times 0.6+70\times 0.65+28$ [4+6] よって、S＝78.75（百万円）	78.75[5]（百万円）

（設問2）　　　　　　　　　　　　　　　　　　　　　　　　　　　【得点】15点

	（ⅰ）	（ⅱ）
(a)	①効果が出る場合 正味現在価値＝－5×(1[1]+0.926+0.857+0.794+0.735[1]) 　　　　　　　＋35[1]×(0.926+0.857+0.794+0.735+0.681) 　　　　　　　＋24×0.681[1]＝134.539 ②効果が出ない場合 正味現在価値＝－5×(1+0.926+0.857) 　　　　　　　＋(－5)×(0.926+0.857+0.794) 　　　　　　　＋28×0.794＝－4.568 ①×0.7+②×0.3＝92.8069　→92.81百万円	92.81[2]（百万円）

～試験中に起きた面白エピソード～
受験票を落とした。机が小さすぎるから仕方ないと思います。

(b)	①効果が出る場合 正味現在価値＝－30[1]＋12.5×0.926 ＋25[1]×(0.857＋0.794＋0.735＋0.681[1])＋27×0.681[1] ＝76.637 ②効果が出ない場合 正味現在価値＝－30＋7.5×0.926 ＋15×(0.857＋0.794＋0.735＋0.681)＋27×0.681＝41.337 ①×0.4＋②×0.6＝55.457　→55.46百万円	55.46[2]（百万円）
(c)	①[3]	

第3問（配点20点）

（設問1）　　　　　39字　　　　　　　　　　　　　　　【得点】8点

純	資	産	額	の	時	価[2]	と	買	収	価	格	の	差	額	10	0	百	万	円[2]
を	負	の	の	れ	ん[4]	と	し	て	特	別	利	益	に	計	上[1]	す	る	。	

（設問2）　　　　　59字　　　　　　　　　　　　　　　【得点】12点

今	期	純	損	失	の	E	社[5]	を	借	入	金	で	買	収[5]	す	る	と	D	社
の	収	益	性[5]	・	安	全	性	が	低	下[5]	す	る	の	で	、	シ	ナ	ジ	ー
効	果	を	発	揮[2]	で	き	る	か	検	討	す	る	べ	き	で	あ	る	。	

第4問（配点25点）

（設問1）　　　　　　　　　　　　　　　　　　　　　　【得点】12点

(a)	4.31[6]（％）
(b)	2.55[6]（％）

（設問2）　　　　　　　　　　　　　　　　　　　　　　【得点】5点

4.18[5]（％）

（設問3）　　　　　　　　　　　　　　　　　　　　　　【得点】8点

(a)　　　　　　20字

中	長	期	の	効	果	が	評	価	さ	れ	ず	短	期	志	向	に	な	る	。[4]

(b)　　　　　　20字

中	長	期	的	な	視	点	で	の	業	績	評	価	基	準	を	加	え	る	。[4]

~こだわりの試験テクニック~

事例Ⅳは、配点の半分の分数が過ぎたら次の問題に移る。

ふぞろい流採点基準による採点

100点

- 第1問（設問1）：与件文および財務諸表から得られる情報に基づいて指標を選択しました。
- 第1問（設問2）：（設問1）で解答した指標に沿って、与件文および財務諸表から得られた情報をまとめました。
- 第2問（設問1）：売上高70百万円までと70百万円超の2つの変動費率を用いて、損益分岐点売上高を正しく算出しました。
- 第2問（設問2）：効果が出る場合と出ない場合で整理し、必要な項目にそれぞれ対応する現価係数を使って計算し、最適な意思決定案を選択しました。
- 第3問（設問1）：負ののれんの算出方法と、財務諸表への計上方法を端的にまとめました。
- 第3問（設問2）：リスクの内容の因果関係やリスクに対する施策など、多面的な要素を盛り込みました。
- 第4問（設問1）：与件文と設問の条件に忠実に当期ROI（投下資本営業利益率）を正しく算出しました。
- 第4問（設問2）：設問条件から読み取れるセグメント利益とセグメント資産の増減を網羅的かつ正確に計算して、次期ROI（投下資本営業利益率）を正しく算出しました。
- 第4問（設問3）：事業部の取締役に対する業績評価に当期ROI（投下資本営業利益率）を用いることの問題点と改善案について、出題の趣旨である「部分最適の誘発」を意識して解答しました。

Column ベタの威力、吉本新喜劇に学ぶ2次試験

　2次試験の勉強を進めると、「人事施策は茶化（採用、配置、報酬、育成、評価）」などの定番フレームと出会いますが、「ベタにみんなと同じフレームで書いててもええんやろか？」と頭によぎることが増えてきました。ある日、家族で昼食を食べながら吉本新喜劇を見ていたときに、若井みどりの「おじゃまパジャマ」という定番ギャグを見た息子が、食べてたカレーを口から思いっきり吹き出しました。妻、娘、私にとってはよく見るネタで、軽く流すシーンでしたが、初めてそのギャグを見た息子には新鮮だったようです。「受験生にとっては定番フレーズでも、社長にとっては新鮮な提案かもしれない」と妙に納得した私は、ベタを恐れず、相手（社長）の思いと使うタイミングが合っているかどうかだけを意識し、躊躇なく定番フレームを使うようになりました。　　　　　　　（くろひょう）

～こだわりの試験テクニック～
設問毎にペンを使い分ける。

第2節 しくじり先輩　俺みたいになるな！
～多年度生の失敗から学ぶ、これだけはやってはいけないこと～

　ここは、過去の受験で失敗をした"しくじり先輩"たちが、「自分のような多年度生を増やすまい！」という熱意を持ち、受験生たちにしくじった経験を教えている仮想教室です。正解や設問ごとの得点開示がない2次試験については、「これが正しい」という勉強方法や取り組み方、姿勢などはわかりにくいものですが、「これだけはやってはいけない」ことは先輩たちの失敗から読み取ることができます。ぜひ、参考にしていただければと思います。

【1．きくっち先輩（以下、きく）】

きく：しくじり先輩1人目のきくっちです。5回以上の受験で合格。粘り勝ちでした。

和風：え、すごすぎ～。よくモチベーション維持できたね！

きく：小学生の子供がいるのですが、子供に勉強を途中でやめてしまうような姿は見せられない、といういい意味でプレッシャーがありました。おかげで模試も毎年上位に入るような成績だったんですが……。さて、そんな私から「しくじったこと」です。

> **きくっち先輩「自信を持ってしまった！」**

外海：どういうことですか？　普通は「自信を持っていけ」、とかいうやないですか～。

きく：そうですよね。でも模試の問題はあくまで本試験を参考に創作したもので、予備校としては受験生に問題の解答を説明するため、ある程度わかりやすい問題にせざるを得ません。そのため、模試がよくても本試験でうまくいくとは限りません。

外海：本試験は解答が公表されてませんしね。でも、模試がよければ相対的には力があるんやから、やっぱり自信につながるんちゃいますか？

きく：そう、それが失敗のもと。なぜなら、よかった模試で見直しってどれくらいします？

和風：そりゃ、正解が多いからあんまりしないかも～。なんなら見直しもしないかも～（笑）。

きく：そう！　しないよね～。だから、むしろ模試では失敗したほうがいいと僕は思う。そして自信があるからこそ、もっとよくない方向へ「しくじって」しまいました。

> **きくっち先輩「事例Ⅳの問題を全問解こうとする！」**

和風：ええ、全部解いちゃダメなの～？　全部解けたほうがいいんじゃ～ん。

きく：簡単な試験ならね。でもこの試験で全問正解できる人いると思います？　もしやろうとすると計算ミスをしたり、時間が足りなくなったりするリスクを伴います。

外海：そうなんですか～。でも全部やるという意気込みはええんとちゃいますか～？

～こだわりの試験テクニック～

開始15分で解答を書き始める（自分には合っていた）。

きく：根性や意気込みで受かるほど甘い試験じゃないんだよっ‼（声を荒げる）　あ、失礼しました……、取り乱してしまいました。実は事例Ⅳだけならば、最初２年の本試験はＡ判定、その後も模試では大半が80点以上の高得点と、どこかで事例Ⅳで点数を稼ぐぞ！　という気持ちが抜けなくて。結果、３回目以降は下降傾向……。

和風：そうなんだー。合格した年は何か変えたの？

きく：まず事例Ⅳの自信は捨てて、「セコく稼いで60点をとる」戦略に徹しました。令和２年度の第２問は、（設問１）を丁寧に解く一方、（設問２）を「最後５分だけ取り組み、部分点を狙う」と開始早々に決めました。第２問は配点30点で（設問２）は単純に15点ですが、NPVが３つもあったので。結果、ふぞろい流採点でも（設問１）は正解、（設問２）は部分点を獲得できました！　（得点開示結果も64点）

外海：なるほど〜。闇雲に挑むのではなく、ちゃんと戦略を練ったわけなんですね！

きく：そうです。ぜひ、受験生の皆さんには**世界で一番信用できないのは自分自身だ！と思って自分に合った戦略を立てて**ほしいです。

【２．しーだ先輩（以下、しー）】

しー：しくじり先輩２人目のしーだです。５年以上の多年度生はきくっちだけだと思うなよ！　僕も５回目で受かったぞ！

和風：開き直り、かっけー！

しー：５回目で受かった僕がふぞろいに携わらせてもらえるなんて思っていませんでした。さて、そんな僕からの「しくじったこと」はこちら！

> **しーだ先輩　「予備校の演習で受け身の練習♪」**

外海：突然、ラップをいただきました〜。こんなんなんぼあっても……、いやいや、急すぎやろ！　予備校の通信講座でも、動画でいろいろと教えてもらえるんですよね？

しー：そうですね。確かに、それまで独学で周囲に受験生がいなかった僕にとって、予備校の講義は参考になりましたしペースメーカーにもなりました。これで点数を伸ばす人もいるだろうと感じました。ただ、僕の場合、なかなかそうはいかず……。

和風：しーだ、どーした、しょんぼりしちゃって！

しー：実は、独学で受けた２回目の２次試験は合格まであと５点だったので、とりあえず予備校の通信講座でも受ければなんとかなるだろう！　って、かなり甘く考え、敗因分析も疎かにしてました。その結果がこれです……。

外海：え〜、お金払ってるのに〜！　めっちゃもったいないやん！

しー：ただ予備校の演習を受けるだけでは自分の弱点は克服できないんだなと感じました。

和風：じゃあさ、受かった年はどうしたの？

しー：自分の弱点を分析して、それを克服するための勉強に集中しました。具体的には「書く力」と「事例Ⅳ」を鍛えました。受験生の方には、**予備校の講座に受け身な勉強**

スタイルにならず、しっかりと敗因分析をして弱点を克服する積極的な姿勢を持っていただければ！　と思います。

【3．みっこ先輩（以下、みこ）】

和風：次のしくじり先輩はこの人だよ！　どうぞ～。
みこ：みっこです。2回目の2次試験で合格できました。
外海：2回目で合格なんて、すごいんとちゃいますか？
みこ：今振り返ると、1回目の受験ではしくじってしまったことが多いですね。受験生の皆さんには私と同じ失敗をしてほしくないので、こちらに来ました。さっそく、そんな私の「しくじったこと」をお話しします。

> みっこ先輩　「量だけを重視した勉強になっていた！」

和風：え～、意味わかんな～い。あたし、たくさん勉強しろってずっと言われてきたよ。
みこ：もちろん多くの量を、時間をかけて勉強することは大事なんです。でも、ただそれだけの勉強方法では、この試験には合格できないということがわかりました。
外海：ほな、どないすればええか、もうちょっと詳しく教えてもらえます？
みこ：私は、科目数が多く学習範囲も広い1次試験を、とにかく「量をこなす」ことで合格することができました。ですが、2次試験に対してもそのままの勉強方法で臨んでしまったんです。1次試験後から時間が少なかったから、2次の勉強も、過去問を解いたらサッと答え合わせをしてすぐに次、というやり方でした。
和風：たくさんの問題を解くために、一つひとつに時間をかけられなかったんだね！
みこ：ほんまに、そうなんです。やってもやってもいい答案が書けなくて、モチベーションもどんどん下がり、結果も当然不合格でした。
外海：1次には1次の、2次には2次の、それぞれ適した勉強方法があるんやね。
みこ：そこで2回目の受験にあたって、勉強方法を変えました。忙しい日は1日1題でもいいんで、集中してじっくりと問題を解きます。解いた後はすぐに模範解答を見ずに、まずは自分の解法プロセスを丁寧に見直します。
和風：え～っ、あたしは解いたら早く答えが見た～い！
みこ：自分の解答が、設問要求に対応できているか、与件文から根拠や社長の思いを拾えているか、その解答に至るまでのプロセスは正しいか。それを丁寧に見直して、完全に納得してから模範解答と照らし合わせます。キーワードや足りない知識の補完をしつつも、解法プロセスを最重要視して読み込みました。
外海：そないに丁寧に分析してたら、そりゃ1日1題くらいしかできへんな～。
みこ：私はそれでも十分に効果があったと思ってるんです。試験本番の80分という短い時間での対応力を高めるためには、「量より質」の勉強で、解法プロセスを自分に染み込ませることが合格への早道やと確信しています。受験生の皆さん、頑張ってく

～こだわりの試験テクニック～

事例Ⅰ～Ⅲの設問を自ら名づけた「ギャップフレーム（あるべき姿、課題、対応策、変化）」で対応した。

ださいね！

【4．たまちゃん先輩（以下、たま）】

たま：たまちゃんです。私は一度も予備校などには行かず、独学で勉強を続けていたら、結局合格までに2次試験を5回も受けることになってしまいました。

外海：ずっと独学で5回も！　寂しくなるときもあったんとちゃいますか？

たま：私が皆さんにお伝えしたいのは、まさにそこなのです。私の「しくじったこと」は、こちらです！

> たまちゃん先輩　「独学にこだわりすぎてしまった！」

和風：1人でコツコツお勉強、カッコいいじゃん！

たま：繰り返し言われていますが、この2次試験は解答が公表されません。また、選択式ではなく記述式なので、1人で問題を解いて模範解答を見ても、そもそも自分の書いた答案がどれくらいできているのか、どこを直せばよくなるのかがわかりません。独学生の場合、それを判断するのが自分しかいないわけです。

外海：わかりますわ！　しかも、参考書によって模範解答が違いますねん！

たま：結局、客観的な物差しがないままに受験を繰り返して、落ちた理由も分析できず、不合格を重ねてしまいました。5回目の試験にあたって、今までのやり方では永遠に合格できないと思い、「きれいな模範解答だけでなく、不合格も含めたできるだけ数多くの答案を読んで、自分が思いつかなかった要素があれば書き出す」という勉強法を試してみました。すると、徐々に引き出しが増えていくことを実感して、さまざまな問題への対応力が上がり、それが合格につながったのだと思います。

和風：でも結局は、1人で勉強してたんだね〜。

たま：実は、誰でも参加できる勉強会やセミナーが行われていることを知らなかったんです。予備校に通っている人だけのものだと思っていました。独学生でも、ぜひ参加することをお勧めしたいですね。そんなしくじりを踏まえて、私は受験生の皆さんに「**自分の答案をたくさんの人に見てもらう。たくさんの人の答案を見る**」勉強法をぜひお勧めしたいですね。イベントへの参加が難しいという方は、『ふぞろい』には再現答案がたくさん掲載されているので、それをじっくり読みましょう！

外海：今、宣伝をいただきました〜。こんなん、なんぼあってもいいですからね。

　いかがでしたか？　受験生の皆さんには、しくじり先輩たちが合格したときのように、自分の勉強法や取り組みが「本当に合格に結びついているかな？」と立ち止まって考えてみることをおすすめします。合格に向けて頑張ってください！

〜事例Ⅰのポイント・攻略法〜
　レイヤー（経営戦略、組織構造、人的資源、組織風土）を意識。

第3節 合格者に聞く「2次試験で身につけておくべきこと」

【2次試験のために最低限頭に入れておくべきことは？】

外海：1次試験は参考書による理論の理解、暗記、過去問の繰り返しなど、ある程度やるべきことのイメージがあるんですけど、2次試験のために何を身につけておくべきかイメージが湧かんのよね……。

きく：そうですよね。正解がわからない2次試験だけに、僕も確実なことは言えないですが、多くの合格者が頭に入れていた内容はあるようです。ふぞろい14メンバーから取ったアンケートを参考に、事例毎のリストにしてみました（事例Ⅳを除く）。

事例Ⅰ	理論	SWOT、VRIO、5フォース、戦略のピラミッド（理念、ビジョン、企業戦略、事業戦略、機能戦略）、組織論（機能別組織、事業部制組織、マトリクス組織）、モチベーション理論（主にハーズバーグの動機付け・衛生要因）、人的資源管理など。
	覚え方	「茶化」（人事施策のフレームワーク） サハホイヒ（サ＝採用、ハ＝配置、ホ＝報酬、イ＝育成、ヒ＝評価） 「幸の日も毛深い猫」（人的資源管理のフレームワーク） サ＝採用・配置、チ＝賃金・報酬、ノ＝能力開発、ヒ＝評価、モ＝モチベーション、ケ＝権限委譲、ブ＝部門設置、カイ＝階層、ネ＝ネットワーク、コ＝コミュニケーション
	記述に使える内容	①特徴、メリット、デメリット（例：機能別組織など） ②効果のお決まりフレーズ（「組織活性化」と「モラール向上」など）
事例Ⅱ	理論	マーケティング、ブランド、製品等の各戦略、SWOT、5フォース、4P、3C分析、CRM、アンゾフの成長マトリクス
	覚え方	売上向上の要素を自分なりの公式で設問要求項目ごとでまとめて覚える。 　（例） 　・売上＝客数×客単価×購買頻度 　・客数＝既存顧客＋新規顧客－流出顧客 　・客単価＝平均単価×購買点数 　・客数増加＝体験＋関係性構築＋口コミ 　・ブランド力向上＝口コミ＋認知度向上 「ダナドコ」（ターゲットマーケティングのフレームワーク） ダ＝誰に、ナ＝何を、ド＝どのように、コ＝効果
事例Ⅲ	理論	生産計画（手順計画、材料計画、工数・日程計画）と生産統制（進捗管理、現品管理、余力管理） 生産方式（見込生産と受注生産） 資材・在庫管理（資材標準化、定期発注方式と定量発注方式など）
	覚え方	「DRINK」（IT化のフレームワーク） D＝データベース、R＝リアルタイム、I＝一元管理、N＝ネットワーク、K＝共有
	記述に使える内容	特徴、メリット、デメリットなど（例：各種生産方式など） QCDに沿った改善方法 ①各生産プロセスでの典型的な問題点と解決策 ②リードタイム短縮、原価低減、在庫削減、収益性向上等の方策

～事例Ⅰのポイント・攻略法～

時制に注意。段落ごとに情報が整理されていると期待しない。

【アウトプットするためのトレーニングや工夫は？】

外海：きくっち先輩！　ほな、これさえ覚えたら完璧やないですか～、もう楽勝ですわ～。

きく：暗記だけで受かるほど甘い試験じゃないんだよ‼（久しぶりに声を荒げる）　あ、失礼しました……。また取り乱してしまいました。頭に入れたとしても、本番で与件文や設問文を把握、紐づけしてアウトプットすることができなければ意味がないですよ。そこで、アンケート結果をもとに、ふぞろい14メンバーが実際に行ったアウトプットのためのトレーニングや工夫についてご紹介します。

1．フレームワーク、キーワードを思い出す、書くトレーニング

- ◆『2次試験合格者の頭の中にあった全知識』をぱっと開いて、目に入った単語から何個キーワードが想起できるか書き出してみる。
- ◆頭のなかで各種フレームワークの重要なポイントを思い出す練習。本番でも頭のなかでフレームワークを思い出して当てはめていく作業をするので、良いトレーニングになる。
- ◆暗記事項の確認。たとえば、機能別組織のメリット、デメリット、といった小テスト的なものをやって暗記した。
- ◆与件文や解答にある言葉を文章で説明する、言語化することで知識の曖昧さが明確になり、対処しやすい。
- ◆苦手論点を手書きでノートにまとめた1次試験用のノートを、常に持ち歩いていた。
- ◆単語だけ書いた付箋を手帳に貼った。ぱっと見て説明できるほど内容が思いつくか確認した。
- ◆あまりにも記述ができなかったため、一度自力で解いた後、解けなかった問題は模範解答を書き写した。

2．覚え方の工夫

- ◆アップルウォッチなどを活用。記憶したいことをウォーキング時に聞き流し、場所法等の暗記方法と組み合わせて切り口やキーワードの記憶強化を行った。
- ◆YouTube：ランニング中に音声を聞く（予備校の講義動画や事例解説など）。
- ◆ファイナルペーパーを問いかけ方式にして、答えは書かず、参考書の参照頁だけを書く。
- ◆ミスノート作成。
- ◆「暗記」というより「ストーリー」で覚える。
- ◆参考書を全てPDF化して、iPadで持ち運びできるようにした。
- ◆1次で使っていた通信講座の動画音声を通勤中何度も聞いて、講師の口調を真似して声に出して疑似講義を行い、基礎知識習得に努めた。
- ◆単語帳アプリ（事例Ⅱの売上向上や顧客満足度向上までにつながるキーワードや、事例ⅣのCF計算書の項目を登録して時間の合間に見ていた）。

外海：ほんまいろいろあって参考になりますわ～。

きく：同じ合格者でもやっていたことはさまざまです。たとえば、「書き写し」、「ファイナルペーパーの作成」、「暗記カード作成」などは、「役に立たなかったこと」として挙げている人もいました。向き不向きを考えて取捨選択し、頑張りましょう！

～事例Ⅰのポイント・攻略法～

永続的に成長するために（成長戦略）、現状の課題（組織構造・行動・人的資源）を解決！　という大前提で解く。

第3章

合格者による、ふぞろいな再現答案
~80分間のドキュメントと合格者再現答案~

　得点は開示されても、模範解答は相変わらず公表されない2次試験。
　何に向かってどう努力すればよいのか、ふぞろいメンバーたちも雲をつかむような思いでもがいてきました。
　第3章では、さまざまな属性やバックグラウンドを持つ6名のふぞろい合格者メンバーによる再現答案を掲載します。自分なりに確立してきた、「80分という時間の制約のなかで、得点を最大化するための方法」はそれぞれどのようなものだったのか。また彼らはどのような1年を過ごして2次試験を迎え、試験当日にはどのような心情だったのかなど、赤裸々に余すところなくお伝えします。
　なお、再現答案にはふぞろい流採点による得点だけではなく、得点開示結果(本試験での実際の得点)も記載しております。

　ふぞろいな合格者たちのふぞろいな方法から、参考になることを積極的に取り入れたりアレンジしたりして、あなただけの「ふぞろい」な活用方法を見つけてください。本書が「合格」の手助けとなれば幸いです。

第3章のトリセツ

　第3章では、令和2年度2次試験合格者のうち6名を取り上げ、各人が2次試験当日までどのような勉強をしてきたのか、当日は何を考えどのように行動したのかを詳細に紹介しています。ご自身と属性の近い合格者を探し、合格のヒントとしてご活用いただければ幸いです。

第1節　80分間のドキュメントと再現答案

1. ふぞろいな合格者6名のご紹介
　　　各メンバーの年齢や職業といった属性のほか、受験回数、勉強時間、2次試験攻略法などを一覧で紹介します。

2. 勉強方法と合格年度の過ごし方
　　　各メンバーの勉強への取り組み方、合格のために重視していたこと、勉強スケジュールなどを詳細なコメント付きで紹介します。

3. 80分間のドキュメントと合格者の再現答案
　　　6名の合格者が2次試験本番にどのように臨み、どのように合格答案に至ったのかを、ドキュメント形式でお伝えします。予想外の難問・奇問や思わぬハプニングに翻弄されつつも、なんとか合格をつかみ取ろうとする6名の姿を、当日の間違った思い込みやリアルな感情の動きも含め記録しています。また、実際に当日作成した答案を後日再現し、ふぞろい流採点と得点開示結果を添えて掲載します。

第2節　【特別企画】ふぞろいな勉強スタイル

　　　中小企業診断士試験の勉強をする人にはさまざまな属性を持った人がいます。そのため、勉強できる時間はその人の置かれている状況によって大きく異なります。また、自分に合う勉強法、合わない勉強法もあります。本節では、6名の合格者が自身の学習スケジュールや取り組んだ勉強方法を振り返り、座談会形式で語ります。

第3節　【特別企画】得意？　不得意？　事例お悩み相談コーナー

　　　4つの事例でさまざまなテーマが問われる2次試験。さまざまなテーマがあるからこそ、合格者でもそれぞれ得意だと感じる事例やどうしても苦手意識が拭えない事例がありました。本節では、6名の合格者が得意・不得意の立場に分かれて、苦手な人が受験勉強中に感じていた悩みを赤裸々に暴露し、得意な人からの助言をもらうという座談会形式で語ります。

事例Ⅰのポイント・攻略法
　段落ごとに要約すること。そして各段落の内容を抜け漏れなく解答に盛り込む意識。

第1節 80分間のドキュメントと再現答案

1. ふぞろいな合格者6名のご紹介

再現答案を活用するために、自分と似たタイプの合格者を一覧表から見つけてね！

	のき	Nana	かもとも	イノシ	みっこ	しーだ
年齢	30歳	39歳	33歳	33歳	46歳	37歳
性別	男	女	男	男	女	男
業種	製造業	製造業	市場調査	製造業	専門サービス業	卸売業
職種	購買	技術	マーケティングリサーチャー	営業	事務職	営業
2次受験回数	1回	1回	1回	1回	2回	5回
2次勉強時間	450時間	400時間	200時間	300時間	1,200時間	1,700時間
学習形態	独学	予備校通学	独学	独学	予備校通信（直前期は予備校通学）	予備校通信
模試回数	0回	2回	2回	0回	2回	0回
模試成績	—	上位60％以内	上位20％以内	—	上位10％以内	—
得意事例	事例Ⅰ・Ⅳ	事例Ⅲ	事例Ⅲ・Ⅳ	事例Ⅲ・Ⅳ	事例Ⅱ・Ⅲ	事例Ⅲ
苦手事例	事例Ⅱ・Ⅲ	事例Ⅳ	事例Ⅰ・Ⅱ	事例Ⅰ・Ⅱ	事例Ⅳ	事例Ⅳ
文系／理系	文系	理系	文系	文系	文系	文系
過去問の取り組み方	質・量を重視	量を重視	PDCAと量を重視	量を重視	質・量を重視	質を重視
取り組み事例数	80事例	97事例	60事例	60事例	129事例	32事例
得点開示結果／ふぞろい予想点 Ⅰ	72/78	55/56	69/58	71/65	68/67	60/75
Ⅱ	58/63	68/61	54/63	47/66	59/71	43/65
Ⅲ	59/68	64/59	72/71	63/70	59/63	73/67
Ⅳ	55/76	55/55	63/64	87/87	58/66	70/73
2次試験攻略法	1次知識の定着＋過去問演習・復習の徹底	解答プロセスを体に染みこませる	背伸びせず80分で可能な解答プロセスと内容を意識	解答プロセスを体に染み込ませる＋事例Ⅳ偏重	過去問中心で解答プロセスを意識	要約力と書く力の向上
事例を解くのに有利な経験や資格	日商簿記2級	—	日商簿記2級	—	—	日商簿記2級

事例Ⅲのポイント・攻略法

生産計画頻度短縮、全社的な生産計画／生産統制、OJT、マニュアル化／標準化。

2．勉強方法と合格年度の過ごし方

勉強方法と解答プロセス ＊ 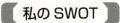のき 編

（再現答案掲載ページ：事例Ⅰ p.156　事例Ⅱ p.180　事例Ⅲ p.204　事例Ⅳ p.228）

【 私の属性 】

【年　　齢】	30歳	【性　　別】	男
【業　　種】	製造業	【職　　種】	購買
【得意事例】	事例Ⅰ、事例Ⅳ	【苦手事例】	事例Ⅱ、事例Ⅲ
【受験回数】	1次：1回　　2次：1回		
【合格年度の学習時間】	1次：850時間　　2次：450時間		
【総学習時間】	1次：850時間　　2次：450時間		
【学習形態】	独学		
【直近の模試の成績】	未受験	【合格年度の模試受験回数】	0回

【 私のSWOT 】

S（強み）：ポジティブ、集中力　　　W（弱み）：やる気の乱高下、早起きが苦手
O（機会）：飲み会がない、家族の理解　T（脅威）：独学による情報不足、在宅勤務

【 効果のあった勉強方法 】

①過去問演習後の解き直しノート作成
　最初の5年分は問題の解き方や2次試験特有の思考を自分のものにすることを目的として、演習後、もう一度参考書を見ながら事例を解き直しました。具体的には、A4判の大きめのノートに解いた事例の問題を1問1ページで貼り付け、『ふぞろい』や『まとめシート流！ 解法実況（事例Ⅰ～Ⅲ）』などを一緒に見ながら、与件文のどこに着目すべきだったのか、どのような論理で解答を作成すべきだったのかを考えながら最初から解き直しました。その際に理解不足な点や解答プロセスにおける問題点、知らないことなどもメモしていきました。

②勉強会の活用
　リモートでの開催が主で、比較的参加のハードルが低かったこともあり、参加を決めました。自分の解答へ客観的なコメントをもらうことで自分の書く文章の癖や欠点などに気づくことができました。また、他の受験生の解答に対してその場でコメントをすることで、論理的思考の瞬発力を鍛えることができたと思います。

③事例Ⅳの問題演習を毎日する
　事例Ⅳに苦手意識はなかったものの、過去の簿記の学習経験から数字を自在に操るためには、始めはある程度手を動かすべきだと考え、『事例Ⅳ（財務・会計）の全知識＆全ノウハウ』などの問題集で毎日演習することを心掛けました。

【 私の合格の決め手 】

　学習初期に多くの時間を割いて、ある程度自分の解答や思考のプロセスを固めたことだと思います。8月以降も細かい調整はしましたが、プロセスに悩まない分、論理構成や文章の可読性などの解答の作り込みに意識を向けることができたと思います。

事例Ⅲのポイント・攻略法
　「問題点」は毎年さまざまだが、「改善点」は普遍性があり覚えないといけないことは少ない。

合格年度の過ごし方～初年度受験生～
情報収集をした結果、基本的には1次試験同様に過去問を解いて解き方を固めることが有効だと理解したので、ひたすら過去問を解いて復習する学習方法を選択しました。学習初期はとにかく量を意識しましたが、解答プロセスが固まってからは質を重視する学習に徐々に変化していきました。

期間	区分	内容	取り組み状況
1月～4月	課題	1次試験合格への基礎固め	取り組み事例数：0事例
	学習内容	1次試験の学習だけに注力しました。①インプット→②問題集でアウトプット→③間違えた論点の再インプットを繰り返しました。また、漠然と2次試験を意識して、関連する科目（企業経営理論、財務・会計、運営管理）の学習時間を気持ち多めに配分しました。	平均学習時間 平日：0時間 休日：0時間
5月～7月上旬	課題	1次試験合格	取り組み事例数：0事例
	学習内容	4月末に受験した予備校の1次試験模試の結果を受けて、2次試験に関連する科目の得点力向上を狙って、取り組む1次試験の過去問の年数を増やしました。納得のいく点数で合格するために1次試験の学習に集中。	平均学習時間 平日：0時間 休日：0時間
1次試験！			
7月下旬～8月	課題	2次試験の全体像の把握＆解答プロセスの確立	取り組み事例数：20事例
	学習内容	受験生支援団体のセミナーに参加し、2次試験の概要を大枠で把握し、過去問に着手。解答・思考プロセス固めのため、まず「過去問を解く→解き直し」を5年分行い、自分に合った解答プロセスを模索しました。	平均学習時間 平日：5時間 休日：9時間
9月～10月中旬	課題	解答プロセスのブラッシュアップと読みやすい答案づくり	取り組み事例数：52事例
	学習内容	5年分の事例を解いて解答プロセスがおおむね固まったので、平成23年度まで過去問をさかのぼるのと並行し、勉強会に参加。勉強会でもらうコメントを踏まえて、直近5年間の過去問を周回して思考を速くすることと読みやすい文章を書く練習を重ねました。	平均学習時間 平日：4時間 休日：8時間
直前1週間	課題	ファイナルペーパー作成＆本番感覚の醸成	取り組み事例数：8事例
	学習内容	これまで解いた事例を見返しながら各事例で重要なポイントをファイナルペーパーに整理しました。また、本番感覚醸成のため、本番1週間前に令和元年度の過去問を、本番3日前に初見問題として予備校が公開している無料添削用の問題を解きました。	平均学習時間 平日：2時間 休日：5時間
2次試験！			

学習以外の生活

学習中の3月に子供が生まれ、在宅勤務中心で一緒に家にいられる時間が長かったので、子供と遊ぶことやお風呂に入れることを気晴らしにしていました。緊急事態宣言が解除された後は、感染対策に注意を払いつつ運動（筋トレ）や子供と公園へ散歩、などで気分転換をしていました。また、どうしてもやる気が出ない日は開き直って一切勉強せず、ゲームや読書など好きなことをしていました。

仕事と勉強の両立

1次試験の直前に大きな仕事を任され、勉強時間の確保が難しくなりました。また、在宅勤務が始まった初期の頃は仕事とプライベートの切れ目を作ることがうまくできず、残業が多くなりがちでした。9月頃には在宅勤務にも慣れてきて、通勤時間を自宅で過ごせることは機会だと考え、どうやって事例演習や勉強会のためのまとまった時間を作るかを考えて仕事をしていました。

事例Ⅲのポイント・攻略法

生産性が低い問題点を解決し、業界内で差別化するために今後の方向性を考えるという大前提で解く。

勉強方法と解答プロセス　＊ Nana 編

（再現答案掲載ページ：事例Ⅰ p.160　事例Ⅱ p.184　事例Ⅲ p.208　事例Ⅳ p.232）

【 私の属性 】

【年　　齢】	39歳	【性　　別】	女
【業　　種】	製造業	【職　　種】	技術
【得意事例】	事例Ⅲ	【苦手事例】	事例Ⅳ
【受験回数】	1次：1回　　2次：1回		
【合格年度の学習時間】	1次：800時間　　2次：400時間		
【総学習時間】	1次：800時間　　2次：400時間		
【学習形態】	予備校通学		
【直近の模試の成績】	上位60％以内、C判定	【合格年度の模試受験回数】	2回

【 私のSWOT 】

S（強み）：コツコツ勉強する　　W（弱み）：財務・会計知識が壊滅的
O（機会）：家族の理解　　　　　T（脅威）：子供の「遊んで」攻撃、睡魔

【 効果のあった勉強方法 】

①事例Ⅳ問題集
『30日完成！　事例Ⅳ合格点突破計算問題集』、『事例Ⅳ（財務・会計）の全知識＆全ノウハウ』と予備校の事例Ⅳ追加オプショントレーニングを何度も行い、学習時間の50％をここに使いました。事例Ⅰ～Ⅲと違い、正解しているかどうかが一目でわかる計算は理系としてはやはり安心。やってよかったですが、当日の結果は……（涙）。

②設問解釈練習シート（一発合格まとめシートのブログにて公開）
設問の解釈を間違えて、聞かれていない答えを書いているパターンが多いことに気づき、設問だけが書かれたシートを使い、設問要求や時制、解答の型を書く練習を通勤時間に行いました。与件文を見ずに行うことで、何を聞かれているのかをしっかり考えて、設問者の意図に沿う解答を導くことができるようになっていきました。

③解答プロセス確立のため試行錯誤
過去問を何度も解くにつれて、その事例との相性で得点差が大きいことが判明し、どのような事例が来ても一定の点数を取るためには、解答プロセスを確立して常に同じ行動をとることが有効と判断しました。いろいろな参考書を見て先輩のやり方を真似したりやめたり……、を繰り返しながら自分なりの解答プロセスを確立しました。これにより、初見の問題でも大きく点数が下がることはなくなっていきました。

【 私の合格の決め手 】

苦手科目やミスをしやすい内容を特定し、それを克服するためにPDCAを繰り返し回したことです。苦手科目はなかなかできるようにならず、精神的にキツイこともありましたが、試験当日に「あれだけ勉強したからいけるはず」と思えたことは大きかったです。

事例Ⅳのポイント・攻略法
　単位はマーカーで目立たせる（「千円」と「百万円」を取り違えないように）。

合格年度の過ごし方～初年度受験生～

1次試験もギリギリ通過で余裕がなく2次試験の勉強を始めたのは1次試験終了後。事例Ⅰ～Ⅲは解答用紙を埋められるが点数にならず、事例Ⅳはそもそも与件文が何を言っているかわからないレベルからスタート。苦手な事例はⅣとⅠであることが明白だったので、集中的にケアしました。

期間	区分	内容	事例数・学習時間
前年9月～5月上旬	課題	1次試験だけで満腹	取り組み事例数：0事例 平均学習時間 平日：0時間 休日：0時間
	学習内容	予備校通学講座の1次試験対策で手一杯。予備校の先生には2次試験を意識して勉強することがストレート合格への道、と強く言われたもののそんな余裕なし。	
5月中旬～7月上旬	課題	引き続き1次試験に全集中	取り組み事例数：0事例 平均学習時間 平日：0時間 休日：0時間
	学習内容	GWに予備校模試を受けたものの、2次試験の勉強を一切していないため、見事なE判定。しかし1次試験の優先度のほうが高いため、結果とともにそっと押し入れにしまう。	
1次試験！			
7月中旬～9月中旬	課題	事例Ⅳに対応した財務・会計知識のインプットと計算、解答プロセスの確立	取り組み事例数：65事例 平均学習時間 平日：3時間 休日：7時間 （土曜のみ）
	学習内容	1次試験後すぐ2次試験勉強スタート。事例Ⅳは1次試験のテキストを読んでもさっぱり解けない。問題集をひたすら解く戦法。一方で事例Ⅰ～Ⅲはどう解答したら点数が入るようになるかわからない。参考書を読みまくり、とにかくいろいろなやり方を試す。予備校は初見問題を試すだけの場所と割り切り、過去問を何度も解く。勉強会やセミナーは参加してみたかったが、結局参加せず。	
直前1か月前	課題	本番へ向けた仕上げ、当日のシミュレーション	取り組み事例数：32事例 平均学習時間 平日：6時間 休日：8時間
	学習内容	事例Ⅳの解き方がやっとわかってきた気がするので、問題集を引き続き何度も解く。 平日は過去問1事例＋事例Ⅳの計算を行うことが目標。本番当日を考え、休日は1日で4事例解く練習をする。	
2次試験！			

学習以外の生活

子供と遊ぶ・家事・勉強・仕事、の4軸のみでした。夫の協力のもと家事はだいぶ軽減させてもらいましたが、子供の好きな遊び≠夫ができる遊び、のパターンがあり、子供の遊んで攻撃が高まるときは困りました。集中して遊んであげられなくてごめん、家族に迷惑かけてごめん、という気持ちが強かったので、なんとか今年合格したいという気持ちだけで突き進みました。

仕事と勉強の両立

会社には受験について話していなかったため、仕事はいつものペースで行いました。新型コロナウイルスのため、在宅勤務が増えて通勤時間を勉強に回せるようになったのは助かりました。一方で新型コロナウイルスの影響で想定外の業務やトラブルが増え、予定の勉強時間が確保できない日々が続いたときにイライラしてしまうことが多くなり困りました。

事例Ⅳのポイント・攻略法

捨て問や解く順番の見極め。ミスをしないように赤のサインペン活用と電卓での計算は必ず2回！

勉強方法と解答プロセス　＊　かもとも 編

（再現答案掲載ページ：事例Ⅰ p.164　事例Ⅱ p.188　事例Ⅲ p.212　事例Ⅳ p.236）

私の属性

【年　　齢】	33歳	【性　　別】	男
【業　　種】	市場調査	【職　　種】	マーケティングリサーチャー
【得意事例】	事例Ⅲ、事例Ⅳ	【苦手事例】	事例Ⅰ、事例Ⅱ
【受験回数】	1次：3回	2次：1回	
【合格年度の学習時間】	1次：210時間	2次：200時間	
【総学習時間】	1次：720時間	2次：200時間	
【学習形態】	独学（＋受験生支援団体の勉強会への参加）		
【直近の模試の成績】	上位20％以内	【合格年度の模試受験回数】	2回

私のSWOT

S（強み）：文章の構成力には自信あり　　W（弱み）：字が汚い、書くのが遅い
O（機会）：通常より1か月長い2次準備期間　T（脅威）：平日の時間確保が困難

効果のあった勉強方法

①振り返りメモの作成
　事例を解くたびに、リングノートに1事例1シートで振り返りを記入していました。「この知識・観点が足りなかった」といった事例に関する情報だけでなく、「文字数が余る場合は要素漏れに注意」、「100字以上の場合は2文以上に分けて書く」といった細かな注意点も書き、当日のファイナルペーパーとして活用しました。

②過去問の「回転」はしないと決断
　限られた時間のなかで「直近の事例を複数回解く」か「なるべく遡って過去問を解く」かの二択を迫られ、後者を選びました。毎年手を替え品を替え、受験生を揺さぶってくるこの試験。なるべく「想定外」を多く体験しておきたく、『ふぞろいな合格答案10年データブック』で自己採点可能な平成19年度までの事例を1回ずつ解きました。

③再現答案の提出を早期に意識
　割と早い段階から、再現答案を作ろうと決めていました。理由は「『ふぞろい』に恩返ししたい」という、試験対策とは直接関係のないものです。精度の高い再現答案を作る方法を模索するなかで、文章構成の考え方や問題用紙へのメモの仕方が洗練され、間接的に解答作成の能力が向上したように思います。

私の合格の決め手

　2次試験の勉強開始後、早い時点で「解答がまとまらずモヤモヤしていても、40分経過したら解答用紙に記入する（完璧を求めない）」と意識できたのが奏功しました。どれだけ時間をかけても出題者以外に完璧な解答は書けませんし、書く必要もありません。また、なるべく多くの過去問に触れることで「このような聞き方をされるときもあるのか」と、初見問題に対する精神的なタフさを身につけられました。

事例Ⅳのポイント・攻略法
計算を反復してこなす。

合格年度の過ごし方～初年度受験生～

私の弱みは「字を書くのが遅い」ことでした（単純に書くのが遅いのに加え、書きながら再び考えてしまうことも）。そのため、考えるだけでなく解答を書き終えるまでが２次試験だと捉え、過去問はほぼすべての事例について本試験と同様に80分以内で解く練習を重ねました。

時期	項目	内容	取り組み状況
1月～ 4月中旬	課題：２次試験を知る		取り組み事例数： 0事例
	学習内容	まずは１次試験突破が目標なので、２次試験対策はほぼ実施せず。２月初旬に『ふぞろい』のベスト答案の書き写しと、解答に引用されている与件文へのマーカー引きを行い、段落ごとに設問が紐づけられていることをなんとなく把握しました。	平均学習時間 平日：0時間 休日：1時間
4月下旬～ 7月上旬	課題：１次試験突破		取り組み事例数： 0事例
	学習内容	5月に予備校の２次試験模試を自宅受験。考えすぎると80分では書ききれないことを実感しました。GW以降は１次試験に注力。	平均学習時間 平日：0時間 休日：0時間
１次試験！			
7月中旬～ 9月下旬	課題：自身の強みと弱みの把握		取り組み事例数： 28事例
	学習内容	7月に受験生支援団体の勉強会に参加。他の受験生の解答と見比べて、自分に足りないのは知識で、文章構成力については問題なさそうだと判断し、以降は完全独学に切り替えました。80分で解く練習を重ねるとともに、事例Ⅳは毎日１問解くことを心掛けました。	平均学習時間 平日：1時間 休日：3時間
10月上旬～ 直前	課題：計画の修正、本番へ向けた仕上げ		取り組み事例数： 32事例
	学習内容	過去問演習の得点が安定しなかったので、当初目標としていた「２次試験までに80事例を解く」をリスケ。これまでに解いた過去問の『ふぞろい』での得点を設問ごとに振り返り、特定のテーマが苦手になっていないかを改めて確認しました。また休日は１日で４事例を解き、当日の行動のシミュレーションを行いました。	平均学習時間 平日：1.5時間 休日：8時間
２次試験！			

学習以外の生活

新型コロナウイルスの影響で仕事がほぼ在宅勤務になったため、通勤していた時間を学習時間に充てることができました。また５月に妻の妊娠が発覚し、「自分のためだけにがっつりと時間を使えるのは今年が最後」という程よい（？）緊張感を持って日々の勉強に取り組んでいました。

仕事と勉強の両立

平日は仕事メインでまとまった勉強時間を確保することが難しく、80分で１事例を解き、振り返りは翌日に行っていました（直前期は寝る時間を遅らせて時間を確保し、その日のうちに振り返りまで実施）。幸い休みは取得しやすい環境だったので、２次試験前日は有給休暇を取得し、最終調整に充てることができました。

事例Ⅰのおススメ勉強法
　メリット・デメリット暗記。先輩たちのペーパーを拝借して隙間時間に覚えていた。

勉強方法と解答プロセス ＊ ■────────── ■イノシ 編

（再現答案掲載ページ：事例Ⅰ p.168　事例Ⅱ p.192　事例Ⅲ p.216　事例Ⅳ p.240）

【 私の属性 】

【年　　齢】	33歳	【性　　別】	男
【業　　種】	製造業	【職　　種】	営業
【得意事例】	事例Ⅲ、事例Ⅳ	【苦手事例】	事例Ⅰ、事例Ⅱ
【受験回数】	1次：3回　2次：1回		
【合格年度の学習時間】	1次：300時間	2次：300時間	
【総学習時間】	1次：700時間	2次：300時間	
【学習形態】	独学		
【直近の模試の成績】	未受験	【合格年度の模試受験回数】	0回

【 私のSWOT 】

S（強み）：中小企業診断士の勉強が好き　　W（弱み）：勉強仲間がいない
O（機会）：飲み会に誘われる回数が減った　T（脅威）：スマホゲーム、漫画

【 効果のあった勉強方法 】

①事例を1つずつ仕上げていく

　過去問の取り組み方について、同じ年度を3回続けて取り組み、1つの年度分を仕上げてから次の年度の事例に取り掛かっていました。基礎がおろそかな時期に初見問題に続けて挑むのではなく、1つずつ反復練習を行い仕上げてから、次の事例に挑むといった進め方をしていました。これによって、一定の基準を持って初見問題に取り組むことができたので、こなした事例数は少ないながらも、基礎力向上と初見問題への対応力を同時並行で身につけることができました。

②『意思決定会計講義ノート』（以下：イケカコ）を3周する

　1次試験合格後に本格的に2次試験の勉強を開始したので、試験まで時間がないことから事例Ⅰ～Ⅲの点数が安定しない可能性が高いと考え、確実な答えがある事例Ⅳの得点力を上げるために取り組みました。7～9月の平日は全てイケカコの演習に充て、事例Ⅳが簡単と思えるレベルまで引き上げました。

③過去問は直近3年間に絞って集中して取り組む

　②のとおり時間がなかったため手を広げすぎずに、取り組む過去問を、直近3年間に絞りました。事例によっては、5回は解きました。これによって、各事例に深く関わることができました。また、解法を体に染み込ませることで、直前期に自信をつけることにもつながりました。

【 私の合格の決め手 】

　いろいろなことに手を広げずに、一点突破で「やる」と決めたことをやりきったことです。直近の過去問3年間をとにかく「練習」し、体に染み込ませて、本番では「練習」したことを解答用紙に落とし込むことに徹しました。

事例Ⅰのおススメ勉強法

苦手な論点（成長戦略、事業戦略、人的資源など）を扱う設問だけを過去10年分する。

合格年度の過ごし方〜初年度受験生〜
1次試験の合格がわかってから、急いで情報を収集し、過去問を解いて解法を体に染み込ませる勉強方法が最適と考えました。いろいろな教材がありましたが、過去問は『ふぞろい』に絞って取り組むこととし、毎日の学習内容の計画を詳細に策定し進めることで、迷いをなくしました。

期間	項目	内容	取り組み事例数／平均学習時間
前年8月〜6月中旬	課題	1次試験の知識定着	取り組み事例数：12事例 平均学習時間 平日：1時間 休日：1時間
	学習内容	前年度の1次試験は2科目合格。残りの5科目について、継続して問題集を何周もすることに徹していました。2〜3月は2次試験対策で平成22〜24年度頃の過去問に挑戦しましたが、難しすぎて80分で解けるようになるとは思えなかったです。	
6月下旬〜7月初旬	課題	1次試験対策を通じた知識のインプット	取り組み事例数：0事例 平均学習時間 平日：0時間 休日：0時間
	学習内容	まったく2次試験のことは考えられず、1次試験の過去問に取り組んでいました。直近5年分の1次試験過去問を2周して出題傾向をつかむことを意識しました。問題集の周回で一定の基礎がついていたため、3周まではしませんでした。	

1次試験！（5科目のみ受験）

期間	項目	内容	取り組み事例数／平均学習時間
7月中旬〜10月中旬	課題	2次試験用の知識整理、読み書きの力・計算力の向上	取り組み事例数：36事例 平均学習時間 平日：2時間 休日：2時間
	学習内容	7月から9月中旬までは、平日は事例Ⅳの問題集に取り組み、休日は過去問を解いていました。試験1か月前からは、毎日、過去問に取り組み、2次試験の解答手順を体に染み込ませることを意識していました。勉強内容は、いつまでに何ができているかをイメージして、試験日から逆算した計画を策定し、進捗に合わせて微調整していました。	
直前1週間	課題	本番へ向けた仕上げ	取り組み事例数：12事例 平均学習時間 平日：3時間 休日：3時間
	学習内容	本番に向けて仕上げていきました。直近3年間の過去問の4周目を行い、これまでに身につけてきた解答手順の再確認と自信を持つことに専念しました。また、この期間も毎日事例Ⅳ対策で計算問題に取り組み、計算力を錆びつかせないようにしていました。	

2次試験！

学習以外の生活
子供と遊ぶことや家事を優先していましたが、2次試験勉強開始以降は、早朝に勉強をしていたため、妻にとって一番きつい夜の時間帯は睡魔との戦いに敗れることが多く、迷惑をかけてしまっていました。試験1か月前には温泉旅行に行って勉強の疲れを取り、リフレッシュしました。

仕事と勉強の両立
会社では一部の人だけに受験について話をしましたが、試験を理由に休暇は取得しませんでした。一方で、後輩に仕事を任せることが増えたことや新型コロナウイルスの影響により、自分の仕事に余裕が出てきたので、それを機に集中して勉強することを決め、今年で受かり切るつもりで計画を実行に移しました。

事例Ⅱのおススメ勉強法
フレーズストックならぬ施策ストックをノートいっぱいに書き溜めた。

勉強方法と解答プロセス　*　みっこ 編

（再現答案掲載ページ：事例Ⅰ p.172　事例Ⅱ p.196　事例Ⅲ p.220　事例Ⅳ p.244）

【 私の属性 】

【年　　齢】	46歳	【性　　別】	女	
【業　　種】	専門サービス業	【職　　種】	事務職	
【得意事例】	事例Ⅱ、事例Ⅲ	【苦手事例】	事例Ⅳ	
【受験回数】	1次：3回　　2次：2回（令和元年度 B57B54B52D33→C）			
【合格年度の学習時間】	1次：　　0時間　　2次：1,000時間（1次試験免除）			
【総学習時間】	1次：1,400時間　　2次：1,200時間			
【学習形態】	新型コロナウイルス感染症で通学から通信へ変更（直前期は通学）。			
【直近の模試の成績】	上位10％以内	【合格年度の模試受験回数】	2回	

【 私のSWOT 】

S（強み）：受験指導のノウハウがある　　W（弱み）：事例Ⅳへの苦手意識
O（機会）：良い勉強仲間がいたこと　　　T（脅威）：己の弱い心（誘惑と睡魔）

【 効果のあった勉強方法 】

①過去問を徹底活用した勉強会

週1回の勉強会で、①お互いの解答に至るプロセスを説明、②『ふぞろい』に書かれた受験生の解答を確認しました。勉強会後は知識をより深め、自分の解答を作成し直すというサイクルを本番まで回しました。自分以外の解答も検討することで、多角的な視点で事例を見ることができ、かつ編集力が高まりました。やり直す際は、次に生かすために「起きたこと」や「修正方法」をプロセスと知識に分けてノートに記載し、事例を解く前に見直すことで同じようなミスを減らしました。

②過去問を毎日必ず1事例以上解く

事例Ⅰ～Ⅲはどれか1日1事例解くことで、設問要求、与件文独特の表現や段落構成に対して研ぎ澄ました感覚を維持できました。また、これだけやったから大丈夫という本番当日の自信につながりました。8月頃までは試験時間80分にこだわらず丁寧に設問要求、与件文分析を行うことで傾向を体に覚え込ませることができました。

③日頃から課題と対応策、因果の訓練

仕事や日常で起きたことについて「課題と対応策」、「因と果」に切り分ける訓練や、原因を掘り下げる訓練を、隙間時間を利用して行っていました。その際には5W1Hを活用して、MECEを意識したことが、与件文分析に効果的だったと思います。

【 私の合格の決め手 】

身近な人の存在と、最後まで諦めない心です。1年間引っ張ってくれた仲間、到達点がわからず不安になったときにアドバイスしてくれた先輩合格者、壁にぶち当たったときに勉強方法などを教えてくれた予備校の講師に支えられました。そして当日どんな問題が出ても諦めない。みんなも同じ気持ちだ！　と自分を叱咤激励し続けたことです。

事例Ⅲのおススメ勉強法

過去問から、問題点と対策を拾ってまとめることで、解答の傾向をつかむ。

合格年度の過ごし方～多年度受験生～

２次試験の学習のみなので、余裕のある時期は経営戦略に関する書籍を読み、会計事務所で勤務し始めたので、中小企業の実態を聞き、事例問題に当てはめ、実践的な学習要素を加えることで飽きを防止しました。１次試験挑戦中とは異なり趣味の時間も復活させ、勉強以外の時間を作るようにしました。

時期	項目	内容	実績
１月～ ５月上旬	課題	過去問に慣れる	取り組み事例数：36事例
	学習内容	12年分の事例Ⅰ～Ⅲの過去問を毎週水曜日に友だちと勉強会。与件文独特の表現に慣れ、因果関係、対比関係をつかみ、具体と抽象化するなどの訓練だったので量を重視。解答時間は無視。苦手なテーマは（たとえば人事制度など）予備校の演習問題を使い、集中的に解いた。	平均学習時間 平日：２時間 休日：６時間
５月上旬～ ７月	課題	解答プロセスの手順化	取り組み事例数：33事例
	学習内容	過去問対策が２周目に突入。次は勉強会で論理的に説明することで、解答作成に至るまでのプロセスの手順化の確立を目指した。この時期は量より質を重視した。しかし、疲れが溜まり、勉強できない日がでてきた。	平均学習時間 平日：３時間 休日：６時間
１次試験！（受験せず）			
８月上旬～ ９月末	課題	タイムマネジメント力の向上、忍耐力強化	取り組み事例数：36事例
	学習内容	過去問対策３周目なのに新たな視点を持てる過去問は奥が深い！80分以内で仕上げる練習（時短のメモの仕方や下線の引き方）を意識した。１日４事例に耐えうる体力、気力が必要なため、週１回ほど本番と同じ状況を設定。この時期にお昼ご飯や休憩時間の過ごし方を設定した。	平均学習時間 平日：３時間 休日：８時間
10月上旬～ 直前	課題	知識の復習、当日のシミュレーション	取り組み事例数：24事例
	学習内容	試験前日を想定した就寝時間、当日と同じ飲み物、お菓子、音楽を聴くなど、当日を特別な日と認識させない対策を取った。空き時間や当日の休憩時間に確認するものを作成した。１次試験の知識を復習しながら、解答プロセスを言語化した。空き時間はずっと解答プロセスを呟いていた。	平均学習時間 平日：２時間 休日：８時間
２次試験！			

学習以外の生活

緊急事態宣言期間以外は趣味のテニスを週２回楽しんでいました。世間では新型コロナウイルス感染症で大変ですが、私にとっては堂々と引きこもれて、誘惑がない良い状態となりました。ただ、例年以上に体力が落ちそうだと感じ、家でヨガや筋トレを欠かさずしていました。

仕事と勉強の両立

直前期は勤務先の理解と協力を得て、打ち合わせはリモート、私の担当業務は減らしてもらうなど幸せな環境で、学習時間の確保には苦労しませんでした。プレッシャーは半端ではなかったですが、それが諦めない気持ちにつながったのだとも思います。

事例Ⅲのおススメ勉強法

「運営管理」の知識をしっかり理解することが有効だと思う。事例Ⅲは１次勉強との相性が良い。

勉強方法と解答プロセス　＊ しーだ 編

（再現答案掲載ページ：事例Ⅰ p.176　事例Ⅱ p.200　事例Ⅲ p.224　事例Ⅳ p.248）

私の属性

【年　　齢】	37歳	【性　　別】	男
【業　　種】	卸売業	【職　　種】	営業
【得意事例】	事例Ⅲ	【苦手事例】	事例Ⅳ
【受験回数】	1次：6回　　2次：5回（令和元年度 A66 B58 B54 C41→B）		
【合格年度の学習時間】	1次：　 50時間　　2次：　230時間		
【総学習時間】	1次：1,300時間　　2次：1,700時間		
【学習形態】	予備校通信（2次は3～5年目に予備校通信講座を利用）		
【直近の模試の成績】	未受験　【合格年度の模試受験回数】　0回		

私のSWOT

S（強み）：意思が強い　　W（弱み）：語彙力が低い
O（機会）：家族の応援　　T（脅威）：受験期間が長いため家族に負い目を感じていた

効果のあった勉強方法

①平日は事例Ⅳ、土日は事例Ⅰ～Ⅲを勉強
　事例Ⅰ～Ⅲの勉強は、比較的まとまった時間が必要になりますが、事例Ⅳは短時間でも勉強ができるので、平日は事例Ⅳに充て、土日は事例Ⅰ～Ⅲを中心に勉強をしました（土日も事例Ⅳの問題を1問は解いていました）。事例Ⅳの強化は私の課題でもあったため、合格年度は勉強時間の多くを事例Ⅳに費やす時間配分としました。

②合格者のような解答を書くトレーニング
　自分と合格者の再現答案を比較した際に、合格者の解答はとても読みやすいと感じました。合格者の解答に近づけることが合格に近づく方法だと考え、『ふぞろい』の合格者の解答の書き写しを約10年分行いました。また、読みやすい文章にするために、文章の要約に関する本を数冊読み、書く力を高めるトレーニングをしました。

③事例企業の社長の思いを大事にする
　合格者の再現答案を読んでいると、与件文に散りばめられた社長の思いを的確に捉えているように感じました。それからは、与件文中の社長の思いは蛍光ペンでマークをし、解答にも反映させることを心掛けました。事例企業の社長の思いを意識することは、事例を解く際のモチベーションの向上にもつながりました。

私の合格の決め手

　私の合格の決め手は、諦めなかったことだと思います。第一子が生まれたときに、子供に誇れる仕事をするためにも診断士になろうと心に決め、勉強を始めました。何度も不合格になり、辛い思いもたくさんしましたが、第二子が生まれ「諦めるな！」と言われているようで勇気づけられました。そして、諦めず勉強を継続した結果、なんとか合格することができました。支えてくれた妻にも、感謝の気持ちでいっぱいです。

事例Ⅳのおススメ勉強法
　『意思決定会計講義ノート』（通称イケカコ）を鬼周回して、計算力を上げる。

合格年度の過ごし方～多年度受験生～

2次試験の受験は5回目となるため、今年は、これ以上家族に負担をかけないようにということを第一に考えました。そのため、弱点の克服だけに注力することになり、結果として効率的に合格レベルに近づくことができたと思います。

5月	課題：勉強習慣を取り戻す、事例Ⅳの強化		
	学習内容	2次試験の勉強を開始。勉強習慣を取り戻すため、予備校通信講座を申し込み、自分の背中を押す。事例Ⅳを強化するため『事例Ⅳ（財務・会計）の全知識＆全ノウハウ』を購入し、事例Ⅳの過去問をテーマ別に数年分解き、解法を勉強し直す。	取り組み事例数：8事例 平均学習時間 平日：1時間 休日：3時間
6月～ 7月上旬	課題：2次試験に使える1次知識の復習と中小企業白書情報のアップデート		
	学習内容	1次試験（全科目）を受けるが、2次試験に関連性が高い企業経営理論、財務・会計、運営管理、中小企業白書に注力し、1次試験を通過。中小企業白書は、2次試験の事例企業に関連性が高いキーワード（女性・シニアの活躍、事業承継など）も含まれるため、毎年情報をアップデートしていた。	取り組み事例数：0事例 平均学習時間 平日：0時間 休日：0時間
1次試験！			
7月中旬～ 8月	課題：事例Ⅳの強化、書く力を高める		
	学習内容	5月に引き続き『事例Ⅳ（財務・会計）の全知識＆全ノウハウ』を中心に、テーマ別の過去問を解き続けた（2周程度）。『事例Ⅳ（財務・会計）の全知識＆全ノウハウ』以外では、日商簿記検定1級、2級の「連結会計」の論点を勉強した。9月以降に『ふぞろい』の合格者答案の書き写しを始めるため、事前に要約力を高めたほうが効果的と考え、文章の要約に関する本を数冊読み、要約力の重要性を再認識。	取り組み事例数：4事例 平均学習時間 平日：1時間 休日：3時間
9月～ 直前	課題：書く力を高める、事例Ⅳを解く感覚を忘れない		
	学習内容	ここからは、本番へのピーキングを意識していった。妻に相談して勉強時間を少し増やさせてもらうことになり、本番に向けて意識を高めた。 書く力を高めるために、『ふぞろい』の「解答キーワード」と合格者の「再現答案」を約10年分書き写した。また、事例Ⅳの問題を定期的に解くことで、感覚を鈍らせないようにした。 2次試験の1週間前には、直近2年分の過去問（事例Ⅰ～Ⅳ）を各事例80分で解き、本番を迎えた。	取り組み事例数：20事例 平均学習時間 平日：1.5時間 休日：5時間
2次試験！			

学習以外の生活

試験本番1か月前以外は、子供が起きている時間は家族との時間を最優先にしました。そのため、会社の同僚や友人との集まりなどにはほとんど行かずに過ごしました。2020年はステイホームで勉強も図書館ではなく自宅でしていたので、休憩のたびに子供と触れ合うことができて良かったです。

仕事と勉強の両立

会社の上司は部下のキャリアを大事にしてくださる方で、中小企業診断士試験の受験も応援してくれました。そのため、比較的早めに帰宅して勉強時間を確保することができました。試験を受けることだけではなく、その後のキャリアプランもしっかりと伝えることが大事だと感じました。

事例Ⅳのおススメ勉強法

とにかく毎日解くこと。計画を立てるのが苦手な人も「何か1問解く！」ならできると思う。

154　第3章　合格者による、ふぞろいな再現答案

3．80分間のドキュメントと合格者の再現答案

■ 80分間のドキュメント　事例Ⅰ

のき 編（勉強方法と解答プロセス：p.142）

1．当日朝の行動と取り組み方針

　前日夜にいろいろ準備をしていたら12時を超えてしまい、起きられるか不安だったが、5時半に無事起床。最大の関門をクリアして一安心。6時半には会場近くの喫茶店に入って軽めの朝食をとりつつ、全ての事例のファイナルペーパーをゆっくり見返して、知識を引き出す予行演習。事例Ⅰ用の音楽をかけて気分を事例Ⅰモードに切り替えつつ9時頃に試験会場へ。検温前に軽く深呼吸をして臨戦態勢。いざ戦場へ！

2．80分間のドキュメント

【手順0】開始前（～0分）
　試験会場の立教大学の机は狭いが、これは一発合格道場のブログで予習済み。持参した過去問の用紙を机上に置いてペンや解答用紙などの置き場所を事前に検討する。事例Ⅰの王道は成長戦略。これにつながる解答を意識して書けば大丈夫。さあ、こい！

【手順1】準備（～1分）
　まず解答用紙に受験番号を書く。そして初めての問題用紙破り。定規をあてて、うまくできた。出鼻はくじかれずにすんだ。解答する文字数は5問×100字で例年どおり。さあ、今年はどんな事例企業が出てくるのだろう、楽しみだ。

【手順2】与件文第1段落・最終段落確認と設問解釈（～13分）
[与件文]　まず、1段落目。今年は酒造メーカーか、なんだか情緒溢れる与件文でちょっと面白いな。観光地という点は注目しておこう。次は最終段落。社長がやってきたことで重要そうなのは人材の活用と地元経済の活性化。ただ、人事制度には問題あり、と。「経験や勘」は設問での解答要素になるのでは？
[第1問]（設問1）　設問要求は「ビジョン」か。1問目から変化球。ビジョンは戦略の上位にあった考え方だったと思うので、少し抽象度を高めたような書き方がいいかも。企業グループとあるので、「グループの成長」とかかな？　目標っぽいけど。
[第1問]（設問2）　設問要求は「前経営者などを引き受けた理由」ね。今回の買収は人を受け入れているから友好的買収になると考えよう。「ノウハウの獲得」と「買収先の理解」がパッと思いついたので、メモしておこう。
[第2問]　設問要求は「情報システム化の手順」。これは何を答えればいいんだ？　事例Ⅰだから情報システム構築の話ではないはず。具体的な作業を、順序立てて書く感じかな？「ヒアリング」くらいしか思い浮かばないけど、与件文を読んでから考えよう。
[第3問]　設問要求は「求めた能力」か。ルートセールスから直販方式に変わるから、直接消費者との接点が生じることを考えると「ニーズ把握」は必要かも。あとはわからん。

事例Ⅳのおススメ勉強法
　急がば回れで簿記・会計の基礎や会計処理の本質理解をすることが結果的に事例Ⅳ学習の時短につながる。

第4問　設問要求は「グループ全体の人事制度確立の留意点」。ようやく事例Ⅰらしい問題が出てきた。グループ全体というのがあるから、「一体感」とかかな。与件文に人事制度の話があったから「納得感」も必要かな。

【手順3】与件文読解（～25分）
2段落目　役員が全員親族だけど、直接関わっているのはA社長のみか。不平不満が社内にでていないか、気をつけて与件文を読んでいこう。
3段落目　A社の成り立ちが書いてある。また、前経営者の思いが書いてある。屋号を絶やすことの無念さと雇用責任。第1問で使えそうかな。
4段落目　「友好的買収」ってはっきり書いてある。これは使えるな。この有力者がA社長の祖父か。飲食業や旅館を経営する敏腕経営者ってことか。
5段落目　「インバウンドブーム」、「老舗ブランド」、「地域の活性化」といった答案で使えそうなキーワード盛りだくさんの段落。
6段落目　酒造りはA社の社員から習うと。「ノウハウ獲得」だね。
8段落目　ここで女性事務員登場。レストラン経営や売店経営は祖父に教わる環境か。
9段落目　A社長は現場で働いて業務を理解した。素晴らしい社長だ。
10段落目　グループ企業からの営業支援があると。外国人社員もいるのね。
11段落目　若き執行役員と、女性社員がここで登場か。「杜氏や蔵人と新規事業との橋渡し役」は解答に使えそうだ。「システム化」はここか。まずは一緒に働くことからか。

【手順4】解答作成（～70分）
第1問（設問1）　まずは与件文にある「地域の活性化」だろう。あとはグループの既存事業との「シナジー創出」。「インバウンドブーム」のための「老舗ブランド活用」をそれっぽく整理しよう。
第1問（設問2）　「友好的買収」で「従業員の理解」は確定。あとは「ノウハウ獲得」として杜氏や蔵人を解答に使おう。あとは前経営者の思いを汲むとかにしておくか。
第2問　ベテラン従業員からの知見の共有……、SECIモデルか！　Sは与件文にあったな。Eってなんだっけ？　見える化とかかな？　Cは……業務フローに落とし込むとかかな？　知識との紐づけがあやふやだけど、今回はこの程度で逃げるしかないな。
第3問　設問解釈のときに思いついた「ニーズ把握」は使える。あとは与件にあった「橋渡し役」か。もう1要素書くなら……、「接客能力」を書いてごまかそう。
第4問　「幸の日も毛深い猫」を使うと、評価と権限委譲かな。評価は経験や勘による評価の是正。権限委譲は執行役員のように抜擢すれば経営人材の育成ができそうだ。あともう1つは悩ましいけど成果主義導入かな。そういえば設問要求は施策じゃなく、留意点か。じゃあ、今挙げた施策を通じた士気向上と組織活性化を留意点として書こう。

【手順5】解答作成・見直し（～80分）
　ざっと答案全体を見直した限りでは、論理の破綻はなさそう。読みにくい字を書き直しておこう。

3．終了時の手ごたえ・感想
　ビジョンやSECIモデルといった変わり種もあったけど、全体的にはオーソドックスな事例Ⅰだった気がする。立ち上がりとしてはまずまずの対応ができた気がする。

電車の中での2次試験の勉強方法
　スマホ学習（テキストのPDF化）。

合格者再現答案＊（のき 編） 事例Ⅰ

第 1 問（配点40点）
（設問 1）　　　　100字

ビ	ジ	ョ	ン	は	①	イ	ン	バ	ウ	ン	ド	ブ	ー	ム³	の	需	要	取	込
み	の	た	め	の	20	0	年	の	歴	史	を	持	つ	老	舗	ブ	ラ	ン	ド³
の	取	得	・	活	用	、	②	既	存	の	飲	食	業	や	旅	館	等	の	事
業²	と	の	シ	ナ	ジ	ー	創	出³	に	よ	る	グ	ル	ー	プ	全	体²	の	成
長³	、	③	老	舗	復	興	に	よ	る	地	域	の	活	性	化⁴	、	で	あ	る 。

【メモ・浮かんだキーワード】　成長、シナジー
【当日の感触等】　要素としては与件文をうまく使って書けているし、グループ全体についても触れていて、多面性は確保できているはず。論理展開も違和感はなし。合格点レベルは取れている気がする。
【ふぞろい流採点結果】　19/20点

（設問 2）　　　　100字

理	由	は	①	屋	号	の	維	持	や	雇	用	責	任²	と	い	っ	た	前	経
営	者	の	想	い	を	汲	ん	で	、	友	好	的	買	収⁵	と	し	て	買	収
先	の	従	業	員	の	理	解	と	協	力	を	得	る	た	め	、	②	新	規
事	業	へ	の	進	出	と	な	る	た	め	、	前	経	営	者¹	や	ベ	テ	ラ
ン	の	蔵	人¹	の	ノ	ウ	ハ	ウ	を	獲	得⁵	・	活	用	す	る	た	め 。	

【メモ・浮かんだキーワード】　ノウハウ獲得、買収先の理解
【当日の感触等】　友好的買収と与件文にはっきりと書いてあるので、それをヒントに知識を引き出せた。これも与件文の内容を盛り込みながら合格レベルの解答が書けている気がする。
【ふぞろい流採点結果】　15/20点

第 2 問（配点20点）　　　　100字

①	ベ	テ	ラ	ン	従	業	員³	と	共	に	現	場	で	働	き	、	複	雑	な
事	務	作	業³	や	取	引	先	と	の	商	売³	等	の	仕	事	の	流	れ	を
把	握	し	、	②	ベ	テ	ラ	ン	従	業	員	の	持	つ	知	見	の	見	え
る	化⁴	を	行	い	、	③	一	般	的	な	業	務	フ	ロ	ー	に	落	と	し
込	み	シ	ス	テ	ム	化	す	る	、	と	い	う	手	順	を	踏	ん	だ 。	

【メモ・浮かんだキーワード】　SECIモデル
【当日の感触等】　SECIモデルのS、E、Cで書くのはわかったけど、それを日本語にできない。「見える化」とか「業務フローに落とし込む」とか苦しい気がするが、今の自分の実力ではこれが精一杯。
【ふぞろい流採点結果】　13/20点

短時間で効果のある勉強方法
　よくまとまった事例Ⅳの問題集をやる（某大手予備校の事例Ⅳ特訓用の問題集が即効性あり）。

第3問（配点20点）　100字

求	め	た	能	力	は	①	新	規	顧	客	と	の	接	点	に	お	い	て	好
感	を	得	る	た	め	の	接	客	能	力	、	②	新	規	顧	客	獲	得	を
推	進	す	る	た	め	の	顧	客	ニ	ー	ズ	を	聴	取	す	る	能	力	、
③	杜	氏	や	蔵	人	等	の	酒	造	り	に	関	わ	る	人	員	に	顧	客
ニ	ー	ズ	を	伝	え	る	意	思	疎	通	の	能	力	、	で	あ	る	。	

【メモ・浮かんだキーワード】　ニーズ把握、接客能力、橋渡し役

【当日の感触等】　求めた能力というなんともとらえどころのない設問要求だけど、ニーズ聴取と橋渡し役のためのコミュニケーション能力は必要だと思う。接客能力は無理矢理な感じがあるけれど、少しでも加点されたらラッキーくらいに思っておこう。

【ふぞろい流採点結果】　11/20点

第4問（配点20点）　100字

留	意	点	は	①	経	験	や	勘	に	よ	ら	な	い	公	平	・	公	正	な
評	価	制	度	の	整	備	、	②	優	秀	な	人	材	を	グ	ル	ー	プ	内
で	発	掘	・	抜	擢	し	、	権	限	委	譲	の	実	施	に	よ	る	経	営
人	材	の	育	成	、	③	成	果	に	連	動	し	た	賃	金	制	度	、	を
通	じ	た	士	気	向	上	と	組	織	活	性	化	、	で	あ	る	。		

【メモ・浮かんだキーワード】　評価制度、権限委譲、年功序列型賃金→成果型

【当日の感触等】　与件文に書いてあるキーワードをもとに施策を考えたが、すごく一般化した解答で、あまりA社固有の留意点っぽくはないな。また、施策から考えて無理矢理留意点のような書き方に方向転換したので、若干文章的に怪しいか。ただ、丸ごと書き直す時間はないからこれで諦めるしかない。

【ふぞろい流採点結果】　20/20点

【ふぞろい評価】　78/100点　　【実際の得点】　72/100点

　全体的に重要なキーワードを用いて、各設問で要求されていることに適切な対応をし、因果を明確にした解答になっています。本人の当日の感触にもあるように、現場でできる最大限の対応をした結果、ふぞろい流の採点でも高い得点となっています。

Column

試験会場での心得・応援メッセージ

　試験会場に行くと、（特に独学の人は）改めて「こんなに診断士の受験生がいるのか！」と驚くとともに、そのようななかで合格できるのかと不安になる人もいるかもしれません。

　でも、よく考えてみてください。周りの受験生の人たちも全員が一堂に会した会場にいることは経験がほとんどないはずです。きっと同じように不安なはずです。

　そのようななか、何を拠り所にすればよいのか。それは「自分自身」です。自分を徹底的に信じて、最高の成果を試験中に上げましょう。

（のき）

短時間で効果のある勉強方法

　毎週、勉強会に参加すること。1次試験後は本業が多忙すぎて、週に1事例を解くのが精一杯でした。

Nana 編（勉強方法と解答プロセス：p.144）

1．当日朝の行動と取り組み方針

　朝6時に起床。睡眠時間をしっかり取らないとキツイことがわかっているので、1週間前から22時睡眠～6時起床を心掛け、1か月前から禁酒を行った。夜はマインドフルネスを取り入れてリラックス睡眠をする。朝食もいつもと一緒。持ち物チェックリストも作り、最終確認。基本的な方針は、ルーティーン化できるものはできるだけ行い、当日の緊張とわからない問題が出てきたときのパニック感を低減させること。

　お気に入りの音楽をヘッドフォンで聴きながら会場へ向かう。電車のなかでファイナルペーパーは読むものの、ほとんど頭には入らないので、ここは音楽を聴きながら気持ちを高めることを優先する。試験会場へは事前に2回散歩に訪れた（注：会場内の下見は厳禁なので、あくまで近くを散歩するのにとどめた）ので、道に迷ったりすることなく裏道から到着できてよかった。会場入りは早めに。

　「新型コロナウイルス感染症」（以下、新型コロナウイルス）のため、私が通っていた予備校の先生は応援に来られない方針を取っていて寂しかった。しかし、他の予備校の先生に「頑張ってください！」と言ってもらえて嬉しくなる。緊張で不安なときは、こういう言葉が効く。

2．80分間のドキュメント

【手順0】開始前（～0分）

　机が想定よりかなり小さくて驚く。鉛筆派で筆記用具が多く、机の上にどう筆記用具を並べるか悩みつつ、事例Ⅰを解くときのルーティーンを思い出して気持ちを落ち着かせる。

【手順1】準備（～1分）

　問題用紙のホチキスを外し、ページを破って分離。メモ欄を準備。設問の上に「SWOT」、「5フォース」、「4P」、「幸の日も毛深い猫」、「ヒト・モノ・カネ・情報・ブランド」、「ダナドコ」と書く。わからなくなったらこの辺を使ってなんとかしよう。

　与件文の上には青鉛筆で「強み・機会」、赤鉛筆で「弱み・脅威」、橙鉛筆で「社長の思い」、緑鉛筆で「怪しい」、黄鉛筆で「その他」と書き、各色が何を意味するかわからなくならないようにする。

【手順2】設問解釈＆解答型のメモ（～25分）

第1問（設問1）　A社が老舗蔵元でその祖父についての設問か。となると「地元への思い」があるのかな。解答型は「ビジョンは①～、②～である」とメモ。

第1問（設問2）　前経営者やベテラン従業員を引き受けて良い会社だなー。となると「ノウハウ引き継ぎ」や「買収先社員の士気を下げない」とかかな。解答型には「理由は①～、②～によって、～を図りたかったため」とメモ。

短時間で効果のある勉強方法
　解答骨子作成⇒『ふぞろい』にてズレの確認を繰り返す。

第2問　若い女性を評価し責任者、良い会社だなー。「データ化」、「標準化」かな。解答型には「手順は①〜、②〜、③〜を行った」とメモ。
第3問　直販方式とルートセールスの違いが、いまいちイメージできない。これは与件文でしっかりと確認しよう。解答型は「部下に対して①〜、②〜の能力を伸ばすことで〜を図った」とメモ。
第4問　「今の人事制度」「A社長が何をしたいのか」を与件文で見よう。解答型は「留意点は①〜、②〜、③〜で、〜を図ること」とメモ。

【手順3】与件文読解＆気になるワード・思いついたワードを記載（〜50分）
1〜4段落目　同族会社のメリット・デメリット、祖父が実業家、M&Aのメリット・デメリット。
5段落目　インバウンドブーム、地元活性化、老舗酒造の立て直し。
6段落目　もともとA社と縁があるわけではないA社長→従業員との仲は大丈夫？
7段落目　敷地全体のリニューアル→多角化、レストランなどとシナジー効果。
8〜10段落目　IT活用、正規社員vs非正規社員、若い社員が多い→組織の活性化、A社長は人材についてとても気にしている、外国人従業員→インバウンド対応。
11段落目　酒の営業担当責任者→コミュニケーション能力が優れた若き執行役員、ルートセールスが古い、若い優秀な人材の登用進む。
12段落目　前近代的な経営、年功序列型賃金vs成果主義、透明性・公平性、評価方法。

【手順4】解答作成（〜78分）
第1問（設問1）　実業家であること以外祖父の話があまり出てこなくて悩む。しかし地元の実業家だからここは地域貢献や活性化かな。
第1問（設問2）　人材を大事にしている印象のA社長。それを書こう。
第2問　与件文にヒントがあまりない。過去問でもこんな問題があったような？？　事例Ⅲ用に覚えていたDRINKと5S、ECRSを活用して書いてみよう。データの5Sだ！
第4問　優秀な若手のために士気をあげる方法だ。「幸の日も毛深い猫」からA社で使えそうなものを選んで複数個書こう。
第3問　直販方式って店舗で売るってことでいいの？　他の方法ってあるの？　わからない、やばい……。店のなかで売るってことを考えて提案してみよう。事例Ⅱっぽくなっちゃったけど大丈夫？

【手順5】解答作成・見直し（〜80分）
　誤字脱字を確認。不安しかない解答ができたが、時間もないので諦める。

3．終了時の手ごたえ・感想

　与件文に書かれていないことが質問されていたように感じ、困った。しかも事例Ⅱ・Ⅲで助言するような内容を使ってしまった。心配……。が、心配しても仕方ないので次に行こう。

短時間で効果のある勉強方法
　過去問演習の振り返りノートを見返す。事例Ⅰのメリット・デメリットの暗記。

合格者再現答案＊（Ｎａｎａ 編） 事例Ⅰ

第１問（配点40点）
（設問１）　　　　100字

ビ	ジ	ョ	ン	は	、	温	泉	地	に	あ	る	老	舗	の	蔵	元	を	発	展
さ	せ	老	舗	ブ	ラ	ン	ド³	を	使	う	こ	と	で	①	イ	ン	バ	ウ	ン
ド	ブ	ー	ム³	に	の	り	②	地	域	貢	献	・	地	元	活	性	化⁴	に	寄
与	し	③	地	元	の	旅	館²	と	の	シ	ナ	ジ	ー	効	果³	を	図	る	こ
と	で	あ	る	。															

【メモ・浮かんだキーワード】　地元活性化、地域貢献、観光客需要
【当日の感触等】　結論が中途半端な解答になってしまった。部分点が入るといいな。
【ふぞろい流採点結果】　14/20点

（設問２）　　　　100字

理	由	は	①	買	収	先	社	員	を	大	事	に	す	る	と	印	象	付	け
る	②	前	の	経	営	者¹	と	経	営	顧	問	契	約	を	結	ぶ	こ	と	で
Ａ	社	長	と	買	収	先	社	員	の	橋	渡	し	を	し	て	も	ら	う	こ
と	で	、	安	心	し	て	ノ	ウ	ハ	ウ⁵	を	引	き	継	ぎ	酒	造	り²	を
引	き	続	き	行	う	事	を	示	し	た	か	っ	た	た	め	。			

【メモ・浮かんだキーワード】　買収の長所と短所、ベテラン従業員、技術継承、M&A
【当日の感触等】　人を大事にしている社長の気持ちに寄り添えた気がする。
【ふぞろい流採点結果】　8/20点

第２問（配点20点）　　　　100字

手	順	は	①	複	雑	な	事	務	作	業³	の	整	理	②	取	引	先	と	の
情	報³	を	整	理	③	事	務	作	業	を	簡	素	化	④	整	理	し	簡	素
化	し	た	内	容	を	デ	ー	タ	化⁴	し	⑤	ネ	ッ	ト	ワ	ー	ク	に	て
共	有	化²	す	る	こ	と	に	よ	り	情	報	シ	ス	テ	ム	化	を	進	め
た	。																		

【メモ・浮かんだキーワード】　DRINK（データ活用・リアルタイム・一元管理・ネットワーク・共有化）、５Ｓ（整理・整頓・清掃・清潔・しつけ）、ECRS
【当日の感触等】　与件文にヒントがない分、知識でなんとかしてしまった。部分点が入るかな。
【ふぞろい流採点結果】　12/20点

短時間で効果のある勉強方法
自分の解答の構文解釈。正しく読みやすい日本語を書く習慣は大事。

第3問（配点20点） 100字

部	下	に	対	し	て	①	接	客	力	②	提	案	力[4]	を	伸	ば	す	よ	う
に	求	め	た	。	具	体	的	に	は	①	店	舗	で	の	試	飲	サ	ー	ビ
ス	を	行	い	販	売	に	繋	げ	る	②	来	店	し	た	顧	客[3]	が	商	品
に	興	味	を	持	つ	よ	う	配	列	を	工	夫	す	る	③	S	N	S	で
配	信	し	て	も	ら	え	る	よ	う	店	舗	デ	ザ	イ	ン	を	工	夫	。

【メモ・浮かんだキーワード】 ダナドコ
【当日の感触等】 直販方式が何かわからず、最後まで悩む。一般論っぽいんだけどいいの？
【ふぞろい流採点結果】 7/20点

第4問（配点20点） 100字

留	意	点	は	①	年	功	序	列	型	賃	金	か	ら	報	酬	の	一	部	を
業	績	連	動	型[5]	に	変	更	す	る	こ	と	で	士	気	を	上	げ	る[5]	②
経	営	方	針	を	今	ま	で	の	前	近	代	的	な	方	法	か	ら	デ	ー
タ	を	重	視	し	た	方	針	に	変	更	す	る[3]	③	評	価	を	適	切	に
行	い	士	気	を	上	げ	る	④	権	限	委	譲[2]	を	行	う	。			

【メモ・浮かんだキーワード】 幸の日も毛深い猫
【当日の感触等】 ヒントがあまりない分、自由に書いた。どれかは点数に結びついているといいな。
【ふぞろい流採点結果】 15/20点

【ふぞろい評価】 56/100点　　【実際の得点】 55/100点

第1問（設問2）では、出題の趣旨である「買収側企業の被買収側企業に対する条件提示の意図」から離れてしまいました。また第3問では、求められる能力を多面的に捉えることができませんでした。ただし、そのほかの問題では安定した多面的な解答ができており、ふぞろい流の採点では合格水準となっています。

Column

みんな違って、それがいい

　診断士試験（特に1次）のバラエティの豊かさは、資格試験のなかでも群を抜いているのではないでしょうか。合格後に出会った方々と話していると、「経理部にいるから財務・会計は得意だった」とか「製造業で毎日やってることだから、運営管理は勉強しなくても理解できた」など、その人のキャリアによって得意分野は十人十色。私はこれこそが、診断士の多様性・面白さにつながっているのではないかと思っています。

　会計の資格では会計に、法律の資格では法律に、それぞれ特化した能力・経歴の達人たちが集い、より濃くより深くその道を極めていく印象がありますが、診断士の世界では真逆。オンリーワンな人材が集まり、自分の強みを最大限に発揮し、足りないところは得意な人に助けてもらう。どちらも大切なことですが、私には後者のほうが性に合っている気がします。みんな違って、それがいい。まさに「ふぞろい」な仲間たちと、診断士の世界でともに活躍できる日を、今から楽しみにしています。

（たまちゃん）

平日の勉強方法
5時起きして7時半まで勉強する。

かもとも 編（勉強方法と解答プロセス：p.146）

1．当日朝の行動と取り組み方針
　試験開始の1時間前には会場に到着できるように起床。家から最寄り駅までの道中のコンビニでおにぎり、お茶（カフェインレス）、コーヒー、ラムネ、チョコ、ソフトキャンディを購入。飲み物とお菓子は、気分に応じて補給できるように、複数の種類を選んでいる。1次試験や模擬試験でも同じものを買っている、お馴染みのメニュー。いつもより早く起きて小腹が空きそうだったので、試験会場の最寄りのコンビニでカロリーメイトも買っておく。会場に着いて検温を突破し、座席を確認したところ、なんと部屋の一番前の扉側。他の受験生が目に入らないから雰囲気に飲まれないし、トイレにもすぐに行ける。「一歩リード」と勝手に思い込んでカロリーメイトを食べる。

2．80分間のドキュメント
【手順0】開始前（～0分）
　ファイナルペーパーに目を通し、これまでの過去問演習で間違えたポイントをおさらい。とりあえず、受験番号を忘れずに書けば一歩リードだ。

【手順1】準備・設問解釈（～10分）
　受験番号の記入後、解答用紙を見て文字数をチェック。100字×5ね。平成19年度みたいに700字以上も書かせるパターンじゃなくてよかった。字を書くのが遅い自分にとっては有利な展開だ。

　第1問（設問1）「昔のこと」とメモ。文章構成は「ビジョンは①～、②～、③～、である」を使おう。
　第1問（設問2）（設問1）と同様に「昔のこと」とメモ。文章構成は「理由は～」で始めて列挙の形とする。M&Aの、買収する側のメリットが与件文に出てくるんだろう。
　第2問　「昔のこと」とメモ。構成はとりあえず「手順は①～、②～、③～、である」にしておくけど、設問文を読むだけやとどんな内容が来るのか想像できんな。
　第3問　昔から今につながる成功要因に関することかな。「昔－今」、「求めた能力は①～、②～、③～、である」とメモ。
　第4問　「未来」とメモ。助言系で自分が手札として持っている構成は「○○に留意する。具体的には①～、②～、である」か、「①～、②～、これらにより○○に留意する」の2パターン。どっちで書くかは与件文を読んでから決めよう。

【手順2】与件文読解（～20分）
　1段落目　観光地か。インバウンドに関する情報があとから出てくるのかな。「老舗の蔵元」に赤ボールペンで下線、「S」とメモ（SWOTのS）
　2段落目　正規社員と非正規社員の人数が書いてあるけど、この情報だけじゃ強みとも弱みとも取れないな。オレンジボールペン（SWOTのどの項目に分類するかはわからないが、大事そうな表現の目印）で下線。

平日の勉強方法
　ランチ時間の勉強。

3段目 「戦後の最盛期」「2000年代」といった時系列に関する表現に緑ボールペンで丸。脅威を何かしらの工夫で乗り越えたんだろう。

4、5段落目 「30年ほど前」に緑丸、さらに「1990年」とメモ。5段落目に2回ある「当時」には「2000年」とメモ。「地域の活性化」と、予想どおり出てきた「インバウンド」に関する記述に赤ボールペンで下線、「O」とメモ（SWOTのO）。この辺りの段落は過去のことやから、第1問に紐づけられそう。

6段落目 4段落目に続き2度目の「ベテラン」表現。第1問の（設問2）に使うんだろう。地元有力者が主人公のように書かれているけど、この人はA社長じゃないのね。主語が誰であるかに気をつけながら読み進めよう。

7段落目 いろいろな取り組みをしているのでとりあえず赤ボールペンで下線、「S」とメモ（SWOTのS）。どの設問に使うんやろう。

8段落目 「ベテランの女性事務員」とあるから第2問に関連するんだろう。2文目（「酒造りは〜主に担当した」）の主語がわからずモヤモヤする……。

9、10段落目 中途社員や学生、外国人の雇用についての記述。新卒採用については書かれてないな。

11段落目 「若き執行役員」は第3問、「総務担当責任者」は第2問に紐づけ。

12段落目 「経験や勘をベースとした前近代的なものである」に青ボールペンで下線、「W」とメモ（SWOTのW）。第4問はこの段落とつながった内容にする。

【手順3】解答骨子作成（〜40分）

下線を引いた与件文のキーワード（SWOT＋気になった表現）を各設問に紐づけ。設問ごとに割り当てた異なる色のマーカーを与件文に引いていく。

第1問（設問1） 買収前のA社の強み（1〜3段落目）と5段落目の機会を盛り込む。

第1問（設問2） 3〜5段落目のキーワードと、買収のメリットを盛り込むが、マス目が余りそう。一般的な知識や類推がもう少し必要？

第2問 うろ覚えだが、SECIのこと？ 8、11段落目のキーワードに一般論を加え、順序立てて解答を構成。

第3問 部下に関する記述が与件文にない。とりあえず11段落目と、日本酒に関する3段落目の記述を根拠とする。

【手順4】解答作成・見直し（〜80分）

第4問の骨子作成前に40分が経過したので、第1〜3問を解答用紙に書き込む。残り10分で第4問に対応。12段落目を根拠としつつ、知識を盛り込んだ。最後数分で読みにくい文字を1文字ずつ消し、書き直す。

3．終了時の手ごたえ・感想

第4問の解答骨子をほとんど作成できずに書くことになったが、書き終わらないという最悪の事故は防げた。最初の事例ということで少し緊張したが、走り出しとしては上等かな。

平日の勉強方法
通勤時間がメイン。リモート勤務の場合は始業前の時間。

164　第3章　合格者による、ふぞろいな再現答案

合格者再現答案＊（かもとも 編）　　事例Ⅰ

第1問（配点40点）
（設問1）　100字

ビ	ジ	ョ	ン	は	①	江	戸	時	代	か	ら	続	く	老	舗	ブ	ラ	ン	ド[3]
を	生	か	し	イ	ン	バ	ウ	ン	ド	ブ	ー	ム[3]	に	乗	っ	た	、	日	本
の	文	化	や	伝	統	に	憧	れ	る	来	訪	者	需	要	の	獲	得	②	地
域	活	性	化[4]	の	実	現	③	既	存	の	旅	館	事	業[2]	と	の	シ	ナ	ジ
ー	発	揮[3]	④	Ａ	社	長	へ	の	事	業	継	承	、	で	あ	る	。		

【メモ・浮かんだキーワード】　老舗ブランド、インバウンド需要、地域活性化、シナジー、継承
【当日の感触等】　抜粋、列挙系の設問だから大外しはしていないだろう。
【ふぞろい流採点結果】　14/20点

（設問2）　100字

理	由	は	①	前	経	営	者[1]	や	ベ	テ	ラ	ン	従	業	員[1]	の	酒	造	り[2]
の	ノ	ウ	ハ	ウ	活	用[5]	の	た	め	②	杜	氏	や	ベ	テ	ラ	ン	蔵	人
に	Ａ	社	長	を	教	育	さ	せ	る	た	め	③	前	経	営	者	の	従	業
員	に	対	す	る	雇	用	責	任	を	果	た	す[2]	た	め	、	で	あ	る	。

【メモ・浮かんだキーワード】　Ａ社長を教育、ベテラン従業員のノウハウ活用、雇用責任
【当日の感触等】　与件文のキーワードだけだと全然マス目が埋まらない。類推が必要？
【ふぞろい流採点結果】　11/20点

第2問（配点20点）　100字

シ	ス	テ	ム	化	の	手	順	は	①	複	雑	な	事	務	作	業[3]	や	取	引
先	と	の	商	売	に	関	す	る	情	報[3]	を	ベ	テ	ラ	ン	女	性	事	務
員[3]	と	共	に	働	く	中	で	Ｏ	Ｊ	Ｔ	で	教	わ	り	②	体	系	化	し
て	整	理	し	③	異	な	る	事	業	を	統	括	す	る	体	制	づ	く	り
に	活	用	で	き	る	よ	う	マ	ニ	ュ	ア	ル	化[4]	・	共	有	化[2]	し	た。

【メモ・浮かんだキーワード】　SECI、OJT、知識や経験の整理、体系化、体制づくり
【当日の感触等】　手順を答えるの？　与件文に根拠がなさすぎる……。
【ふぞろい流採点結果】　15/20点

平日の勉強方法
夜、子供を寝かしつけた後、過去問を1日1問解いて、自分と合格者の違いを認識して知識を補うの繰り返し。

第3問（配点20点）　100字

求	め	た	能	力	は	①	杜	氏	や	蔵	人	と	新	規	事	業	を	つ	な
ぐ	た	め	の	コ	ミ	ュ	ニ	ケ	ー	シ	ョ	ン	能	力	・	マ	ネ	ジ	メ
ン	ト	能	力	②	古	い	や	り	方	で	は	な	く	日	本	酒	の	国	内
消	費	量	減	に	対	し	て	新	た	な	需	要	を	探	す	開	拓	力	③
イ	ン	バ	ウ	ン	ド	需	要	に	対	応	す	る	た	め	の	語	学	力	。

【メモ・浮かんだキーワード】　コミュニケーション能力、開拓能力、マネジメント能力
【当日の感触等】　第2問と同じく根拠がなさすぎる。なんとなく、リーダーに必要そうなのでマネジメント能力を入れてみる。最後にインバウンド需要に気づき、語学力をねじ込んだ。
【ふぞろい流採点結果】　10/20点

第4問（配点20点）　100字

①	ト	ッ	プ	に	よ	る	ビ	ジ	ョ	ン	提	示	で	全	社	的	な	一	体
感	を	持	た	せ	る	②	新	卒	採	用	で	将	来	の	幹	部	候	補	を
育	成	す	る	③	長	期	的	視	点	を	評	価	に	導	入	し	事	業	部
間	の	セ	ク	シ	ョ	ナ	リ	ズ	ム	を	防	ぐ	④	経	験	や	勘	に	頼
っ	た	管	理	を	是	正	し	透	明	・	納	得	・	公	平	性	を	保	つ	。

【メモ・浮かんだキーワード】　一体感、セクショナリズム、新卒採用、透明・納得・公平性
【当日の感触等】　①だけ少しレベル感が違うのと、①～④のまとめである「これらにより○○に留意する」の表現が入れられていないのは気になるが、消して書き直す時間ロスが怖いので妥協した。
【ふぞろい流採点結果】　8/20点

【ふぞろい評価】　58/100点　　【実際の得点】　69/100点

全体的に大きな得点源となった設問はないものの、ほとんどが与件文に寄り添い適切に対応できています。ただし、本人の当日の感触にもあるように第4問では設問の要求からやや外れてしまい、ふぞろい流の採点では得点が大きくは伸びませんでした。

Column　入念な事前準備で不安を少しでも取り除こう

　令和元年度は1次試験、2次試験とも、試験中に水分補給できるよう、足元に飲み物を置くことが認められていました。私は1次試験のとき、お気に入りのお茶を水筒に入れて試験会場に出かけました。水筒を足元に置いていたところ、試験監督の方から「水筒は試験中に足元に置けないので、カバンのなかにしまってください」と言われてしまい、慌ててカバンのなかに。受験票に書いてある注意事項をよく読むと「ふた付きペットボトル（700ml以内）の飲料を飲むことは認められます。水筒は不可」と書いてあるではないですか。注意事項をしっかり読んだうえで、当日持っていくカバン、お昼ご飯、時計、筆記用具、電卓、本人確認書類、暑さ・寒さ対策など、事前に準備できることはすべて準備しておくことをお勧めします。

（くろ）

平日の勉強方法

「事例のなかから1設問解いて『全知識』で関連事項を確認」を1日1セット、1時間集中してこなす。

イノシ 編（勉強方法と解答プロセス：p.148）

1．当日朝の行動と取り組み方針

　7時起床。試験前までは毎日5時起きで勉強していたこともあり、2時間遅い起床で幸せな気分になりながら、布団から出る。和の風情のある朝食を済ませ、妻と子に「頑張ってくる！」と伝えてから自宅を出る。試験会場へは歩いて20分程度の道のりだが、途中でコンビニに寄って、おにぎりとサンドウィッチを購入。昼食を買っている暇がないから事前に購入すべしとインターネットに書いてあったので、そのまま実践する。昼食購入後、試験会場へ向かう。この時期の札幌は少し肌寒く、気が引き締まる思いになる。会場では仕事関係の知人に出会い少し会話をしたことで、少し緊張がほぐれる。知人とは、教室が違うようなので別々になり自分の席に向かう。机は狭いと聞いていたが、新型コロナウイルス感染症（以下、新型コロナウイルス）の影響もあり、1人に1つの長机が割り当てられていた。せっかくなので、広く使ってしまおう。

2．80分間のドキュメント

【手順0】開始前（～0分）

　とにかく、レイヤーを意識して人的資源関連は「幸の日もケ（採用・賃金・能力開発・評価・モチベーション・権限委譲）」、組織関連は「毛深い猫（権限委譲・部門・階層・ネットワーク・コミュニケーション」だけでいい！　あとは、与件どおりだ！　と思いながら開始時間を待つ。

【手順1】準備（～2分）

　最初に受験番号を記入。次にホチキスを取って問題用紙を破る。焦って意外と手間取る。与件文が2ページ半もあるのに少し驚きつつも、まずはいつもどおり、設問に目を移す。

【手順2】設問解釈（～7分）

第1問（設問1）　レイヤーは「どのような経営ビジョンを描いていた」とあるので戦略かな？　「考えられるか」とあるので、1次知識も使うかも。「ビジョンは～」から書き出そう。

第1問（設問2）　レイヤーは（設問1）同様、戦略と推測し、横に「メリット」とメモ。「理由は何か」と直接的な聞き方なので、与件文からのみか。「理由は～」で書き出そう。

第2問　「どのような手順を踏んで情報システム化を進めた」とな？　事例Ⅲっぽいな……。これは他の受験生も戸惑っているだろうし、事例Ⅲは得意だし逆にラッキーと考え、いったん自分を落ち着かせる。「手順は～」で書き出そう。

第3問　人的資源管理の視点でいいかな？　基本的には与件文から引っ張ってみて、物足りなかったら「幸の日もケ」で見つけていけばいいだろう。「能力は～」で書き出そう。

第4問　「人事制度を確立」とあるので、これも人的資源管理？　直接的に人事制度を聞かれているから、「幸の日もケ」はこれで使うのか？　「中小企業診断士として助言」とあ

勉強時間を作るコツ
仕事は定時で終わらせる、と心に決めて仕事に集中。定時で会社を出たら、気になるけれど絶対携帯を見ない！

るので、1次知識OKとメモ。

【手順3】与件文読解（〜25分）

2段落目　蔵元なのに土産物のほうが売上大きいのかい！　事例Ⅰあるあるのファミリー経営、正規社員と非正規社員もチェック。
3段落目　定番の「しかし」「そこで」「とはいえ」のわざわざ表現発見。
4段落目　グループ企業の強みは使えるかな。
5段落目　日本の文化や伝統に憧れる来訪者、老舗ブランド、地域の活性化をチェック。
6段落目　「酒造りを学んだ」は使えるかな。
7段落目　グループ企業のノウハウが生きているね。休憩所は何かに使うかな？
8段落目　ベテラン従業員を引き受けた理由は、ここに記載か。
10段落目　「外国人数名も忙しく働いている」にチェック。
11段落目　第3問の話だ。与件文から引っ張ろうと思っていたところなのに、詳細が全然書かれていない。困った。第2問の記載もある。第2問のほうは、なんとか使えるネタは書いてくれているな。
12段落目　「しかしながら」以降、すべてマーク。第4問のネタにしよう。

【手順4】骨子作成（〜40分）解答作成（〜78分）

第1問（設問1）　いつもと問われ方は異なるが、強みを生かした戦略を書けばいいと解釈。ターゲットを決めて祖父のグループ企業の強みとA社の強みを連携させて、A社を立て直す方向で記載。文字数が余ったので、地域活性化も追加しよう。
第1問（設問2）　与件文に記載されているとおりに、経営・事務・商売・酒造りのノウハウを引き継いで、A社を早期に立て直す方向で文章を作成しよう。
第2問　与件文のヒントが少ないが、少ないなかで書くしかない。複雑な作業や取引を一緒に働いて引継ぎしながら業務を整理。整理したものをDB化して情報共有、作業標準化・マニュアル化につなげる方向にしよう。事例Ⅲみたい……。
第3問　全然わからん。パス。
第4問　「幸の日もケ」をフル動員！　賃金（成果主義）、能力開発、評価、権限委譲することで、モチベーション向上からの組織活性化の定番の流れで解答を作成しよう。字数が余ったので、地域活性化も追加しておこう。
第3問　全然わからないし時間もないので、与件文に記載のある内容でお茶を濁そう。とても冗長な解答となってしまったが、何も書かないよりマシだろう。

【手順5】解答作成・見直し（〜80分）

時間がほとんど余らなかったので、誤字の確認程度で終了。

3．終了時の手ごたえ・感想

　第3問で撃沈。組織関連でも人的資源管理でもないものは、全て与件文を頼りにする作戦だったので、こういうこともあると頭を切り替え、次の事例で取り返すことにした。

勉強時間を作るコツ
　過去問を解くにはまとまった時間が必要だが、復習はいつでもできる。そこをスキマ時間に充てる。

合格者再現答案＊（イノシ 編） 事例Ⅰ

第 1 問（配点40点）
（設問 1） 100字

ビ	ジ	ョ	ン	は	強	み	で	あ	る	①	飲	食	業	や	旅	館[2]	で	の	成
功	ノ	ウ	ハ	ウ[3]	②	20	0	年	の	年	月	に	裏	打	ち	さ	れ	た	老
舗	ブ	ラ	ン	ド[3]	を	連	携	す	る	事	で	日	本	の	文	化	や	伝	統
に	憧	れ	る	来	訪	者[3]	を	標	的	と	し	、	酒	造	店	の	立	直	し
を	図	り	、	地	域	活	性	化[4]	に	繋	げ	て	い	く	事	。			

【メモ・浮かんだキーワード】 成功体験やブランド力、日本の文化や伝統に憧れ、地域活性化
【当日の感触等】 祖父のグループ企業の成功体験と200年のブランド力を組み合わせれば問題ないだろう。6割は取れたと思う。
【ふぞろい流採点結果】 14/20点

（設問 2） 100字

理	由	は	①	経	営	顧	問[1]	か	ら	蔵	元	の	経	営[2]	ノ	ウ	ハ	ウ[5]	を
学	ぶ	為	②	複	雑	な	事	務	作	業	や	取	引	先	と	の	商	売	を
引	継	ぐ	為[1]	③	熟	練	蔵	人[1]	か	ら	酒	造	り[2]	を	学	ぶ	為	④	新
事	業	の	酒	造	り	の	中	心	と	な	っ	て	も	ら	う	事	で	ス	ム
ー	ズ	に	A	社	を	立	て	直	す	為	で	あ	る	。					

【メモ・浮かんだキーワード】 ノウハウ継承
【当日の感触等】 4つも要素を入れられたので十分だろう。7割くらいは取れているかな。
【ふぞろい流採点結果】 11/20点

第 2 問（配点20点） 100字

手	順	は	①	複	雑	な	事	務	作	業[3]	や	取	引	先	と	の	商	売[3]	を
2	年	程	共	に	働	き	②	知	識	や	経	験	を	受	継	ぎ	③	整	理
し	て	D	B	化[4]	す	る	事	で	情	報	共	有[2]	を	図	り	、	作	業	標
準	化	・	マ	ニ	ュ	ア	ル	化[4]	を	進	め	る	事	で	、	業	務	の	簡
素	化	に	繋	が	る	情	報	シ	ス	テ	ム	化	を	行	っ	た	。		

【メモ・浮かんだキーワード】 DB化で情報共有、作業標準化・マニュアル化
【当日の感触等】 事例Ⅲのような解答になったが、大きく外してはいないだろう。6割は取れていると思う。
【ふぞろい流採点結果】 16/20点

勉強時間を作るコツ
スケジュール管理アプリに勉強したい時間を登録し通知設定をする。

第3問（配点20点）　100字

能力は①杜氏や蔵人と上手く連携する能力②日本酒について、日本の文化や伝統に憧れる来訪者とコミュニケーションを取る能力③外国語での会話能力を伸ばし売上伸長に貢献することを求めた。

【メモ・浮かんだキーワード】　コミュニケーション

【当日の感触等】　直近ではあまりなかった変化球問題。試験中はさっぱり解答が思いつかなかった。本業が営業だから、シンプルに考えればよかった。4割くらいしか取れてないだろう。

【ふぞろい流採点結果】　5/20点

第4問（配点20点）　100字

①ベテラン蔵人や外国人を考慮したバランスの取れた評価制度とし、成果主義を導入②優秀な社員への権限委譲を進める③外国人向けの研修制度を充実する事で、士気向上し組織活性化に繋げ、地域活性化に貢献していく。

【メモ・浮かんだキーワード】　公平な評価制度、成果主義、権限委譲、研修、士気向上、組織活性化、地域活性化

【当日の感触等】　定番のキーワードをこれでもかとねじ込んだので、それなりに期待できるかな。7割は取れただろう。

【ふぞろい流採点結果】　19/20点

【ふぞろい評価】　65/100点　　【実際の得点】　71/100点

ほとんどの問題で重要なキーワードを的確に解答に入れることができ、高い得点が獲得できています。ただし、第3問については本人の感触にもあるように「提案力」や「営業力」といった多くの合格＋A答案に見られたシンプルなキーワードが漏れてしまい、多面的な解答にはなっていません。

Column　模試の結果は悪ければ悪いほどいい！

　模試を受ける派、受けない派、両方いらっしゃると思いますが、私は受ける派です。しかも、タイトルのとおり「模試の結果は悪ければ悪いほどいい派」です。ある程度の危機感というものは成功のためにはプラスに働くものと思っていて、「模試を受けたけれど結果が悪かった」というのは最高。頑張るしかないわけですから。お勧めは2次試験直前期にもう一度同じ模試の問題を解いてみること。「あのとき解けなかった模試が、今の自分なら解ける!!」と自信に満ち溢れたそのままの勢いで2次試験本番に挑みましょう!!

（ひろくる）

勉強時間を作るコツ

意地でも早朝に確保。夜は残業などが発生して勉強できない可能性あり。

みっこ 編（勉強方法と解答プロセス：p.150）

1．当日朝の行動と取り組み方針
　前日は「寝られなかったらどうしよう？」という心配をよそに意外としっかりと眠れた。就寝時間を1か月前から試験前日と同じにしていた効果があった。大学が会場なので、建物や席まで時間を要したり、検温の混雑で焦るのは嫌なので、開場前に大学の門に着くように設定した。会場で雰囲気に飲まれないように、あえて教室の前で受験生たちの顔を見て、「みんなも私と同じだ」と言い聞かせ、心を落ち着かせた。筆記用具を出し、トイレに行くなど準備している最中も、「いつもどおりにやれば大丈夫」と呟き続けていた。

2．80分間のドキュメント
【手順0】開始前（〜0分）
　試験の説明が始まると、試験前ルーティーンを始める。「今回はどんな社長さんのお困りごとが聞けるのかしら」とわくわくすることを考えた。社長に寄り添い、80分後には「A社はこれで存続、成長できますね」と言うために、戦略、組織、人事に関する課題解決をするんだ。深呼吸、さぁ、いこう！
【手順1】準備（〜1分）
　解答用紙に受験番号を書く。2回確認。ホチキスを外して表紙をメモ用紙にする。解答文字数は500字、与件文2ページ半なのでいつもどおりのタイムマネジメントでいける。
【手順2】設問解釈（〜8分）
第1問　買収？　企業グループ？　どんな設定？　と逸る気持ちを抑えるためここで深呼吸。いつもと同じだから大丈夫と言い聞かせ、時制は「A社長の祖父」を青で印。

第1問（設問1）　経営ビジョンか。いつもと違う。でも「買収先の強みで良い効果を得られる、目標が達成できると考えたから」が解答の骨組みだろう。

第1問（設問2）　理由を問われたときのプロセスは、効果がある、課題解決、変化に対応できる、だ。だから買収のメリットの享受、デメリットの回避だろう。前の経営者とベテラン従業員の2つの視点で探すとメモ。

第2問　手順？　落ち着けぇ。時制は、「過去」。システム化前後の対比だな。「現状把握→課題抽出→対応策」とメモ。情報システム化の具体的な説明も必要とメモした。

第3問　求めた能力？　また違う。作問ご苦労様です。時制は、「過去」とメモして、青で印。直販方式の具体的な内容を与件文から探そう。「戦略の変更に伴う必要な新たな能力＝プレゼン力、ニーズ把握力、コミュ力」とメモ。

第4問　人事制度か。いつもと同じや、ほっ。時制は「将来（未来）」とメモして、青で印。「確立していくための」だから、制度確立前の整備なども含むのだろう。現状のグループ企業とA社の対比をして、人事制度がうまく機能するようアドバイスしよう。

効果的な過去問の使い方
　解いた過去問（メモなどそのままの与件文と設問文）をホチキスでまとめて、何度も読み直す。各事例の癖が自然と身につく。

【手順3】与件文読解、設問の紐づけ（〜20分）

時制は青で囲む。SWOT要素、解答要素、問題点、内的・外的変化に赤で下線を引く。設問と関連しそうな箇所は設問番号を記載する。強調語は赤で囲む。

|1〜3段落目| A社の概要。経営資源は「観光地」、「老舗」、「売上も大きい」。同族会社は問題点になるだろうか？　印をしとこう。「雇用責任」は第1問と紐づけておこう。

|4、5段落目| A社長の祖父の説明。「インバウンドブーム」、「老舗ブランド」、「地域の活性化」とこれも第1問と紐づきそうだ。

|6段落目| ノウハウの承継をしてるな。前の経営者とベテラン従業員を引き継いだんだ。

|8段落目| 女性事務員あった。「異なる事業を統括する体制」はA社の強みかも。

|9〜11段落目| A社長の考え方がいいな！　現場主導で、有能な人材を見極め、一任できている。成果主義を採用している可能性があるな。第4問と関係してくるかもな。

|12段落目| えっ、年功序列型？　若手のモチベーションは大丈夫？　若い総帥となるとグループ企業のベテラン従業員の理解も得なきゃ。

【手順4】解答骨子検討（〜55分）

|第1問|（設問1）　与件文に確信が後押しとあるので、まずは「地元の学生と主婦を雇用」による「地域の活性化」と「老舗ブランド」による「インバウンド」獲得でまとめよう。

|第1問|（設問2）　従業員面では第6段落の「ノウハウの承継」。与件文に明記はないが、知識で考えると経営者面は取引先との良好な関係構築、従業員は継続雇用だから両企業の従業員の不満を減らすかな。

|第2問|　与件文にシステム化の手順は明示されていない……。手順はメモどおりで解答を作ろう。字数が余るな。システム化の目的を経験や勘の解消として具体化しておこう。

|第3問|　また直販方式の明示がない……。まず私の考える「直販方式」を書いて、能力と整合性を合わせていこう。少しでも加点を狙いにいこう。

|第4問|　制度上の留意点ではなく、設問解釈どおり人事制度確立前に整備、検討することを中心に書こう。社長から総帥になるため「権限委譲」をする、「全体のバランス」とあるから異なる事業の差を解消するため「評価方式の検討」にしておこう。

【手順5】解答作成・見直し（〜80分）

解答作成の前に、解答に使う要素が使用されているかの確認。A社の抱える問題点は全て解決しているかを確認。解答に与件文の表現を使って作成をする。

3．終了時の手ごたえ・感想

設問の聞き方を変えてきているけど、結局は従来の事例Ⅰと同じことを問われているんだろう。前年度の事例Ⅰよりは設問に沿ってキーワードを盛り込んで、解答できた。気になるけど、忘れてしまおう！

効果的なノートの作り方

キーワードごとにメリット・デメリット、デメリットの解決策を書き出す。

合格者再現答案＊（みっこ 編） — 事例Ⅰ

第1問（配点40点）

（設問1） 100字

二	百	年	の	老	舗	ブ	ラ	ン	ド[3]	を	活	か	し	日	本	文	化	を	好
む	イ	ン	バ	ウ	ン	ド	を	獲	得[3]	で	き	る	。	地	元	の	学	生	や
主	婦	を	雇	用	す	る	事	で	認	知	度	が	向	上	し	、	信	頼	を
得	ら	れ	、	地	元	経	済	活	性	化[4]	に	貢	献	で	き	た	上	で	関
連	多	角	化	で	の	事	業	拡	大[3]	が	可	能	と	考	え	た	か	ら	。

【メモ・浮かんだキーワード】 課題解決、ビジョン達成、関連多角化、ブランド力
【当日の感触等】 与件文に明記されている祖父のビジョンを軸に書いたから外してはいない。差がつかない問題だろうから、わかりやすい文章にしたかったが、その時間的余裕はなかった！
【ふぞろい流採点結果】 13/20点

（設問2） 100字

理	由	は	前	経	営	者[1]	の	経	営[2]	ノ	ウ	ハ	ウ[5]	や	取	引	先	と	の
良	好	な	関	係[1]	を	継	承[5]	で	き	、	買	収	側	と	買	収	さ	れ	る
側	の	従	業	員	同	士	の	摩	擦	を	減	ら	す	事	が	出	来	る	為	。
ベ	テ	ラ	ン	従	業	員[1]	に	よ	る	酒	造	り[2]	品	質	維	持	や	複	雑
な	事	務	作	業	の	円	滑	化	を	図	る	為	。

【メモ・浮かんだキーワード】 経路依存性の高いノウハウの承継、買収による摩擦の軽減
【当日の感触等】 買収の知識をもとに考えたが、与件文には明確に記載がない気がする。事例に寄り添った解答になっているのか不安だ。
【ふぞろい流採点結果】 16/20点

第2問（配点20点） 100字

属	人	化	し	た	知	識	・	経	験	を	承	継	し	た	上	で	、	項	目
別	に	整	理	し	、	マ	ニ	ュ	ア	ル	化	・	標	準	化[4]	を	行	う	。
継	続	的	に	蓄	積	し	、	全	社	で	誰	で	も	リ	ア	ル	タ	イ	ム
に	共	有[2]	出	来	る	様	に	、	経	験	や	勘	で	な	い	デ	ー	タ	ベ
ー	ス	化[4]	を	基	に	し	た	シ	ス	テ	ム	化	を	お	こ	な	っ	た	。

【メモ・浮かんだキーワード】 問題抽出、課題設定と対応策、５Ｓ、見える化、標準化
【当日の感触等】 思いつく解答が事例Ⅲに寄っているな。事例Ⅰっぽくするには、承継や組織運営の円滑化でまとめることだろうが、うまく表現できなかったな。
【ふぞろい流採点結果】 10/20点

効果的なノートの作り方
電子書籍化してタブレット端末に入れて直接書き込み。ノートは時間がかかるので作りませんでした。

第3問（配点20点）　100字

個別の顧客³に直接営業を行う方式へ変更をした為、新規顧客開拓の為¹のプレゼン力⁴が必要となる。又、顧客¹ニーズ収集力⁴とそれを反映¹した製品開発¹力や蔵人²と情報共有する為のコミュニケーション力³を求めた。

【メモ・浮かんだキーワード】　提案営業、顧客ニーズ収集、製品開発
【当日の感触等】　少しでもキーワードで加点される方向性にしたけど、かなり不安だ。
【ふぞろい流採点結果】　20/20点

第4問（配点20点）　100字

今後も地元経済活性化に貢献していく為社長は戦略的意思決定に注力できる様に人材を育成し、権限委譲²を行う。各グループ企業の経営成績から必要な能力を持つ人材、人数配置に留意⁴する。非正規社員を効率的に活用²する。

【メモ・浮かんだキーワード】　権限委譲、グループ間格差の解消（人員配置、採用、評価、給与）
【当日の感触等】　設問解釈では自信がなかったけど、解答を作成すると逆に自信がでてきたわ。非正規社員は字数が余ったから加点狙いで書いておこう。
【ふぞろい流採点結果】　8/20点

【ふぞろい評価】　67/100点　　【実際の得点】　68/100点
　各設問の得点には幅があるものの、特に第1問（設問1）は1次知識を有効に活用し、また第3問は与件に寄り添いながら、それぞれ多面的な解答ができています。一方、第4問はビジョンについて字数を割いてしまったため、配点キーワードをあまり多く盛り込めませんでした。

Column

1人合宿のすゝめ

　社会人になり、家庭を持つと、自分だけのために時間を使うことが難しくなってきます。仕事に、家事に、子供の相手などなど（とか言いつつ、妻におんぶにだっこかも……。妻すまん！）。そのなかで勉強時間を確保し、モチベーションを維持し続けるのは容易ではありません。私の場合、出だしはよいのですが、仕事で勉強の時間が取れない日が続くと、仕事が落ち着いても、勉強していた日常になかなか戻ることができません。
　そのような状況を打破するために私は「1人合宿」しています！　1人合宿で長時間一気に勉強することで、日々の短い時間の勉強が楽なものに思え、また勉強していた日常に戻ることができるんです。「Go To トラベル」を利用して江の島のゲストハウスに宿泊し、カフェで勉強し、たまに海を眺めに出歩いて、美味しいもの食べってって感じです（笑）。
　こう書いてみると楽しんでいるようにしか思えませんね（苦笑）。　　　　　　（しまちゃん）

効果的なノートの作り方
　与件文、設問文、自分の解答、間違ったポイントを事例ごとにノートにまとめる。

しーだ 編（勉強方法と解答プロセス：p.152）

1．当日朝の行動と取り組み方針

　地方在住のため、試験前日に名古屋のホテルに宿泊。前日は朝5時に起床しておいたため、22時頃には就寝でき、当日も6時に起床して十分な睡眠を確保。起床後、湯船にお湯をためて音楽を聴きながら入浴。眠気を覚ますと同時にリラックス。ファイナルペーパーを眺めながら朝食をとり、家族に電話した後に子供の発表会の動画を見て勇気をもらう。予定どおりにホテルを出発。何度も落ちているから……と、自分を見失い、守りに入ったら負けると考え、攻めの気持ちで会場に向かう。あれだけ勉強したし、なんとかなるら！（「なんとかなるら」は、方言で「なんとかなるでしょう」の意味）

2．80分間のドキュメント

【手順0】開始前（～0分）
　試験官の説明が始まるまで、音楽を聴きながらファイナルペーパーを眺める。事例Ⅰの知識や心構えの振り返りは移動中に済ませ、会場に入ってからは、心を落ち着かせて力を発揮できるように気持ちをもっていくことを意識。子供が発表会で声を張り上げていた「ピピー、ヤー！」の掛け声を頭に浮かべて気合を入れる。さぁ、やったるか！

【手順1】準備（～1分）
　まず解答用紙に受験番号を記入。解答用紙のマス目は100字っぽいのが5つ。例年どおりな感じだ。問題用紙を開くと「【注意事項】新型コロナウイルス……」と、見慣れない注意事項が目に入った。少し驚いたが、いつもどおりやれ、ということか。

【手順2】与件文第1段落、第2段落の確認、設問解釈（～11分）
[与件文]　1段落目を読むが、A社の従業員規模などの情報が若干足りないように感じ、2段落目に読み進めると従業員規模などの情報があった。老舗だが若い社長の下、多角化に取り組んでいるってとこか。同族企業ということがどう作用するかな？
[第1問]（設問1）　あれ、A社って買収されたの？　買収された側が主役の事例か……。状況把握に若干戸惑った。経営ビジョンが問われているが、描いていた経営ビジョンをM&Aで実現する、ともとれるな。M&Aのメリットは意識したほうがよいかもしれない。
[第1問]（設問2）　A社長の祖父が買収時に策を講じた理由か。（設問1）と関連して、M&Aのデメリットを懸念してのことかな？　混乱とか？
[第2問]　情報システム化の手順か。ベテランのノウハウを引き継いだ感じだから、経営資源でもある「ナレッジ」に関することかな？
[第3問]　右腕の執行役員が部下に伸ばすことを求めた能力か。人事関連の能力開発ともちょっと違うか。「直販」はキーワードになりそうだ。でも、これだけじゃわからない。与件文にヒントはないかな。いつかの中小企業白書に「右腕」の話がでていた気がする。
[第4問]　グループ全体の人事制度を確立するうえでの留意点。これは人事に関する策を

事例の効果的な復習方法
　なるべく抽象的な観点で振り返りメモを作成する（具体的すぎると、解いた事例そのものの反省にしかならず、他に生かせない）。

複数挙げる感じになりそうだな。妥当性が高い人事制度を選ばないと。

【手順３】与件文読解、与件文と設問の紐づけ、解答骨子メモ作成（～35分）

3段落目 「日本酒の国内消費量が大幅に減少」の脅威は今も継続しているのかな？「雇用責任」は、第１問（設問２）と関係あるな。

4段落目 A社グループには「全国でも有名な高級旅館」があるのか、頼もしいな。シナジーが関係しそうだ。ここも第１問（設問１、２）と関係あるな。

5段落目 「インバウンドブーム」の機会に「老舗ブランド」の強みが生きるな。「買収を後押しした」か、第１問と紐づけよう。「地域の活性化」は外せないだろうな。

6段落目 従業員を引き継いだことで、ノウハウを獲得し、無事に事業が継続できたのかな。中小企業白書でも事業承継や事業継続については記載があったな。

7段落目 レストラン事業、日本酒バーもあるのか。設備投資をして設備資源もあるか。

8段落目 事業別の組織のようだ。このベテラン女性は第２問のベテラン女性社員かな。

9段落目 中途採用や非正規社員など人事だな。A社長、現場理解に努めて凄いな。

10段落目 「グループ企業からの営業支援」、「インバウンドの追い風に乗って」、A社長祖父の狙いどおりなのかな。外国人社員もいるなら、インバウンド客の対応は可能かな。

11段落目 若き執行役員、第３問かな。女性社員、第２問はここか。第２問、第３問の解答は、与件だけではなく、一般知識も含めて展開する必要がありそうだな。

12段落目 社長の思いやA社の問題が書いてある、重要だ。第４問と紐づけよう。

【手順４】解答作成（～72分）

第１問（設問１） インバウンド増加の機会と老舗の強みによる「地域の活性化への貢献」と、M&Aのメリットの「グループ企業とのシナジー発揮」を中心に解答しよう。

第１問（設問２） 中小企業白書にあった「事業承継」や「事業継続」の観点を取り入れて、「人脈の引き継ぎ」や経営資源の「ノウハウ」を解答しよう。

第２問 ノウハウの可視化とかかな？ 自信が持てる切り口がない。人事に関連する教育としてのOJTなどを含めて解答しよう。なんか事例Ⅲっぽくなってしまった……。

第３問 直販とルートセールスの差を切り口に解答するか。一般知識で水増ししよう。

第４問 第12段落に記載があった問題点を中心に人事施策のなかで妥当性が高そうなものを選んで解答しよう。親族外の抜擢や成果主義要素を入れた公平な評価あたりかな。「企業グループ全体のバランスを考えた人事制度」は意識しないと。

【手順５】見直し（～80分）

思ったより早く終わってしまった。しっかりと見直そう。

３．終了時の手ごたえ・感想

試験日最初の事例なので、点数が気になるというより、まずまずな解答ができたことで少し安心した。第２問、第３問は解きにくかったが、他の人も同様と考え、気分よく事例Ⅱに気持ちを切り替えられた。

事例の効果的な復習方法

オンライン勉強会での指摘事項を踏まえて予備校解答と『ふぞろい』を見比べ、足りなかった点をリストアップ。

合格者再現答案＊（しーだ 編） 事例Ⅰ

第1問（配点40点）
（設問1）　　　　100字

ビ	ジ	ョ	ン	は	①	日	本	の	文	化	や	伝	統	に	憧	れ	る	イ	ン
バ	ウ	ン	ド	客[3]	に	対	し	、	老	舗	ブ	ラ	ン	ド[3]	を	訴	求	し	て
イ	ン	バ	ウ	ン	ド	客	を	取	込	む	事	で	、	地	域	を	活	性	化[4]
さ	せ	る	②	他	の	事	業	と	連	携[2]	し	、	シ	ナ	ジ	ー	を	発	揮[3]
さ	せ	、	グ	ル	ー	プ	全	体[2]	の	収	益	を	高	め	る[3]	、	で	あ	る	。

【メモ・浮かんだキーワード】 M&Aのメリット（シナジー効果）、インバウンド客、老舗、地域活性化

【当日の感触等】 与件文5段落目を中心に、A社長の祖父の思いを踏まえ、設問に素直に解答ができている気がする。この設問は大丈夫そうだ。

【ふぞろい流採点結果】 19/20点

（設問2）　　　　100字

理	由	は	①	人	脈	や	経	営[2]	ノ	ウ	ハ	ウ[5]	を	引	継	ぎ	、	A	社
長	の	経	営	管	理	能	力	を	高	め	る	た	め	②	ベ	テ	ラ	ン[1]	の
ノ	ウ	ハ	ウ	を	活	か	し	、	事	業	継	続[5]	性	を	確	保	す	る	た
め	③	雇	用	責	任	を	果	た	す[2]	事	で	従	業	員	に	心	理	的	安
全	を	与	え	モ	ラ	ー	ル	を	向	上[1]	す	る	た	め	、	で	あ	る	。

【メモ・浮かんだキーワード】 M&A、多角化、社長の教育・引き継ぎ、ノウハウ、雇用責任

【当日の感触等】 （設問1）からの流れでわかりやすく、書きやすかった。与件文にそれほどヒントがあるわけではないけど、妥当な内容が書けていると思う。大丈夫かな。

【ふぞろい流採点結果】 16/20点

第2問（配点20点）　　　　100字

手	順	は	①	ベ	テ	ラ	ン	事	務	員[3]	と	若	手	社	員	が	コ	ン	ビ
を	組	み	、	現	場	で	共	に	働	く	OJT	を	実	施	し	て	、	知
識	や	経	験	を	引	き	継	い	だ	②	複	雑	業	務[3]	や	取	引	先	と
の	商	売[3]	の	フ	ロ	ー	を	可	視	化[2]	し	、	マ	ニ	ュ	ア	ル	化[4]	し
た	。	こ	れ	ら	を	実	施	す	る	こ	と	で	IT	化	を	進	め	た	。

【メモ・浮かんだキーワード】 ノウハウ形式知化（マニュアル化）、OJT、業務の可視化

【当日の感触等】 暗黙知の形式知化の流れを意識して書いたが、なんとなく事例Ⅲっぽい解答になってしまった。大丈夫か？　不安だ。

【ふぞろい流採点結果】 13/20点

事例の効果的な復習方法
合格者の解答を見て、どのような思考プロセスで解答を導いたか想像しながら自分の解答プロセスと比較した。

第3問（配点20点） 100字

執行役員は①A社の老舗ブランドと伝統的な製法を訴求する**提案力**④②社内の各部門と連携ができる**コミュニケーション能力**③③**インバウンド客**³に対応できる英語力、を向上することを⁰求め、御用聞き営業を脱却させた。

【メモ・浮かんだキーワード】 直販、社内連携のハブ

【当日の感触等】 直販営業をルートセールスと対比するかたちで書いてみた。その他は無理矢理感があるが、与件文にヒントはないので、多面的に書いて少しでも加点されればよしとしよう。

【ふぞろい流採点結果】 10/20点

第4問（配点20点） 100字

留意点は①優秀な人材は親族外でも責任ある立場に登用し、**権限委譲**²で**士気を向上**⁵②**成果主義的要素**⁵をいれ、性別や国籍に関係なく平等に評価し**公平性**⁵を高める③事業部間の人材交流をし、事業部の壁を取り払う、である。

【メモ・浮かんだキーワード】 親族外登用、権限委譲、成果主義、ダイバーシティ、事業部間人事交流

【当日の感触等】 人事施策は選択肢が多数あり、いろいろと書けてしまうけど、与件文12段落目の社長の思いや考えに寄り添った解答になった気がする。

【ふぞろい流採点結果】 17/20点

【ふぞろい評価】 75/100点　　【実際の得点】 60/100点

全体的に設問要求に対応しながら多面的に解答できており、高い得点となっています。ただし、第3問は営業に関するキーワードにやや偏り、ニーズの把握や製品開発などを踏まえた多面的な解答にはなりませんでした。

Column　災い転じて福となす

2次試験前日はできるだけ早く寝ることだけを意識して日中を過ごしていました。受験票、シャーペン、色ペン、消しゴム、時計、財布、飲み物、マスク、消毒液、ウェットティッシュ……。持ち物の用意も早めに済ませ、あとは本番で学習成果を発揮するだけと意気込んで布団に入りました。本番当日、試験会場に着くと周りの人たちが小袋を抱えているのが目につき、自分がスリッパを忘れていることに気づきました。受験票の会場案内に「上履き・靴袋をご持参下さい」と書かれているのを見落としていたのです。近くのコンビニに急いで駆け込みましたが売っておらず万事休す。10月の少し冷えた会場の床を靴下で踏みしめながら、仕方ないと割り切って試験に臨みました。しかし、試験開始前の無駄な焦りと割り切りのおかげで試験自体は平常心で取り組むことができ、結果は無事合格。　（だいき）

事例の効果的な復習方法

隅々まで搾り取るように考え抜く。ネット上にいろいろな人の解説が載っているので腹落ちするまで読み漁る。

80分間のドキュメント　事例Ⅱ

のき 編（勉強方法と解答プロセス：p.142）

1．休み時間の行動と取り組み方針
　得意な事例Ⅰはそれなりに納得のいく答案を書けた気がするので、この調子でいこう。まずは事例Ⅱ用の音楽を聴いて気持ちを事例Ⅱへ。ファイナルペーパーを持ってトイレに行く。男子トイレが長蛇の列になっていてびっくり。トイレから戻ったら、勉強中に愛飲していたレモンティーとラムネを食べて糖分補給。事例Ⅱではターゲット候補や協業相手を区別するように他の事例よりも1本多くマーカーを使うので準備。「ダナドコ」、「4P」といった基本的なキーワードを確認しながら、過去問で解いたときの使い方を思い出していく。事例Ⅱは書ける要素が与件文にたくさんあってどう使っていいか迷うことが多かったから、悩みすぎないように気をつけないと。

2．80分間のドキュメント
【手順0】開始前（～0分）
　事例Ⅱは苦手な事例なので、なんとか合格点ギリギリ取るのを目標に、守りの姿勢で解いていこう。
【手順1】準備（～1分）
　まずは受験番号を記入っと。第1問は去年と同じSWOTか。第2問が30点で配点が大きいから気をつけないと。第3問の（設問1）が妙に解答字数が短い。なんの問題だ？
【手順2】与件文第1段落・最終段落確認と設問解釈（～13分）
与件文　さて1段落目、ハーブの無農薬栽培か。毎回特色のある事例企業を見つけてきて出題担当の先生すごいよなぁ。次は最終段落。自社ブランド製品の販売と島の活性化、事業家としての責任が社長の思い。20歳代後半～50歳代の大都市圏在住の女性層はターゲット候補。かなり熱い思いを持った社長のようだ。よし、設問解釈に移行しよう。
第1問　SWOT分析はとりあえず与件文を読んでから判断しよう。「現在の」という点だけ注意しよう。
第2問　設問要求は「今後の望ましい取引先構成」、なんだそれ？「Z社の製品とは異なるターゲット層」とあるので「ダナドコ」を使うのかな？
第3問（設問1）　アンゾフぅ？　寝る前に飲むハーブティーの特性によるけど、新製品かな？　オンラインサイトでの販売は新市場？　与件文を読んでから判断だな。
第3問（設問2）　設問要求は「コミュニケーション施策」。「顧客を製品づくりに巻き込む」ということは双方向のコミュニケーションは必須だろう。そのための施策はアンケートや口コミ投稿あたりだろう。効果は愛顧獲得あたりか？
第4問　「プログラムを立案する」か。B社とX島のファン獲得ということで効果は愛顧

事例の効果的な復習方法
　自分の解答プロセスについて抽象度を高めて手順化する。そして次の実践につなげる。

獲得かな？　前の設問と効果が被るけどいいのかな？　観光以外という制約条件があるので、使えそうな経営資源は与件文を読んでから考えよう。

【手順3】与件文読解（～25分）

|2、3段落目|　離島の企業か、珍しい事例だな。X島の自然は経営資源、一方、地域活力の低下は脅威。農業や観光業は協業候補。島の窮状の打開は社長の思いとしてマーク。

|4段落目|　健康・長寿の効能は強み。イベント時には祝いの膳を食べる。これをうまく活用できないかな？　おひたしや酢みそあえ、自分はあまり好きじゃない料理だな……。

|6段落目|　ハーブの用途が広いのは強み、ハーブと島の知名度が低いのは弱みだね。

|7段落目|　消費者の健康志向は機会。アンチエイジング、高品質と安全性は強み。

|9段落目|　B社の存在を島民が誇りに感じているということで協力が得られるかも。「30～40歳代の女性層」、「ヘルスケアに関心の高い人」はターゲット候補。

|10段落目|　Z社のブランド刷新で製造中止か、B社大ピンチ。脅威としてメモ。

|11段落目|　安眠効果、Z社との取引実績を強みとしてマーク。複数のヘルスケアメーカーを協業候補としてマーク。取引はまだ少量なのでこれを拡大すれば成長できないか？

【手順4】解答作成（～75分）

|第1問|　40字なのでそれぞれ2要素ずつ入れよう。強みは要素が絞れない。後回し。弱みは離島にあるというPlaceの視点。機会は市場のニーズを与件文に沿って書く。脅威は地域活力の低下とZ社のブランド刷新だろう。自社でコントロールできないし。

|第2問|　「望ましい取引先構成の方向性」ってなんだろう？　Z社との取引量が減っていくのだからそれに対応する必要があるのはわかるけども……。取引先の数を増やすなら今引き合いが来ているヘルスケアメーカーがいいかな。消費者への直販は含めていいのかな？　取引先といえば取引先だけど。字数も余りそうだし書いとくか。

|第3問|（設問1）　与件文を読んだ限りでは、設問解釈のときと同じで新市場＋新製品で多角化戦略だと思うが、そもそもオンラインサイトでの販売って販売チャネルの変更だよな。それって新市場になるのか？　大都市圏が市場になる？　うーん、字数の割にどの戦略か悩む。いいや、「説明」とあるのであえて戦略名を書かないことにしよう！

|第3問|（設問2）　「オンラインサイト上で」とあるので、BBSなどを活用した施策がいいかな。施策はどれも「双方向の交流」、これは事例Ⅱでは重要な言葉。最後の締めの効果は愛顧と……、そういや社長の思いに自社ブランドの製品があった、それも使おう。

|第4問|　「観光以外」という制約があるけど、釣りはダメなのか？　とりあえず自社のハーブ畑見学は鉄板。島のファンづくりには島の情報提供の機会が必要。島のイベント参加で島民と交流できるか？　最後の効果は社長の思いの「島の活性化」も入れておこう。

【手順5】第1問のS（強み）記述＆見直し（～80分）

強みの要素が絞れない！　時間がない！　とりあえずなんか書いとけ！　第2問と第3問にも不安が残るが、そこを直している時間はない。

3．終了時の手ごたえ・感想

いまいち手ごたえを感じにくく、不安感が拭えない事例ではあったが、少しずつでも点数を積み上げて50点くらいにはなる答案に仕上げられたのではないだろうか？

おススメ疲労回復法
仮眠、昼寝（20分程度でよいので）。眠気が飛び、頭がスッキリ。

合格者再現答案＊（のき 編） 事例Ⅱ

第 1 問（配点20点）

①S　40字

| 製 | 品 | が | 島 | 内 | で | 認 | 知 | さ | れ | 、 | 島 | の | 顔 | と | し | て | 広 | 告 | 設 |
| 置 | さ | れ | 、 | 自 | 社 | サ | イ | ト | で | 販 | 売 | も | し | て | い | る | 点 | 。 | |

②W　40字

| 本 | 州 | か | ら | 海 | で | 隔 | て | た | X | 島 | に | あ | り | 、 | ハ | ー | ブ | の | 認 |
| 知 | 度 | が | 大 | 消 | 費 | 地 | で | 著 | し | く | 低 | い | 点 | 。 | | | | | |

③O　40字

| 消 | 費 | 者 | の | 健 | 康 | 志 | 向 | が | 高 | ま | り | 、 | 複 | 数 | の | ヘ | ル | ス | ケ |
| ア | メ | ー | カ | ー | か | ら | 引 | き | 合 | い | が | あ | る | 点 | 。 | | | | |

④T　40字

| X | 島 | の | 若 | 年 | 層 | の | 人 | 口 | 流 | 出 | と | 高 | 齢 | 化 | に | よ | る | 地 | 域 |
| 活 | 力 | の | 低 | 下 | と | Z | 社 | の | ブ | ラ | ン | ド | 刷 | 新 | 。 | | | | |

【メモ・浮かんだキーワード】 経営資源は有形、無形どちらも書く、外部環境

【当日の感触等】 強みは最後まで悩んだが、正直自信がない。それ以外は大外ししていないはず。どうせそれぞれ5点だろう。半分ちょっと取れていれば6割いくし大丈夫。

【ふぞろい流採点結果】 ①0/5点　②2/5点　③5/5点　④5/5点

第 2 問（配点30点）　100字

20	代	後	半	と	50	代	の	ヘ	ル	ス	ケ	ア	に	関	心	の	高	い	女
性	を	狙	っ	て	、	①	現	在	少	量	取	引	の	ヘ	ル	ス	ケ	ア	メ
ー	カ	ー	へ	の	原	材	料	供	給	取	引	、	②	自	社	オ	ン	ラ	イ
ン	サ	イ	ト	を	通	じ	た	消	費	者	へ	の	直	接	取	引	、	を	拡
大	さ	せ	、	Z	社	と	の	取	引	減	少	に	対	応	す	る	。		

【メモ・浮かんだキーワード】 ダナドコ、BtoB、BtoC

【当日の感触等】 Z社のターゲットとは別ということを明確に示せた。ただ、BtoCは取引先構成に含めていいのだろうか……。

【ふぞろい流採点結果】 18/30点

おススメ疲労回復法
ゆっくり入浴して一度頭をリセットしてしっかり眠る。

第3問（配点30点）
（設問1） 50字

従	来	か	ら	栽	培	し	て	い	た	ハ	ー	ブ	の	用	途	の	広	さ	を
活	用	し	、	自	社	で	新製品[3]	を	開	発	し	、	大都市圏[1]	の
市	場	を	開拓[3]	し	た	。

【メモ・浮かんだキーワード】 新市場開拓、新製品開発、多角化

【当日の感触等】 どの戦略か絞れず、戦略名を明示するのを避けたが、吉と出るか凶と出るか……。

【ふぞろい流採点結果】 7/10点

（設問2） 100字

施	策	は	①	製	品	購	入	者	に	対	し	て	BBS[3]	や	SNS[2]	へ	の
口	コ	ミ	投	稿	の	喚	起	、	②	顧客ニーズ把握[4]	の	た	め
の	ア	ン	ケ	ー	ト	の	実施[1]	、	③	ハ	ー	ブ	を	使	用	し	た	お
ひ	た	し	等	の	レ	シ	ピ	公開[3]	、	等	の	双方向の交流[4]	に
よ	る	愛顧獲得[2]	と	自	社	ブ	ラ	ン	ド	の	確	立	で	あ	る	。

【メモ・浮かんだキーワード】 BBS、SNS、双方向の交流、社長の思い、アンケート

【当日の感触等】 事例Ⅱお得意の双方向コミュニケーション。個々の施策はイマイチかもしれないけど、大きな方向性は外していないはず。

【ふぞろい流採点結果】 14/20点

第4問（配点20点） 100字

①	島	内	の	自	然	の	豊	か	さ	と	B	社	製	品	の	無	農	薬	栽
培[1]	を	訴	求	す	る	ハ	ー	ブ	畑	見	学	、	②	X	島	の	風習[2]	と
島	の	ハ	ー	ブ	の	歴	史	を	紹	介	す	る	島	の	イ	ベ	ン	ト	参
加	ツ	ア	ー[1]	、	を	催	行	し	、	島民との交流[4]	を	通	じ	た
B	社	と	X	島	へ	の	愛顧獲得[2]	と	島の活性化[4]	を	図	る	。

【メモ・浮かんだキーワード】 B社自体と島の良さの両方を訴求。

【当日の感触等】 ①でB社のこと、②で島のことを書いているので、多面的な解答になっているように見えるな。施策→効果と書けているし、これまで過去問でやってきた論理展開にうまく持ち込めた。

【ふぞろい流採点結果】 12/20点

【ふぞろい評価】 63/100点　　【実際の得点】 58/100点

第3問（設問1）では戦略名を明示しませんでしたが、市場と製品に言及したことで得点できています。それ以外の設問でも題意に沿った多面的な解答をすることで合格水準点に達しています。

おススメ疲労回復法
とにかく寝ること。昼寝、夜寝、仮眠……、睡眠に勝る疲労回復なし。

Ｎａｎａ編（勉強方法と解答プロセス：p.144）

１．休み時間の行動と取り組み方針
　まずはお手洗いへ。他の受験生の会話を聞かないようにノイズキャンセリング機能付ヘッドフォンを使って、お気に入りの音楽を聴きながら家から持ってきた温かいコーヒーを飲んでリラックス。事例Ⅱは「効果」を書き忘れがちなので、気をつけよう。ファイナルペーパーをひととおり確認して気持ちを落ち着かせる。

２．80分間のドキュメント
【手順０】開始前（～０分）
　鉛筆を削りつつ、事例Ⅱでいつもやるルーティーンを思い浮かべる。開始直前は目を閉じて大きく深呼吸を繰り返す。事例Ⅱはイメージしやすい会社が多いのでＢ社がどんな会社なのか少し楽しみ。

【手順１】準備（～１分）
　問題用紙のホチキスを外し、ページを破って分離。メモ欄を準備。設問の上に「SWOT」、「ダナドコ」、「５フォース」、「４Ｐ」と書く。
　与件文の上には青鉛筆で「強み・機会」、赤鉛筆で「弱み・脅威」、橙鉛筆で「社長の思い」、緑鉛筆で「怪しい」、黄鉛筆で「その他」と書き、各色が何を意味するかわからなくならないようにする。

【手順２】設問解釈＆解答型のメモ（～25分）
[第１問]　SWOTを全部書かせるのか。しかも各40字以内。文字数とのせめぎあいの予感。
[第２問]　今までのターゲット、どういう市場があるのか、Ｚ社との関係など何を与件文に探しに行けばよいのかイメージができた。解答型として「取引先の構成は①～、②～になることで、～と～を図る」とメモ。
[第３問]（設問１）　アンゾフ!!　あわー、記憶があいまいなやつが来てしまった。
[第３問]（設問２）　顧客関与は過去問でもあった気がするな。解答型として「施策として①～、②～を行うことで、相互コミュニケーションを行い、顧客の関与を高め固定客を増やす」とメモ。
[第４問]　Ｘ島の良いところを書きつつ、Ｂ社とコラボできそうなものを与件文から探してみよう。解答型として「プログラムとして①～、②～を行うことで、～を図る」とメモ。

【手順３】与件文読解＆気になるワード・思いついたワードを記載（～50分）
[１～３段落目]　農業生産法人、豊かな観光資源、地域の活力低下、高齢化、Ｂ社社長のＸ島への思い。
[４、５段落目]　健康・長寿の効能があるハーブＹ→メインターゲットは高齢者？　栽培ノウハウの確立→商業化、美しいハーブ畑→新たな観光資源。

おススメ疲労回復法
　YouTubeで疲労回復用の音楽や映像を流して、脳の疲れを取ってあげた。

|6段落目| 生産委託→自社製品開発能力が低い。X島認知度が低い。
|7～9段落目| Z社との取引→アンチエイジング、輸送コスト、原材料として売るだけ？ 付加価値が低い。ターゲットは30～40歳代の女性層、X島民はB社ラブ。
|10、11段落目| 経営リスクの分散化→安眠ハーブ、Z社以外と取引、ハーブYを他社と取引。
|12段落目| 自社ブランド、島の活性化、眠る前に飲むハーブティー→ターゲット層がZ社製品と少し違う？ 自社オンラインサイト→顧客との相互コミュニケーション。

【手順4】解答作成（～78分）

|第1問| SWOTが与件文に散りばめられているから、拾ってきて詰め込もう。
|第2問| もともと島のおじい・おばあ（勝手に沖縄の島だと想像していた）が食べていて、長寿の効能があると言われているのだから、ここは高齢者向け市場にターゲットを広げたらいいのでは。
|第3問（設問2）| B社はマーケティングや自社による製品開発はあまりやってきていない印象。とすれば、顧客に欲しいものを聞くのが一番良いのでは。
|第4問| 地域の活力が低下している部分も拾いたいな。オンラインサイトのユーザーとなるとSNSで拡散してもらう作戦が採れそう。
|第3問（設問1）| ハーブティーは新製品だと思うが、20歳代後半～50歳代の大都市圏在住の女性層って新市場？ それとも既存市場？ Z社のドリンクやサプリは30～40歳代の女性層だから一部被っているし……どうしよう。点数は加点方式で減点方式ではないという噂だけど、新製品か新市場どちらかに点数つけばラッキーと思って、新製品新市場開拓と書いてみる？ どうする!?

【手順5】見直し（～80分）

　アンゾフの製品・市場マトリックスがどれに当たるか自信がなく不安で何度も書き直す。こういうときは最初に書いた答えが合っていることが多い、という経験則に基づき「新製品新市場開拓」と書いて一息ついたところでタイムアップ。

3．終了時の手ごたえ・感想

　多角的にいろいろな提案ができたと思う。いろいろ書いたものが少しでも配点のあるキーワードに引っかかっているといいな。出来は上々。

モチベーションアップの方法
　　診断士になった状態を鮮明にイメージできるように、診断士の活動をインターネットで調査する。

合格者再現答案＊（Ｎａｎａ 編） ――― 事例Ⅱ

第1問（配点20点）

①Ｓ　40字

| 無 | 農 | 薬 | で | 高 | 品 | 質 | の | 健 | 康 | ・ | 長 | 寿 | の | 効 | 能 | が | あ | る | ハ |
| ー | ブ | 生 | 産 | 。 | 年 | ４ | ～ | ５ | 回 | 収 | 穫 | が | 可 | 能 | 。 |

②Ｗ　40字

| 島 | か | ら | の | 輸 | 送 | コ | ス | ト | と | 輸 | 送 | 時 | 間 | が | か | か | る | 。 | 島 |
| の | 認 | 知 | 度 | が | 大 | 消 | 費 | 地 | で | は | 著 | し | く | 低 | い | 。 |

③Ｏ　40字

| 安 | 眠 | 効 | 果 | の | あ | る | ハ | ー | ブ | が | 注 | 目 | を | 集 | め | て | い | る | 。 |
| 新 | し | い | 顧 | 客 | や | 販 | 路 | が | 得 | ら | れ | る | 可 | 能 | 性 | あ | り | 。 |

④Ｔ　40字

| Ｚ | 社 | と | の | ハ | ー | ブ | 取 | 引 | 量 | が | 徐 | 々 | に | 減 | 少 | 、 | ２ | ～ | ３ |
| 年 | 以 | 内 | に | 製 | 造 | 中 | 止 | に | な | る | 可 | 能 | 性 | が | あ | る | 。 |

【メモ・浮かんだキーワード】　詰め込めるだけ詰め込む。
【当日の感触等】　網羅はできていないけど、点数は一定数入っているだろう。
【ふぞろい流採点結果】　①3/5点　　②2/5点　　③3/5点　　④2/5点

第2問（配点30点）　100字

健	康	に	強	い	関	心	の	あ	る	高	齢	者	を	タ	ー	ゲ	ッ	ト	と
し	、	高	齢	者	向	け	健	康	サ	プ	リ	メ	ン	ト	製	造	を	行	う
ヘ	ル	ス	ケ	ア	メ	ー	カ	ー	な	ど	に	健	康	サ	プ	リ	の	原	材
料	と	し	て	売	り	込	み	取	引	を	行	い	、	Ｚ	社	と	の	取	引
縮	小	し	て	も	ハ	ー	ブ	Ｙ	の	製	造	を	続	け	る	様	に	す	る	。

【メモ・浮かんだキーワード】　ターゲットマーケティング、市場開拓
【当日の感触等】　これはちゃんと書けた気がする。ダナドコも使えたぞ。
【ふぞろい流採点結果】　18/30点

モチベーションアップの方法
この勉強そのものを好きになること。自分の仕事と結びつける、などで効用を感じるとよいかも。

第3問（配点30点）
（設問1） 50字

| 20 | 歳 | 代 | 後 | 半 | 〜 | 50 | 歳 | 代 | の | 大 | 都 | 市 | 圏 | 在 | 住 | の | 女性[1] | を |
| ターゲットとし新市場[3]。ハーブティ[1]は新製品[3]。新製品新市場開拓[1] ||||||||||||||||||

【メモ・浮かんだキーワード】 縦軸は市場、横軸は製品だけど、各戦略の名前が出てこない。
【当日の感触等】 何が正解だったかわからない。少し点が入ればよいと思おう。
【ふぞろい流採点結果】 9/10点

（設問2） 100字

施策として①ハーブを使った新商品コンテスト[2]を実施②ハーブティのおすすめ飲み方紹介コーナー[1]を作ることで、顧客との相互コミュニケーション[4]が取れる様にする事で顧客の関与を高め固定客増加[2]を図る。

【メモ・浮かんだキーワード】 ダナドコ、SNS
【当日の感触等】 効果が高い、相互コミュニケーションが書けた気がする。
【ふぞろい流採点結果】 9/20点

第4問（配点20点） 100字

①ハーブ収穫体験会[4]②青い空と美しいコントラストを生み出しているハーブ畑での写真撮影会[1]を実施しSNSで情報拡散を促す③高齢者とのハーブを使った伝統[2]料理教室[4]を行う事で島民と触れ合う[4]事で島のファンを増やす[2]。

【メモ・浮かんだキーワード】 ダナドコ、SNS、顧客との関係強化
【当日の感触等】 体験して、SNSに投稿してもらい、高齢者と触れ合うのは島の活性化にもつながるし、なかなか良い案じゃないかな。
【ふぞろい流採点結果】 15/20点

【ふぞろい評価】 61/100点　　【実際の得点】 68/100点
　第1問において、配点の高いキーワードが少なくやや点数が伸びませんでしたが、以降はバランスよく多面的な解答で得点を積み重ね、合格点を超える結果となりました。

モチベーションアップの方法
　試験に合格した後の活動を、頭のなかで好き勝手に思い描いていました。

かもとも 編（勉強方法と解答プロセス：p.146）

1．休み時間の行動と取り組み方針
　休み時間のうちに、事例Ⅰの再現答案をスマホに打ち込む。10分ほどかかるが、考える作業ではなく無心でできるので、よいクールダウンになる。水分補給をするとともに、ラムネで糖分も補給。その後は、事例Ⅰのときと同様にファイナルペーパーで過去に失敗したポイントを確認する。

2．80分間のドキュメント
【手順1】準備・設問解釈（～10分）
　受験番号の記入後、文字数をチェック。事例Ⅰ同様、たくさん書かせる感じではなさそうで、よかった。
第1問　お馴染みのSWOT分析。設問文の「現在の」を丸で囲み、「昔じゃない」とメモする。与件文に弱みの記述があっても、現在解消されているものは書かないように気をつけよう。
第2問　「新規」とメモ。取引先構成とあるので、新規取引先増によるZ社依存からの脱却、リスク分散の流れなのかなと予想。「ターゲットは〜、取引先構成は〜」の構成にしよう。
第3問（設問1）　アンゾフって何やったっけー。設問文で悩んでもしょうがないので、とりあえず先に進む。
第3問（設問2）　「既存」とメモ。オンラインでのコミュニケーション施策なので、受信と発信の双方向の内容が書けるように与件文からヒントを探そう。
第4問　「絶景スポットや星空観賞などの観光以外で」は制約条件だが、「などの」ってどの範囲なんやろう。広めに解釈して、「観光全般×」とメモしておく。基本的にはアイデア提案なので、慎重になりすぎる必要はないかな。
【手順2】与件文読解（～20分）
1、2段落目　観光資源は機会なのに使えないのかー、と思いつつ、とりあえず「絶景スポット」と「満点の星空」に赤ボールペンで下線、「O」とメモ（SWOTのO）。脅威となる「人口流出」や「地域の活力が低下」に青ボールペンで下線、「T」とメモ（SWOTのT）。
3段落目　「島の窮状を打開したい」にオレンジボールペンで下線。社長の思いに沿うように、解答作成時は留意しよう。
4段落目　ハーブをイベント時に食べる風習や、普段から食べていることは機会だろう。第4問のヒントになりそう。
5段落目　第1問に紐づけ。
6段落目　ハーブの用途が広いことは機会。ハーブと島の知名度が低いことは解決すべき

モチベーションアップの方法
目的を別に作る。カフェにコーヒーを飲みに行くついでに勉強するなど。

課題だろう。もしくは、この課題が現在に至るまでで解決されるのか。

7、8段落目　第1問に紐づけ。輸送コストは青ボールペンで下線、「W」とメモ（SWOTのW）するが、現在でも弱みなのかは注意して読み進めないといけないな。

9段落目　弱みや課題が解決されていっている。ターゲットに関する情報もあるので、この段落は複数の設問の根拠になりそう。

10段落目　脅威に関する記述。やっぱり脱依存、リスク分散やな。

11～13段落目　新たなハーブ登場。第3問に紐づけ。3段落目に続いて島の活性化に関する記述があるので、第4問の内容に盛り込もう。

【手順3】解答骨子作成（～40分）

第1問　与件文に散らばっているSWOTの要素を列挙する形で構成。観光資源は農業生産法人にとって機会になるのか？　同様に島の活力低下は脅威なのか？　わからないが、とりあえず入れる方向で進める。

第2問　リスクの分散をテーマにするものの、ターゲットに関する記述が見つからない……。あ！　ハーブYって最初に作ったハーブのほうか。てっきり安眠効果があるほうかと思ってしまった（Y＝2番目という先入観）。危ない危ない。自分以外にも勘違いする人がいそうやなー。ターゲットについては保留にして先に進もう。

第3問（設問1）　アンゾフについては思い出せないから、開き直るしかない。安眠効果のある新製品を、新たな顧客に広げたから市場拡大としておく（新製品×新市場は多角化だが、勘違いをしている）。

第3問（設問2）　100字の内訳を、受信と発信の2方向に切り分ける。受信については知識を盛り込み、発信については第4問や社長の思いに応える形でまとめる。

第4問　プログラムの具体的な内容と、それによる効果（B社にもたらされるメリットと、B社長の思いの実現）を書こう。プログラムの根拠としては、4段落目にある機会の要素を使おう。

【手順4】解答作成・見直し（～80分）

骨子に基づいて淡々とマス目を埋めていく。第1問、B社の強みは40字以内にまとめるのが難しく、「自社オンラインサイトの保有」は泣く泣く割愛。残り10分を切っても第2問のターゲットがわからない。「とにかく何か書かねば」と残り10秒で1文を書き殴り、試験終了。

3．終了時の手ごたえ・感想

試験が終了して解答用紙の回収中、与件文6段落目の「お茶や調味料、健康食品などのほか、アロマオイルや香水などの原材料にもなる」という表現に気づく（下線もマーカーも引いていなかった）。第2問のターゲットの根拠はここか。なんで気づかんかったやろう……。足切りにならないことを祈る。

モチベーションアップの方法
1曲全力で歌いスッキリした状態で机へ向かう。ただし、家族からはクレームの嵐、涙。

合格者再現答案＊（かもとも 編） — 事例Ⅱ

第1問（配点20点）

①S　40字

①島の顔となるアンチエイジング効果のあるハーブと栽培方法[1]の保有②Z社との取引実績[1]。

②W　40字

①Z社への依存[3]体質②ハーブの知名度がヘルスケアに関心の高い層に留まっている[2]こと。

③O　40字

①ハーブの広範な用途②豊かな自然等のX島の観光資源③安眠効果のあるハーブへの注目[1]

④T　40字

①ハーブの売上減・Z社との取引減少[1]②人口流出や農家所得の減少[1]によるX島の活力低下[2]。

【メモ・浮かんだキーワード】　現在のB社の状況（昔じゃない）

【当日の感触等】　機会に観光資源、脅威に島の活力低下を入れたのは間違いかな？　強みと弱みは問題ないはず。

【ふぞろい流採点結果】　①2/5点　②5/5点　③1/5点　④4/5点

第2問（配点30点）　100字

取引先構成は、Z社との取引実績を訴求して複数社との関係構築を図る[5]。これにより一社への依存による[7]リスクの分散を図る[5]。またハーブの広範な用途[2]を生かしてターゲットを決める。

【メモ・浮かんだキーワード】　脱依存、リスク分散

【当日の感触等】　ターゲットに関する記述に気づけなかった。無念。

【ふぞろい流採点結果】　19/30点

モチベーションアップの方法
自分が診断士試験を受けようと思った理由ややりたいことを思いついたときにノートに書き溜めておき、見返す。

第3問（配点30点）
（設問1） 50字

安眠効果のある新製品で、市場を30～40歳代女性から20歳代後半～50歳代女性に広げた市場拡大戦略である。

【メモ・浮かんだキーワード】 新規、既存、製品、ターゲット、市場拡大
【当日の感触等】 わからない。でも配点は10点くらいだろうから気にしすぎない。
【ふぞろい流採点結果】 4/10点

（設問2） 100字

施策は顧客との双方向のやり取りが可能なものとする。具体的には①掲示板を置き顧客のニーズ収集や顧客間のやり取りを誘発し、関係性を高めてロイヤリティを向上する②X島の豊かな自然を訴求して島への訪問を促す。

【メモ・浮かんだキーワード】 発信、受信、顧客間、掲示板、施策、効果
【当日の感触等】 解答が多面的になるように心掛けたが、島への訪問は第4問で書くべき内容で、この設問での加点はないかもしれない。
【ふぞろい流採点結果】 16/20点

第4問（配点20点） 100字

プログラムは①祝いの膳や島のイベント、おひたしや酢みそあえなど普段食の体験イベント②ハーブ収穫体験イベントである。イベント時にB社製品も販売し、B社の売上増とX島活性化への寄与を図る。

【メモ・浮かんだキーワード】 観光全般NG、売上増、X島活性化への寄与
【当日の感触等】 観光以外という制約の範囲がどこまでかわからず怖い。B社の売上増は取って付けたような内容になってしまった。
【ふぞろい流採点結果】 12/20点

【ふぞろい評価】 63/100点　　【実際の得点】 54/100点

第3問（設問1）の得点が伸びず、第4問ではプログラム以外の要素で得点を伸ばせませんでしたが、それ以外の設問では多面的な解答でバランスよく得点できています。

モチベーションアップの方法
試験に落ちたことを周囲に伝えるときのことを考えて奮起！（ネガティブ）。

イノシ編（勉強方法と解答プロセス：p.148）

1．休み時間の行動と取り組み方針
　まずは、1つ目の事例を終え、ホッと一息つく。受験生の熱気で熱くなった教室を出て、トイレへ向かう。噂で聞いていたトイレ待ちは、札幌ではないようだ。多少並ぶが5分も待てば用を足せそうな雰囲気ではあるものの、気分転換も兼ねて受験会場の隣にある創生スクエアで過ごすこととした。次は、昨年度の過去問演習で自信を失った事例Ⅱだ。施策問題は「ダナドコ」、ターゲット問題は「ジオ・デモ・サイコ」、それ以外が出たら、与件文を拠り所に何でもいいから書くようにしよう。

2．80分間のドキュメント
【手順0】開始前（～0分）
　施策問題で困ったときに使うキーワード（固定客化・愛顧向上など）を10個ほど、頭のなかで繰り返して、事例Ⅱの頭にする。

【手順1】準備（～2分）
　まずは受験番号を解答用紙に記入する。次に、問題用紙のホチキスを外し、問題用紙を破る。やっぱり手間取るものの、他の受験生よりも作業数が多い（他の受験生はどっちかしかやらないはず）からしょうがないと開きなおる。ずっとこれでやってきたので今更変えられない。

【手順2】設問解釈（～7分）
|第1問|　前年度と同じ、「SWOT」の各要素について解答する問題か。時制である「現在」をマークする。
|第2問|　ターゲットを解答する問題だ。「ジオ・デモ・サイコ」で考えればいいかな？取引先構成ってどう解答すればいいんだ？
|第3問（設問1）|　設問文短いなぁ……⁉⁉　アンゾフ⁉　知識問題⁉　最近会社の研修でやったから考え方はわかるけど、どう解答すればいいんだ？
|第3問（設問2）|　やっと、「ダナドコ」問題だ。「誰」は既存顧客かな？　「何」は設問文からはわからないから与件文に書いているだろう。「どのように」が解答すべき内容で、「効果」は顧客の関与を高めるような書き方でよいだろう。
|第4問|　これも、「ダナドコ」でOK。「誰」は自社オンラインサイトユーザーでこちらも既存顧客でよいのか？　「何」は観光以外か、「どのように」が解答すべき内容で、「効果」は与件文から引っ張ってくればよいだろう。

【手順3】与件文と設問の紐づけ（～25分）
|2段落目|　島の主力産業は農業と観光業か。ここと連携する感じかな。
|3段落目|　社長の理念が書かれているのでマーク。こういう人、好きだなあ。
|4段落目|　「島内では健康・長寿の効能があると」は、「強み」でマーク。
|5段落目|　「しかし」以降を「強み」でマーク。「一面に広がる～」は4問目と紐づけ。

それでもモチベーションが上がらないときの過ごし方
　1秒たりとも勉強しない。ひたすらその日は自分の好きなことをやる！ゲーム♪

|6段落目| 「ハーブの用途は広く」は第1問の機会かな。いろんなものの原材料になることは、第2問、第3問で使えるか。
|7段落目| 「メーカー間の競争が激しい」は「脅威」でマーク。Z社によるB社評価は「強み」で、ハーブの輸送コストは「弱み」でマーク。
|9段落目| 「島の大自然と～支持を獲得した」を第3問（設問1）と紐づける。
|10段落目| おいおい、また逆境ですか。段落全体を「脅威」でマークする。
|11段落目| 安眠効果があるハーブと複数の企業からの引き合いを「機会」でマーク。Z社との取引実績は「強み」でマーク。
|12段落目| 自社ブランド・島の活性化に関する社長の思いを第4問と紐づける。安眠ハーブティーは、第1、2、3問と紐づけて横に「成功体験」とメモ。

【手順4】骨子作成（～40分）解答作成（～76分）

|第1問| 40字制限だからキーワードの羅列で書こう。強みは、影響度が大きそうなものから書こう。機会は、ハーブの用途が広いことと安眠効果のあるハーブでよいだろう。弱みと脅威は、1つずつしか思いつかない。なんとか与件文から持ってこよう。
|第2問| 成功体験を生かして、安眠ハーブの売上拡大方向で考えよう。与件文に従って、ジオ・デモ・サイコで考えればよいだろう。ジオは大都市圏在住、デモは20～50代女性、サイコは安眠したい顧客をターゲットとする方向性かな。あとは、理由を添えて出来上がり。機会を生かして強みで差別化といった感じで〆よう。
|第3問|（設問2）「誰」は書く必要なさそうかな。「何」は与件文のものを使おう。「どのように」は、暗記していた施策問題で困ったときに使うキーワードを思い出そうにも、イベント開催とBBS設置、顧客ニーズくらいしか思いつかない。顧客ニーズを製品開発に生かす方向で書こう。字数が余ったので困ったときのキラーワードである「関係性強化」で「愛顧向上」して「固定客化」を「効果」として書いておこう。
|第4問| これも「誰」は不要かな。「何を、どのように」はハーブ畑の見学、ハーブ栽培体験、ハーブを使った食べ物の提供、島のイベントへの参加など、島との連携を中心に考える。「効果」は、島の地域活性化を実現でき、B社としても既存顧客は固定客化、新規顧客は口コミで増やせる方向で書こう。
|第3問|（設問1） 考え方はわかるが、各マトリックスの～戦略の名前を忘れてしまった。とりあえず、製品面で「強みを生かして、新市場を開拓した」と書いておこう。

【手順5】見直し（～80分）

　誤字脱字をチェック。弱みの字数が余っていたので、地域活力が低下していることを追記したところでタイムアップ。

3．終了時の手ごたえ・感想

　解答は埋めたがジャストミートした印象はないし、冗長になってしまった。アンゾフも雰囲気で書いてしまったし、第4問はハーブに固執しすぎて農業との連携を失念。でも、終わったことは、どうしようもないので、得意の事例Ⅲに向けて切り替えていこう。

勉強を諦めそうになった自分を奮い立たせた一言
　今の会社で一生このまま過ごしたいのか！！

合格者再現答案＊（イノシ 編）　　　事例Ⅱ

第1問（配点20点）

①S　40字

| ハーブは高品質・安全性が高評価で効率的に栽培、Z社との取引実績、女性層の支持高い |

②W　40字

| Z社との取引に依存、輸送費高く島内で加工要、人口・農家減で地域活力低下 |

③O　40字

| ハーブの用途広い、安眠ハーブは注目集め複数企業から引合有、健康志向の人の認知高い |

④T　40字

| 健康市場は競争が厳しい、Z社との取引量減少、2～3年で製造中止の可能性高い |

【メモ・浮かんだキーワード】　強みは高品質・高評価、弱みは取引依存、脅威は取引量減少
【当日の感触等】　脅威は、同じようなものを書いてしまった。①5/5点　②4/5点　③4/5点　④3/5点の感触
【ふぞろい流採点結果】　①4/5点　②3/5点　③5/5点　④4/5点

第2問（配点30点）　100字

| 方向性は①大都市圏在住で②安眠したいと考える③20～50代の女性を顧客とする企業を標的とする。理由は①安眠ハーブが注目されている②強みの高品質・安全性③女性の支持の高さを活かし差別化していけるから。 |

【メモ・浮かんだキーワード】　ジオ・デモ・サイコ、強みを生かしてニーズに応える
【当日の感触等】　昨年度の第3問（設問1）同様、ターゲットを書く問題。確か昨年度は、強みを生かしてニーズに応えることを理由として書くと加点されていたはずだからそれを書いた。取引先構成の方向性という題意に合っていないと途中で気づくも時間切れ。6割くらいは取れている感触。
【ふぞろい流採点結果】　15/30点

勉強を諦めそうになった自分を奮い立たせた一言
落ちた後、妻が「どうせやめる気ないんでしょ？」と言ってくれたこと。

第3問（配点30点）
（設問1） 50字

製	品	面	で	強	み	の	高	品	質	・	安	全	性	を	活	か	し	、	市
場	面	で	は	20	～	50	代	女	性[1]	ま	で	市	場	を	開	拓[3]	す	る	こ
と	が	で	き	た	。														

【メモ・浮かんだキーワード】 強みを生かす
【当日の感触等】 ○○戦略をまったく覚えていなかったが、「アンゾフの製品・市場マトリックス」がどのようなものかは覚えていたので、なんとかひねり出して書いた。半分くらいは点数をもらえるだろう。
【ふぞろい流採点結果】 4/10点

（設問2） 100字

①	お	茶	や	調	味	料	の	コ	ン	セ	プ	ト	を	考	え	て	も	ら	う
イ	ベ	ン	ト	を	開	催[2]	②	ア	ロ	マ	オ	イ	ル	や	香	水	の	ニ	ー
ズ	を	回	答	し	て	も	ら	う[4]	B	B	S[3]	を	設	置	す	る	事	で	、
女	性	客	の	ニ	ー	ズ	を	製	品	に	反	映[3]	す	る	事	で	関	係	性
強	化[3]	に	よ	る	愛	顧	向	上[2]	で	固	定	客	化[2]	を	目	指	す	。	

【メモ・浮かんだキーワード】 誰に・何を・どのように・効果、イベント開催、顧客ニーズを製品に反映、BBS、関係性強化、愛顧、固定客化
【当日の感触等】 もう1つくらい施策を書きたかったが思いつかなかった。内容も冗長だし、点数は低いだろうなあ。愛顧向上まではよいが固定客化までは書きすぎたかな……。点数は6割くらいの感触。
【ふぞろい流採点結果】 17/20点

第4問（配点20点） 100字

プ	ロ	グ	ラ	ム	は	①	ハ	ー	ブ	畑	の	見	学	②	ハ	ー	ブ	栽	培
体	験[4]	③	島	の	イ	ベ	ン	ト	へ	の	参	加[1]	④	ハ	ー	ブ	を	使	っ
た	食	べ	物	を	提	供	す	る	事[4]	で	、	B	社	と	X	島	の	フ	ァ
ン	に	な	っ	て	も	ら	い	、	固	定	客	化[2]	、	口	コ	ミ	に	よ	る
新	規	顧	客	増	、	地	域	活	性	化[4]	を	目	指	す	。				

【メモ・浮かんだキーワード】 農業や宿泊業との連携、固定客化、口コミ活用、地域活性化
【当日の感触等】 施策は4つ書けており、効果は新規・既存両方の視点だけでなく地域活性化も書けているので、6割は取れているのでは？（帰宅後、「ハーブ栽培体験」を「島の農家と連携した農業体験」にすればよかったと悶絶していたが）
【ふぞろい流採点結果】 14/20点

【ふぞろい評価】 66/100点　【実際の得点】 47/100点
キーワードを数多く盛り込んだ答案が、ふぞろい流での高得点につながったようです。

勉強を諦めそうになった自分を奮い立たせた一言
　資格とって意味あるの？　⇒合格してから言え！

みっこ 編（勉強方法と解答プロセス：p.150）

1. 休み時間の行動と取り組み方針
　事例Ⅰを終えたら緊張と力みで手が硬直している。2週間前から考えた休憩時間シミュレーションに沿い、行動をする。これで緊張しない！　と暗示をかけてきた行動だ。まず、眠気対策のために昼ご飯（消化がよく腹持ちがよいスープとバナナ）を半分この時間で食べる。ファイナルペーパーで事例Ⅱ脳へ。ファイナルペーパーを片手にトイレへ。女性は少ないので、周りの目を気にせず、ストレッチを行う。席に戻り、お気に入りの飲み物とお菓子で気持ちを上げ、「私は社長に寄り添うコンサルタントだ！」とつぶやく。

2. 80分間のドキュメント
【手順0】開始前（～0分）
　「誰に、何を、どのように、効果で書く」、「与件文に出てくる製品は丁寧に拾う」、「ターゲットは細かく分類する」など自分の抜けやすい点を頭で反芻する。試験開始後にすることをイメージし、深呼吸を数回行う。

【手順1】準備（～1分）
　受験番号を記入し、受験票と照合しながら、問題のホチキスを外し、メモできる状態にする。解答字数510字、与件文2ページ半。タイムマネジメントはいつもどおりだ。配点を確認し、高得点に星印で注意を促す。解答作成に入る時間を「12：25」とメモ。

【手順2】設問解釈（～7分）
|第1問|　2年連続のSWOTだ。時制は「現在」。切り口は「Sは継続性」、「Wは課題」「Oは新しいニーズ」「Tは市場縮小、競合」。他の設問と関わるから最後にしよう。
|第2問|　取引先でなく、構成の方向性？　時制は「今後（未来）」なので現状との対比。制約は「ハーブY」、「Z社と異なるターゲット層」、型は「〜を対象に……を行い、取引先構成を変えて課題を解決する」。切り口は「脅威の回避」「機会をつかむ」。
|第3問|　時制は「最近（現代）」。「眠る前に飲むハーブティー」の評価とターゲットは？
|第3問|（設問1）　アンゾフ？　戦略名を記載するのか？　50字で「考え方を使って説明」だから戦略名は書かなくてすむだろうか。
|第3問|（設問2）　時制は「今後（未来）」。「継続」だから現状の把握も必要だ。製品開発が課題なのかも。「双方向」、「顧客との関係性強化」がキーワードになりそうだ。
|第4問|　設問要求はファンを増やすプログラムを立案すること。時制は「未来」。制約は「観光以外」。切り口は「地域課題解決」と「B社の成長戦略」かな。キーワードは「体験型」、「連携」、「強み、機会、経営資源の活用」だろう。

【手順3】与件文読解と設問の紐づけ（～20分）
|2段落目|　X島の現状。やはり地域課題だ。第4問と紐づけておこう。

勉強を諦めそうになった自分を奮い立たせた一言
　1次に受かっただけでは何にもならない（1次の合格を無駄にしたくない気持ちが強められた）。

|3段落目| 「島の窮状を打開したい」これがB社長の思いだな。赤線を引く。
|4段落目| 「全国的な知名度はない」は問題点かも。第3問、第4問と紐づくかな。
|5段落目| 「農業試験場の支援」や「効率的な栽培方法を開発」は強み候補だな。
|6段落目| 自社ブランド失敗か。製品開発力がない？ ニーズ把握力がない？ 弱み候補発見！ 用途は新製品候補になりそうだから、印をしておこう。機会候補にもなる。
|7段落目| 出た！ 高評価・高品質は強み候補だな。ヘルスケア市場の競争激化は脅威候補だろう。そして第2問の「脅威の回避」の候補にしよう。
|8、9段落目| 原材料供給が中心で、自社製品はないんだな。
|10段落目| 製造中止？ 絶対に自社ブランドの新製品開発が必要になるわ。
|11段落目| Z社への高依存は脅威候補だ。新しいハーブが出てきたけど、うまくいってなさそうだから、第3問で解決するのかもな。
|12、13段落目| B社長の思いだ。これらにアドバイスできないと事例は終わらない！

【手順4】解答骨子検討（～55分）・解答作成（～79分）

|第2問| 方向性は脅威の回避でZ社依存度低下、ヘルスケア市場の競争回避かな。「新たな取引先」だから、Z社と競合しない健康・長寿の効能を活かそう。だからターゲットは高齢者だ。

|第3問|（設問2） 与件文に具体的記載はなし。「双方向」の発信は情報提供、受信は製品開発に必要なニーズ収集だろう。効果として「関係性強化」が図れる。そしたら製品開発力も活かせるで。

|第4問| プログラムの具体的内容と解決する地域課題を書く方向だが、地域課題のどれに焦点を当てるのか？ 具体的に考え出すと、実現可能性に疑問が浮かび、どれも違うような……。時間をかけすぎた！ えい、「～など地域活性化」で幅を持たせよう。

|第1問| 第2問以降で活用した解答要素を優先的にSWOTに振り分けよう。やっぱり強みは候補が多いな。弱みと脅威は決まってるな。

|第3問|（設問1） 迷っていたから検討を最後にした。市場軸は新市場に間違いない。けど、既存原材料で製品アイテムが違うと新製品に当たるのか？ 加点が高いキーワードを盛り込む方向にしよう。

【手順5】見直し（～80分）

時間がギリギリ、見直しほぼできず……。

3．終了時の手ごたえ・感想

解答字数が少なく、設問要求に沿って骨子が絞れても、うまくまとめられなかったな。でも重要なキーワードはしっかりと盛り込んだ。ターゲット候補も少なく、切り分けミスはないだろうから得点は取れているはず。事例Ⅱで得点を稼ぎたかったけど、あまり貢献できていないかもしれない。

勉強を諦めそうになった自分を奮い立たせた一言
時間がないから間に合わないはカッコ悪い言い訳。時間がなくても間に合う方法を追い求める！

合格者再現答案＊（みっこ 編） 事例Ⅱ

第1問（配点20点）

①S　40字

| 希 | 少 | 性 | あ | る | 高 | 品 | 質[1] | な | ハ | ー | ブ | の | 効 | 率 | 的[1] | な | 栽 | 培 | 方 |
| 法[1] | を | 確 | 立 | し | 、 | Z | 社 | と | の | 取 | 引 | 実 | 績 | が | あ | る | 事 | 。 | |

②W　40字

| 製 | 品 | 開 | 発 | 力 | と | 販 | 売 | 力 | が | 弱 | い[2] | 。 | 全 | 国 | で | の | 島 | と | B |
| 社 | の | 知 | 名 | 度 | が | 低 | い[2] | 事 | 。 | | | | | | | | | | |

③O　40字

| ハ | ー | ブ | の | 効 | 能 | が | 健 | 康 | ・ | 長 | 寿 | 等[3] | と | 多 | く | 、 | 用 | 途 | も |
| 健 | 康 | 食 | 品 | 等 | と | 幅 | 広 | い | 。 | 島 | 民 | の | 信 | 頼 | を | 得 | て | い | る 。|

④T　40字

| Z | 社 | へ | の | 依 | 存 | 度 | が | 高 | い | が | 、 | ヘ | ル | ス | ケ | ア | 市 | 場 | の |
| 競 | 争 | 激 | 化[2] | に | よ | り | 製 | 造 | 中 | 止 | の | 可 | 能 | 性[2] | が | あ | る | 事 | 。 |

【メモ・浮かんだキーワード】　強みは存続の根拠。弱みはB社の課題。機会でB社社長の今後のビジョンを達成できる。脅威は新たな戦略を考える要因。

【当日の感触等】　要素が複数あるけど、以降の解答と整合性を合わせたから大きくは外してないはず！

【ふぞろい流採点結果】　①4/5点　②4/5点　③3/5点　④4/5点

第2問（配点30点）　100字

Z	社	と	異	な	る	健	康	・	長	寿	の	ニ	ー	ズ[4]	を	持	つ	高	齢
者[4]	を	対	象	と	す	る	。	高	品	質[2]	で	高	い	安	全	性	の	商	品
で	あ	る	事	を	訴	求	し	、	健	康	食	品[1]	等	の	メ	ー	カ	ー	を
新	規	開	拓[5]	を	す	る	。	以	上	よ	り	ヘ	ル	ス	ケ	ア	市	場	の
競	争	回	避[5]	と	Z	社	へ	の	依	存	度	低	下[7]	を	図	る	。		

【メモ・浮かんだキーワード】　誰に＋機会を活かして＋変化に対応して＋課題を解決

【当日の感触等】　考えられるターゲット候補が少ないから課題解決（＝効果）から考えることで要素を漏れなく盛り込めたはずだ。

【ふぞろい流採点結果】　27/30点

勉強を諦めそうになった自分を奮い立たせた一言

（兄弟が私の自己採点した結果を覗き見て）「その点数で受かる気なの…？」逆にやる気出ました。

第3問（配点30点）
（設問1） 50字

安	眠	効	果	の	既	存	原	材	料	で	製	品	ア	イ	テ	ム¹	を	増	や
し	、	大	消	費	地	の	20	〜	50	歳	代	女	性¹	を	対	象	に	新	市
場³	を	開	拓	し	た	戦	略	。											

【メモ・浮かんだキーワード】 市場と製品の軸。市場浸透戦略、新製品開発戦略、新市場開拓戦略

【当日の感触等】 事象名が1つ出てこず。戦略名ではなく、「考え方を使って」説明し、リスク回避型の解答に……大丈夫かな。

【ふぞろい流採点結果】 5/10点

（設問2） 100字

定	期	的	に	ハ	ー	ブ	栽	培	の	安	全	性	や	効	能	な	ど	情	報
を	自	社	サ	イ	ト	で	発	信	す	る³	。	問	い	合	わ	せ¹	等	個	別
に	や	り	取	り	で	き	、	試	作	品	の	モ	ニ	タ	ー¹	制	度	も	導
入	し	、	大	都	市	圏	の	顧	客	と	双	方	向	コ	ミ	ュ	ニ	ケ	ー
シ	ョ	ン⁴	に	よ	り	関	係	性	強	化³	を	図	っ	て	い	く	。		

【メモ・浮かんだキーワード】 受信と発信、双方向コミュニケーション、顧客関係性強化

【当日の感触等】 顧客を製品づくりに巻き込んだ後の買上点数、頻度増加などの効果よりも巻き込むことで生まれる効果の優先度を上げた。設問（社長）に寄り添い、素直に解答することが大切なはず。

【ふぞろい流採点結果】 12/20点

第4問（配点20点） 100字

大	消	費	地	の	農	業	に	関	心	の	あ	る	女	性	を	対	象	に	農
業	体	験⁴	と	ハ	ー	ブ	を	使	っ	た	郷	土	料	理	を	食	す	ツ	ア
ー⁴	を	立	案	す	る	。	農	家	所	得	向	上	や	若	年	層	還	流	に
寄	与	で	き	地	域	活	力	向	上⁴	を	図	る	。	島	と	B	社	の	全
国	知	名	度	を	向	上	し	、	売	上	拡	大	に	つ	な	げ	る	。	

【メモ・浮かんだキーワード】 地域課題の解決、地域連携、B社への効果

【当日の感触等】 このプログラムで若年層をX島に還流できるか?! と自問自答しながらも、加点が高いであろう結論は外してないはずと思い切った。

【ふぞろい流採点結果】 12/20点

【ふぞろい評価】 71/100点　　【実際の得点】 59/100点

第1問では配点の高いキーワードを盛り込んでおりバランスよく得点できています。また、第2問において題意を的確に捉えた多面的な解答が高得点につながりました。

勉強を諦めそうになった自分を奮い立たせた一言 ――――――――――――――――――
　まだ可能性があることは自分自身がわかっている。今年はピンチでなくチャンスなのだとマインドセットせよ。

しーだ 編（勉強方法と解答プロセス：p.152）

1．休み時間の行動と取り組み方針

　休憩開始と同時に、ゼリー飲料を飲む。そして、音楽を聴きながら、事例Ⅱファイナルペーパーを眺め、頭を事例Ⅱモードに切り替える。周囲の人や前の事例のことは気にならないタイプなので、目の前の事例に集中。

2．80分間のドキュメント

【手順0】開始前（～0分）
「誰に、何を、どのように、効果」と「売上＝客数×客単価」、この2つだけは絶対に意識していこう。

【手順1】準備（～1分）
開始後すぐに解答用紙に受験番号を書く。解答用紙にSWOTを書く欄があるな。

【手順2】与件文第1段落、第2段落、設問解釈（～11分）

|与件文| 農業生産法人？　あまり馴染みがないが、気にしないようにしよう。従業員規模10名か。何か施策を提案するときは、意識しないとな。社外リソースの活用とかもあるかも。B社は島にあるのか。それにしても、X島は大変な状況だな。これは、脅威かな？

|第1問| やっぱりSWOTか。「現在の」とある。時制に気をつけなきゃ。ここで書いたSWOTがすべての設問に影響する可能性は高いから、ここは大事だな。

|第2問| 配点が30点！　ここは外せないな。「新規顧客開拓」がテーマかな。Z社との取引内容はまだわからないけど、「Z社の製品とは異なるターゲット層を獲得したい」は制約条件になると思うから注意しよう。でも、「取引先構成の方向性」となっているから、B社の今後のターゲット層を顧客に持つ取引先と取引を拡大させるとかかな？

|第3問|（設問1）　アンゾフ！　どの戦略を選択するかは、解釈の仕方次第で割れそうだな。戦略の選択に時間をかけすぎるのは危険かもしれない。

|第3問|（設問2）　Z社との取引の話があったけど、オンラインでの直販もやっているのか。「オンライン」、「コミュニケーション戦略」、「顧客の関与を高める」、このあたりを意識しよう。マーケティング戦略のプロモーションや新製品開発戦略が関係しそうだな。

|第4問| え、Go toトラベル？　いや、そんなこと考えている場合じゃない！　顧客関係性向上につながる施策を考えるのか。「B社とX島のファンに」ということは、自社のリソースだけでなく、X島のリソースも活用していく感じかな？

【手順3】与件文読解、与件文と設問の紐づけ、解答骨子メモ作成（～41分）

|1、2段落目| X島の情報が書いてあるな。島の活力低下は第1問の脅威の候補かな。

|3段落目| 「島の窮状を打開したい」は、B社長の思いだな。ペンでマークしよう。

|4段落目| ハーブYは島内ではこんなにメジャーなのに、島外では知名度がないか。

本番力の磨き方
　近くの図書館などで、1人模試。本番と同じ時間で全事例を解く。

5段落目　「栽培ノウハウは存在しなかった」、「実験を繰り返し」、「栽培方法を開発」、これらからすると、模倣困難性が高いな。優先度の高い強みになりそうだ。

6段落目　ハーブの知名度が低いのは記載があったが、X島も知名度が低いのか。これは、弱みになりそうだな。新製品開発力の低さも弱みの候補かな。

7、8段落目　「消費者の健康志向」「拡大基調にあるヘルスケア市場」は機会かな。あ、3～8段落までは、10年ほど前のことか……。第1問の時制に「現在」とあったな。改めて気をつけないと。粉末加工の技術も優先度は低くても強みになるかも。

9、10段落目　Z社がでてきたな。第2問はZ社が関係するから注意して読もう。「30～40歳代の女性の支持」は、Z社向けのハーブYの標的顧客かな？　Z社との取引が終了する可能性があるのは、完全に脅威だな。でも、X島の知名度が向上してよかった。

11段落目　安眠効果のあるハーブが注目を集めているのは、機会だな。時制も問題ない。「Z社との取引実績が安心材料となり」は、新規取引をする際に訴求できる強みになるな。「Z社との取引に依存」か、Z社との取引終了の可能性は優先度の高い脅威だな。

12段落目　新製品開発に手ごたえがあったようだ。チャネルも今までと違うな。標的顧客の層もデモグラフィック変数的には違うな。第3問（設問1）は、どう解答しよう。

【手順4】解答作成（～75分）

第1問　与件文を読みながらあたりをつけたSWOTを解答用紙に記入。時制に注意。

第2問　「安眠効果があるとされるハーブの注目度向上」「ヘルスケア市場の活況」の機会を生かして、「Z社への取引依存」の弱みを克服するシナリオにしよう。

第3問（設問1）　多角化戦略……といえるだろうか？　ハーブ（製品群）は同じで、最終消費者（市場）が違うだけではないだろうか？　そうなると「新市場開拓戦略」？　他の人も悩むのでは？　何を選ぶより、どう書くかのほうが重要な気がする……。

第3問（設問2）　与件に目立ったヒントはなかったな。一般知識でいく感じか。

第4問　X島でしかできないハーブ関連の体験などはどうだろう。コト志向が大事かな。ハーブの日常使いが浸透すれば、リピートにもつながり、既存顧客の売上が向上して顧客生涯価値が高まりそうだ。

【手順5】見直し（～80分）

終了1分前、安眠効果のあるハーブのことを「ハーブY」と記載していたことに気づいたが、どう修正しようかかなり迷った。ペンを持つ手が震え、字がガタガタに……。

3．終了時の手ごたえ・感想

受験生や予備校の評価は「難易度は例年どおり」となりそうな気がするが、個人的には「コミュニケーション施策」や「ファン増加のためのツアープログラム」など、一般知識をベースに提案を考える内容が若干重くてしんどかった。配点の大きい第2問の出来が気になるが、大外しはしていないと思う。

本番力の磨き方
過去問を解くとき、これが解けなきゃ本番でも解けない、と自分の気持ちを追い込む。本番で緊張しなくなる。

合格者再現答案＊（しーだ 編） ――― 事例Ⅱ

第1問（配点20点）

①S　　　40字

| 希 | 少 | ハ | ー | ブ | を | 安 | 全 | ・ | 効 | 率 | 的[1] | ・ | 高 | 品 | 質[1] | に | 栽 | 培[1] | ・ |
| 加 | 工 | す | る | ノ | ウ | ハ | ウ[1] | 。 | Z | 社 | と | の | 取 | 引 | 実 | 績[1] | 。 |

②W　　　40字

| 売 | 上 | を | Z | 社 | に | 依 | 存[3] | し | て | お | り | 、 | 直 | 販 | ノ | ウ | ハ | ウ | が |
| な | い | 。 | 製 | 品 | 開 | 発 | 力 | が | 低 | い[2] | 。 |

③O　　　40字

| 消 | 費 | 者 | の | 健 | 康 | 志 | 向[3] | で | ヘ | ル | ス | ケ | ア | 市 | 場 | が | 活 | 況[1] | 。 |
| 安 | 眠 | 効 | 果 | が | あ | る | 別 | ハ | ー | ブ | が | 注 | 目[1] | さ | れ | て | い | る | 。 |

④T　　　40字

| Z | 社 | の | 製 | 品 | が | 製 | 造 | 中 | 止 | の | 可 | 能 | 性[2] | が | あ | り | 、 | 取 | 引 |
| 終 | 了 | の | 可 | 能 | 性 | が | あ | る | 。 | X | 島 | の | 地 | 域 | 活 | 力 | が | 低 | 下[2] | 。 |

【メモ・浮かんだキーワード】　VRIO（模倣困難性）、外部環境

【当日の感触等】　弱みが書き辛かった。「売上高のZ社依存」以外は、抽象的になってしまった。

【ふぞろい流採点結果】　①5/5点　②5/5点　③5/5点　④4/5点

第2問（配点30点）　100字

B	社	は	、	今	後	、	20	～	50	歳	代	の	安	眠	を	求	め	る	女
性[2]	を	顧	客	に	持	つ	ヘ	ル	ス	ケ	ア	メ	ー	カ	ー	と	の	取	引
を	拡	大[5]	さ	せ	、	B	社	の	安	眠	効	果	の	あ	る	ハ	ー	ブ	を
提	供	す	る	こ	と	で	、	Z	社	と	の	取	引	比	率	を	低	下[7]	さ
せ	る	こ	と	が	望	ま	し	い	。

【メモ・浮かんだキーワード】　新規顧客開拓、Z社依存からの脱却、標的顧客（ジオ、デモ、サイコ）

【当日の感触等】　「望ましい取引先構成」について、「Z社依存からの脱却」の方向性は書けたので、大外しはしていないと思う。

【ふぞろい流採点結果】　14/30点

2次試験の敗因
　苦手事例の克服に時間がかかったため（得意事例を伸ばすのには限界がある）。

第3問（配点30点）
（設問1） 50字

既	存	の	ハ	ー	ブ[1]	を	、	安	眠	を	求	め	る	大	都	市	圏[1]	の	20
〜	50	歳	代	に	提	供	す	る	事	で	、	新	市	場[3]	が	開	拓	で	き
売	上	が	向	上[1]	し	た	。												

【メモ・浮かんだキーワード】 新市場開拓戦略
【当日の感触等】 できた気はしないが、悩んだのは自分だけではないはず、と自分に言い聞かせた。
【ふぞろい流採点結果】 6/10点

（設問2） 100字

施	策	は	①	新	商	品	情	報	を	発	信[3]	し	、	顧	客	か	ら	意	見
を	も	ら	い[4]	、	製	品	改	良	や	開	発	に	活	用[3]	す	る	②	ハ	ー
ブ	の	効	用	や	情	報	を	発	信	し	、	顧	客	が	ハ	ー	ブ	に	求
め	る	こ	と	や	新	製	品	の	ア	イ	デ	ア	を	募	る[2]	。	以	上	に
よ	り	、	顧	客	関	係	向	上[3]	と	新	製	品	開	発	を	す	る	。	

【メモ・浮かんだキーワード】 消費者参画型、VOC、双方向性、顧客関係性
【当日の感触等】 「顧客の関与を高めるため」という制約条件を考慮すると、あまりできた気がしない。
【ふぞろい流採点結果】 15/20点

第4問（配点20点） 100字

X	島	の	高	齢	者	宅	で	の	料	理	教	室[4]	を	提	案	す	る	。	X
島	の	高	齢	者	を	講	師	と	し[4]	、	ハ	ー	ブ	の	伝	統[2]	の	言	い
伝	え	や	日	常	使	い	の	調	理	方	法	を	教	え	る	。	以	上	に
よ	り	、	X	島	の	フ	ァ	ン	化[2]	及	び	ハ	ー	ブ	の	普	段	使	い
に	よ	る	消	費	量	増	加	を	狙	う	。								

【メモ・浮かんだキーワード】 ファン、体験、コト志向、顧客関係性
【当日の感触等】 施策と効果を盛り込めたと思うが、「日常使いを促し、リピート購入による顧客生涯価値を高める」というようなシナリオは、この設問で求められていないような気がした。これを記載した分、ほかのことが記載できなかったことを考えると、あまりできた気がしない。
【ふぞろい流採点結果】 11/20点

【ふぞろい評価】 65/100点　　【実際の得点】 43/100点
　第1問は要素を網羅した解答でほぼ満点に近い得点でした。そのほかの設問もキーワードをバランスよく盛り込んでおり、ふぞろい流での高得点につながったと考えられます。

試験中の集中力アップの方法
　子供の顔を思い出す。焦りや不安が消えて集中力が回復。

80分間のドキュメント 事例Ⅲ

のき 編（勉強方法と解答プロセス：p.142）

1．昼休みの行動と取り組み方針
　お昼ご飯の後は、点数が安定させられず苦手意識の強い事例Ⅲ。ここをどう凌ぐかが正念場。パン1つとチョコレートの軽めの昼食を教室内で済ませたら、ファイナルペーパーを持ち、事例Ⅲ用の音楽を聴きながら外へ。軽くストレッチをしながら会場内をざっと一周して気分転換。教室に戻ったら事例Ⅱで使用したマーカーをしまって事例Ⅲに向けて気持ちを切り替えていく。

2．80分間のドキュメント
【手順0】開始前（〜0分）
　事例Ⅲの大きな方向性は「QCDを維持する体制」と「営業活動の強化」を通じた「成長戦略の実現」。そのための生産計画と生産統制。それらに影響を与える問題点の解消が事例Ⅲの王道パターン。事例Ⅲだけは解答字数が多く、前の2事例より答案作成開始を早くする必要があるので、45分経ったら解答用紙に書き始める。よし、後半戦開始！

【手順1】準備（〜1分）
　解答字数は560字でほぼ例年どおりなので、予定どおりのスケジュールで解いていこう。受験番号を最初に記入して、午前中と同じように問題用紙を半分に切り分ける。

【手順2】与件文第1段落、最終段落確認と設問解釈（〜8分）
|与件文| 第1段落は企業概要。金属製品の製作・据付ができる体制をもった企業ね。ん？人員構成に設計がいないのはどうしてだろう？　最終段落は問題点の列挙。納期遅延、不稼働の発生の原因と、重要なキーワードがたくさん。

|第1問| 強みと弱みの情報整理。与件文を読んでから書くことを決めよう。

|第2問|（設問1） 問題点と対応策を分けて書くのか。それぞれ60字なので問題点を2点挙げてそれに合わせて対応策を書くことにしよう。営業面なのでメモ用紙に「エイギョウ」と大きく注意喚起のメモ。解答要素は与件文を読んで考えよう。

|第2問|（設問2） （設問1）と同じ方式か。同じように要素はそれぞれ2点、メモ用紙に「製造」と大きくメモ。解答要素は与件文を読んでから抽出しよう。

|第3問| 設問要求は納期遅延解消のためのIT活用施策。第2問は生産計画や生産統制だと判断したので、生産性向上で解決できないだろうか。生産性向上は「標準化」と「DRINK」で考える。各要素を書いていけば、120字くらいなら埋まるだろう。

|第4問| 設問要求はモニュメント製品事業の充実、拡大のための施策。典型的な事例Ⅲの最終問題だな。意識する点は4M＋I、QCD、高付加価値化と思うのでメモ。

【手順3】与件文読解（〜19分）
|2段落目| モニュメント製品はデザイナーの指示に従って製作するということで、生産

勉強効率アップのための工夫
　すきま時間の活用。

リードタイムが長期化しがちな気がする。
3段落目　溶接技術や研磨技術、設計技術者の確保と、強みがたくさん書いてある。
7段落目　設計と施工管理を営業部が担当って営業の負荷高すぎないか？　仕様変更や図面変更による顧客とのやりとりが多く、時間を要している。第2段落で予想したとおり。「2次元CAD」導入済みということでこれはIT化のところで活用できるはず。
8段落目　設計から製造、据付への業務の流れが書いてあるが、部門間のバトンタッチが多い。これは時間がかかるな。据付工事は社外の協力会社に依頼とのことで外注管理が適切かどうかも意識して与件文を読んでいこう。
9段落目　製作前プロセスに時間を要しているのは8段落目で感じたとおりだな。受注内容によって製作期間が生産計画をオーバーするのはなんだろう？　営業が製造部の製造能力や技術力を正しく把握できていないからだろうか。
10段落目　業務プロセス全体の見直しやIT化を検討中か。
11段落目　チーム間での技術力に差があるから、標準化やマニュアル化が必要かな。高度な技術に対応できないチームがあるとモニュメント製品の拡大にネックになるかな。
13段落目　基準となる工程順序や工数見積もりの標準化が確立していないのは問題点。
14段落目　溶接・組立工程と研磨工程のスペース確保が難しくなっているようだけど、機能別レイアウトを活用して改善できないだろうか？

【手順4】解答作成（～71分）

第1問　強みは技術と据付まで対応できる体制。これは迷わない。弱みは納期遅延だけど、理由はなんだろう？　与件文を読む限りでは生産計画自体に問題がありそう。あとは工場が大きな製品に対応できないのは今後の事業展開においての弱みになるだろうな。
第2問（設問1）　図面のやりとりをしているのは営業なので製作前プロセスの問題点は営業の話とする。加えて、いくらなんでも営業の業務量多すぎ。図面のやりとりを減らす方法……標準図面とか？　あと、設計業務は専門化するために他部門に移そう。
第2問（設問2）　問題点は与件文にあったとおり、作業スペースの確保と、工程順序や工数見積もりの標準化をしていないことだろう。対応策は作業スペースならSLP、工程順序などの標準化は生産計画がきちんと作れるようになる、と書いておこう。
第3問　DRINK＋標準化に忠実に書いていく。CADデータをデータベース化すれば設計が楽できるはず。チーム間の技術格差解消のための標準化。もう1要素書けるな……。取ってつけたような話だけど、作業計画のリアルタイム更新とか書いとくか。
　うわ、もう45分経っちゃった。とりあえず第3問までは解答用紙に書いていこう。

【手順5】第4問解答作成（～80分）

第4問　時間がない……。とりあえず設計面、製造面、営業面の3点でパッと思いつくものを書いていこう。なんとかあと1分のところで書き上げることができた。よかった。

3．終了時の手ごたえ・感想

　いやぁ、今日一番で自信がない。とにかくどの設問に何を書こうか終始悩んでいた記憶しかない。とにかくギリギリとはいえ時間内で答案を書き終えたことが唯一の救い。最後の事例Ⅳに向けて気持ちを切り替えよう。

勉強効率アップのための工夫
　過去問（アウトプット）から始めて、必要な知識を明確にしてからインプット。

合格者再現答案＊（のき 編） ――― 事例Ⅲ

第1問（配点20点）
（a）強み　　　40字

| 強 | み | は | ① | 高 | い | 溶 | 接³ | ・ | 研 | 磨 | 技 | 術³ | 、 | ② | 設 | 計 | ・ | 製 | 造 |
| ・ | 据 | 付 | ま | で³ | 一 | 貫 | し | て | 対 | 応 | で | き | る | 体 | 制³ | 。 |

（b）弱み　　　40字

| 弱 | み | は | ① | 生 | 産 | 計 | 画 | の | 不 | 備 | に | よ | る | 納 | 期 | 遅 | 延⁶ | 発 | 生 |
| ② | 加 | 工 | 物 | の | 大 | 型 | 化 | に | 対 | 応 | で | き | な | い² | 工 | 場 | 。 |

【メモ・浮かんだキーワード】 技術、据付まで対応可能、納期遅延、工場が狭い。
【当日の感触等】 ここはみんな同じようなことを書くんじゃないかな？
【ふぞろい流採点結果】（a）10/10点　（b）8/10点

第2問（配点40点）
（設問1）
（a）問題点　　　60字

問	題	点	は	①	設	計	打	合	せ	を	含	む	製	作	前	プ	ロ	セ	ス
の	長	期	化³	に	よ	る	後	工	程	の	圧	迫²	、	②	社	内	打	合	せ
や	立	会	等¹	の	受	注	活	動	以	外	の	業	務	過	多²	、	で	あ	る	。

（b）対応策　　　60字

対	応	策	は	①	標	準	図	面	を	用	い	る	こ	と	に	よ	る	設	計
打	合	せ	の	短	縮	化⁴	、	②	立	会	や	設	計	業	務	の	他	部	へ
の	移	管²	に	よ	る	受	注	活	動	へ	の	専	念	、	で	あ	る	。

【メモ・浮かんだキーワード】 設計打ち合せ短縮、標準図面、業務移管
【当日の感触等】 問題点は大外ししている気はしないが、対応策はかなり苦しい印象。みんなどうしているんだろう？ 悩んだのが自分だけじゃないことを祈ろう。
【ふぞろい流採点結果】（a）7/10点　（b）6/10点

（設問2）
（a）問題点　　　60字

問	題	点	は	①	主	要	工	程	の	作	業	ス	ペ	ー	ス	が	確	保	で
き	ず²	、	モ	ノ	の	移	動	が	多	い³	点	、	②	基	準	と	な	る	工
程	順	序	や	工	数	見	積	り	の	標	準	化	未	実	施³	、	で	あ	る	。

受験生時代によく聴いた音楽
ショパン／革命のエチュード。甥っ子がピアノコンクールで完璧に弾いたのを見て、失敗しないイメージ曲に。

（b）対応策　　　60字

対	応	策	は	①	S	L	P	に	よ	る	機	能	別	レ	イ	ア	ウ	ト	採	用³
で	ス	ペ	ー	ス	確	保	、	②	標	準	工	程	や	標	準	工	数	の	設
定²	に	よ	る	生	産	計	画	の	精	度	向	上²	、	で	あ	る	。

【メモ・浮かんだキーワード】　生産工程、作業方法、作業者
【当日の感触等】　（設問1）と同じく問題点は与件文に書いてあるからコピペでいけるけど、対応策を考えるとなるとなんだか苦しい解答になってしまう。これが今の実力。諦めるしかないな。
【ふぞろい流採点結果】　（a）6/10点　　（b）7/10点

第3問（配点20点）　　120字

①	C	A	D	図	面	の	デ	ー	タ	ベ	ー	ス³	化	に	よ	る	設	計	業	務
の	省	力	化	、	②	熟	練	技	術	者	の	持	つ	ノ	ウ	ハ	ウ	を	標
準	化	し	、	デ	ー	タ	ベ	ー	ス	化	で	共	有⁵	す	る	こ	と	に	よ
る	チ	ー	ム	間	の	技	術	力	の	是	正	、	③	受	注	情	報	の	リ
ア	ル	タ	イ	ム	の	共	有	で	生	産	計	画	・	作	業	計	画	へ	の
反	映⁴	、	に	よ	り	生	産	性	向	上¹	を	図	る	。

【メモ・浮かんだキーワード】　DRINK、標準化、3D-CAD
【当日の感触等】　書き終わってから納期遅延解消に生産性向上だけでいいのかという疑問が生じたが、書き直している時間はない。
【ふぞろい流採点結果】　13/20点

第4問（配点20点）　　120字

①	設	計	業	務	の	専	属	化	に	よ	る	様	々	な	顧	客	ニ	ー	ズ
に	対	応	で	き	る	設	計	力	の	強	化	、	②	製	作	図	理	解	や
加	工	技	術	の	向	上²	を	通	じ	た	複	雑	な	形	状	に	生	産	体
制	の	構	築	、	③	様	々	な	顧	客	ニ	ー	ズ	に	対	し	、	自	社
の	技	術	力	を	踏	ま	え	た	提	案	が	で	き	る	営	業	体	制	の
構	築⁵	、	に	よ	り	他	社	と	差	別	化⁴	を	図	る	。

【メモ・浮かんだキーワード】　設計面、製造面、営業面、差別化
【当日の感触等】　一般論的で思いつきの答案な気がする、この事例は全体的に不安が残ったな……。
【ふぞろい流採点結果】　11/20点

【ふぞろい評価】　68/100点　　【実際の得点】　59/100点
　丁寧な与件文の解釈のおかげで各設問においてキーワードの取りこぼしが少なかったため、ふぞろい流の採点ではしっかり点数を確保できています。第4問において、ポイントをコンパクトにまとめて異なる切り口のキーワードを追加できれば、さらに点数が伸びたと考えられます。

試験前に行ったゲン担ぎやジンクス
　地元の有名な神社で、年始にご祈祷を受けました！

Nana編（勉強方法と解答プロセス：p.144）

1．昼休みの行動と取り組み方針

　昼休みは会場近くにある公園まで行き、夫に作ってもらった小さなおにぎり1個とゼリー飲料を食べる。昼食を食べすぎると眠くなってしまうし、パワーナップはうまくコントロールできないので、少なめのお昼ご飯で対応。いいお天気だな～。公園を少し歩いてリラックス。緊張とリラックスをしっかり切り替えないと疲れてしまう。

　事例Ⅰと事例Ⅱともに大荒れはしなかった。事例Ⅲは得意だけど事例Ⅳは大の苦手なので、事例Ⅲで点数を稼いで事例Ⅳの点数を補う作戦を採りたい。

2．80分間のドキュメント

【手順0】開始前（～0分）

　心のなかで苦手なジャストインタイム方式が出題されないことを祈る。

【手順1】準備（～1分）

　問題用紙のホチキスを外し、ページを破って分離。メモ欄を準備。設問の上に「SWOT」、「DRINK」、「5フォース」、「4P」と書く。

　与件文の上には青鉛筆で「強み・機会」、赤鉛筆で「弱み・脅威」、橙鉛筆で「社長の思い」、緑鉛筆で「怪しい」、黄鉛筆で「その他」と書き、各色が何を意味するかわからなくならないようにする。

【手順2】設問解釈＆解答型のメモ（～20分）

|第1問|　強みと弱みを40字以内。事例Ⅱでも出したし、大丈夫そう。
|第2問|（設問1）　営業部門は何が問題なのかを与件文へ探しにいこう。納期遅延と営業が関係あるとなると、納期の決め方がよくない可能性があるかも。
|第2問|（設問2）　製造部門は何が問題なのかを与件文へ探しにいこう。（設問1）と（設問2）の切り分けが難しいかも。ボトルネックは何？　生産管理方法はどうしている？
|第3問|　IT化か……DRINKを使おう。工数管理や工程順序の決め方はどうしているのだろう。解答型として「①～、②～を行う事で、～ができるようになる。そのため、①～、②～をデータ化する」とメモ。
|第4問|　付加価値の高いモニュメントってどういう製品か与件文へ探しにいこう。SWOTをうまく関連づけたいな。解答型として「①～、②～を充実し、③～、④～を拡大することで高付加価値製品事業の拡大が図れる」とメモ。

【手順3】与件読解＆気になるワード・思いついたワードを記載（～50分）

|1～3段落目|　個別受注生産の特徴、溶接技術と研磨技術高い→装飾性の高い製品製作→高付加価値？　一貫生産可能。
|4、5段落目|　ステンレス製モニュメント製品→高付加価値、製作依頼増加→今後の主力

試験前に行ったゲン担ぎやジンクス
　前乗りして同じホテルに泊まる。

[6～8段落目] 営業部の担当範囲が広い、2D-CAD vs 3D-CAD、立体的で曲面の多いモニュメント製品→摺合わせ時間多い→2D-CADで行うのは限界がありそう。

[9、10段落目] 最終引き渡し日が設定済→顧客との摺合わせ多い→納期遅延発生、摺合わせの締切日や摺合わせが終わった段階で納期変更調整していない？　高度な加工技術が必要→製造手順はある？　工数管理方法は？　IT化→DRINK。

[11段落目] 4班の作業チームで技術力の差があり→技術力の差をなくさないと。チームでの作業範囲や忙しさにばらつきが多そう。

[12段落目] デザイナーの指示で修整や手直しが発生→納期遅れの原因？

[13段落目] バックワードスケジューリング vs フォワードスケジューリング、工程順序・工数見積りなどの標準化必須、難易度を考慮して各作業チームの振り分け→チームの技術力差異でスケジューリングが難しい。

[14段落目] SLP、レイアウト改善したけどまだ狭い→再改善？

[15段落目] 不稼働作業の改善→レイアウト改善？　→打ち合わせは3D-CAD導入で減らせそう。

【手順4】解答作成（〜78分）

[第1問] 技術力はあるけど生産管理が苦手な、事例Ⅲでよくある会社のように感じる。与件文に書いてある強みと弱みをそのまま写して字数に入れるイメージで。

[第2問]（設問1）　顧客とのやりとりやイメージの摺合わせが大変そう。仕様変更が生じているのに、そこで納期調整をしていないのでは納期を守るのは辛いだろう。

[第2問]（設問2）　チームの技術力に差があるのは改善余地が多そうだ。

[第3問] デザイナーと行う造形物のイメージの摺合わせに2D-CADを使うのは時間がかかってしまうように感じる。かといって3D-CADは簡単に導入できるものでもないと思う。けど3D-CADを使ったら打ち合わせ時間も少なくできるはず……。うーん、ほかに思いつかないから3D-CADって書いちゃえ。

[第4問] 充実と拡大ってどういうことだ？　あまり深く考えずにモニュメント製品事業の仕事を増やすためにはどうしたらよいか、第2問（b）で解答していない内容を書こう。

【手順5】見直し（〜80分）

解答の誤字脱字を確認して終了。結構ギリギリになっちゃった。

3．終了時の手ごたえ・感想

事例Ⅲを得点源にしたかったけど、モヤモヤしたまま終了。大きな失点はしていないと思うけど。

試験前に行ったゲン担ぎやジンクス

昼食は必ずカツサンド。どこでも売っていて、量も多すぎず少なすぎず、ちょっとゲン担ぎも。

合格者再現答案＊（Ｎａｎａ 編） 事例Ⅲ

第1問（配点20点）
（a）強み　　　　40字

| 設 | 計 | 〜 | 据 | 付 | 工 | 事 | ま | で³ | 一 | 貫 | 生 | 産³ | が | 可 | 能 | 。 | 高 | い | 溶 |
| 接 | 技 | 術³ | と | 研 | 磨 | 技 | 術³ | の | あ | る | ス | テ | ン | レ | ス | 製 | 品 | 。 | |

（b）弱み　　　　40字

| 納 | 期 | 遅 | 延⁶ | が | 発 | 生 | し | が | ち | 。 | 作 | 業 | チ | ー | ム | に | よ | り | 技 |
| 術 | 力 | に | 差 | が | あ | る⁴ | 。 | 標 | 準 | 化 | が | 確 | 立 | 出 | 来 | て | い | な | い¹ 。|

【メモ・浮かんだキーワード】　一貫生産、受注生産、工数管理、納期管理
【当日の感触等】　特に問題ないかな。6割は大丈夫だと思う。
【ふぞろい流採点結果】　（a）10/10点　　（b）10/10点

第2問（配点40点）
（設問1）
（a）問題点　　　　60字

顧	客	図	面	承	認	が	予	定	通	り	に	終	わ	ら	ず³	納	期	遅	延
が	発	生	す	る	原	因	と	な	っ	て	い	る	。	工	数	見	積	り	が
適	切	で	な	い	為	、	実	際	工	数	が	多	く	か	か	っ	て	い	る 。

（b）対応策　　　　60字

納	期	か	ら	逆	算	し	て	顧	客	図	面	承	認	締	切	日	を	設	定
し	、	納	期	遅	延	発	生	防	止	。	工	数	見	積	り	標	準	化	確
立	、	予	定	通	り	作	業	完	了	出	来	る	計	画	を	た	て	る	。

【メモ・浮かんだキーワード】　納期管理、図面承認方法、摺合わせ
【当日の感触等】　営業の担当範囲が広くて忙しいのも原因の1つのような気がするけど、60字しか書けないから諦めよう。顧客図面承認を早期化するほうが大事だと思う。
【ふぞろい流採点結果】　（a）3/10点　　（b）0/10点

（設問2）
（a）問題点　　　　60字

作	業	チ	ー	ム	で	技	術	力	の	差⁵	が	あ	り	、	高	度	な	技	術
が	必	要	な	製	作	物	を	担	当	出	来	な	い	チ	ー	ム	が	あ	る 。
工	程	順	序	が	標	準	化	さ	れ	て	い	な	い³	。					

試験前に行ったゲン担ぎやジンクス
前日に神社に行こうかと思っていたが、あっさりやめて疲労回復に努めた（笑）。

（b）対応策　　　60字

工	程	順	序	の	標	準	化²	及	び	教	育	を	実	施³	し	、	チ	ー	ム
で	技	術	力	の	差	異	が	な	い	様	に	し	、	生	産	効	率	を	上
げ	て	納	期	遅	延	を	防	止	す	る	。								

【メモ・浮かんだキーワード】　標準化、教育、スキルアップ
【当日の感触等】　製造部門の問題点と対応策としてOKなレベルではないか。
【ふぞろい流採点結果】（a）7/10点　　（b）5/10点

第3問（配点20点）　　120字

①	3D	CA	D	を	導	入	し	図	面	の	顧	客	承	認	早	期	化	を	目
指	す	。	作	業	者	の	打	ち	合	わ	せ	に	も	使	用	し³	製	作	方
法	を	掴	み	や	す	く	し	て	打	ち	合	わ	せ	時	間¹	及	び	不	稼
働	時	間	削	減	を	行	い	生	産	効	率	を	上	げ	る¹	②	見	積	り
情	報	や	工	程	順	序	な	ど	を	従	業	員	が	情	報	共	有⁵	し	て
確	認	出	来	る	よ	う	に	す	る	事	で	製	造	効	率	を	あ	げ	る	。

【メモ・浮かんだキーワード】　2D-CAD vs 3D-CAD、生産効率、工数、工程順序
【当日の感触等】　3D-CADは自信ないけどほかに思いつかないから書いちゃえ。あとはDRINKを変形して書いたけど、大きく外してはないと思う。
【ふぞろい流採点結果】　10/20点

第4問（配点20点）　　120字

①	作	業	ス	ペ	ー	ス	と	レ	イ	ア	ウ	ト	の	最	適	化	を	行	い	、
溶	接	・	組	立	・	研	磨	工	程	の	ス	ペ	ー	ス	確	保	を	行	い	、
作	業	効	率	を	上	げ	て³	新	し	い	受	注	に	対	応	出	来	る	よ
う	に	す	る	②	工	数	見	積	り	標	準	化³	を	行	う	事	で	、	適
切	な	納	期	を	提	示⁴	出	来	る	様	に	し	、	顧	客	の	信	頼	を
掴	み	新	規	受	注	に	繋	げ	る⁴	。									

【メモ・浮かんだキーワード】　ダナドコ、SLP
【当日の感触等】　「充実」・「拡大」という言葉がうまく使えないし、「レイアウト改善した」と与件文に書いているのに同じようなことを提案するのはダメな気がする。②で少し点数が取れればいいな。
【ふぞろい流採点結果】　14/20点

【ふぞろい評価】59/100点　　【実際の得点】64/100点

　第2問（設問1）の（b）対応策で加点要素が欠けたため、点数が伸びませんでした。そのほかの問題では多面的な解答ができているため、リカバリーができています。

模試の活用法
　他の受験生に比べて自分が苦手な事例を知る（他の事例よりできていても、ライバルよりできていなければテコ入れが必要）。

210　第3章　合格者による、ふぞろいな再現答案

かもとも 編 （勉強方法と解答プロセス：p.146）

1．昼休みの行動と取り組み方針

　事例Ⅱの再現答案をスマホに打ち込んでクールダウン。おにぎりを2つ食べて、ファイナルペーパーに目を通す。事例Ⅱはやらかしてしまったが、午後の2事例はそこまで苦手ではないから、4事例トータルで6割の得点はまだ届くはず。ファイナルペーパーに目を通して試験開始を待つ。

2．80分間のドキュメント

【手順1】準備・設問解釈（～10分）

　受験番号の記入後、文字数を確認。事例Ⅲも、書くボリュームは多くなさそうでよかった。

|第1問|　オーソドックスな強みと弱みを書かせる設問。

|第2問|（設問1）　問題点と対応策で書く欄が分かれているのか。過去問では140字のなかで問題と対応策の内訳をどうしようか悩むことがあったが、その心配はしなくてよいので安心。一方で書く要素の切り分けを間違えると大失点やから、慎重に考えないと。解答の構成は「問題点は①～、②～」、「対応策は①～、②～」にして、問題点の①に応える形で対応策の①が書けたらきれいかな。

|第2問|（設問2）　（設問1）と同じく、切り分けに注意。また（設問1）は営業部門、（設問2）は製造部門について答える、ということも間違えないようにしよう。

|第3問|　第2問にも記載はあったが、納期遅延が大きな課題か。助言なので、具体的な施策+効果（納期遅延の解決）の構成にしよう。与件文を読んでから改めて考えるけど、営業部門と製造部門間でのスケジュールや情報の同期化を書けばよさそう。

|第4問|　第1問の強みを生かす、もしくは弱みを改善する内容を盛り込むんやろう。「付加価値の高いモニュメント製品事業」の詳細がわからないから、与件文を読んでからしっかり考えることにする。

【手順2】与件文読解（～20分）

|1段落目|　営業部門5名って少なくない？　業務内容要確認やな。

|2段落目|　「個別受注製品」にオレンジボールペンで下線、「納期大事」とメモ。

|3段落目|　強みの記述だから第1問に紐づけ。

|4、5段落目|　モニュメント製品の説明か。「受注量の変動」を解消させればよいのかな。「今後も受注の増加を狙っている」にオレンジボールペンで下線。

|6～10段落目|　営業部門が設計もするの？　やっぱり対応業務が多すぎる気がする。そして「"2次元"CAD」という思わせぶりな表現が気になる。弱みの内容は、過去問でもよく見るような内容やね。第2問の（設問1）はこのあたりの情報を根拠にしよう。

|11、12段落目|　製造部門に熟練技術者がいて、技術力には差がある。これも過去問でよく

模試の活用法
　自分の解法の確認。模試が良くても受からないので、結果自体は気にしなかった。

見てきた内容やね。第2問の（設問2）に紐づけ。「製作図の理解力と高い加工技術が要求される」とあるので、モニュメント製品の受注増のためには対応が必要やな。

13段落目 「基準となる工程順序や工数見積もりなどの標準化が確立しているとはいえない」に青ボールペンで下線、「W」とメモ（SWOTのW）。

14、15段落目 「個別受注生産に適した設備や作業スペースのレイアウトに改善した」とあるけど、基本的には弱みについての情報が並んでいる。第2問の（設問2）と紐づけ。

【手順3】解答骨子作成（～40分）

第1問 弱みの記述がありすぎて渋滞している……。たくさんあるけど、後々設問に出てくる「問題点」は「弱み」にカウントしてもよいのかな。迷いつつも、設問間の切り分けミスが起こるリスクもあるから同じ弱みを複数設問に重複させて書くことにする。

第2問（設問1） 手戻りを防止するためには、最初の段階で打合せを綿密にすればよいよね。フロントローディングって書いてしまってもよいのかな？ 閃き解答（悪い意味での）かもしれんけど、フロントローディングは自分の仕事経験じゃなくて1次試験で学んだ知識やからよしとしよう。そして「"2次元" CAD」はツッコんで（言及して）おくことにする。

第2問（設問2） 製造部門は、情報量は多いが「工場が狭い、稼働時間が確保できない、技術力に差がある」に集約されるから、素直にこの3つを問題点として指摘して、対応策は知識を盛り込もう。

第3問 与件文を読んでなお、何を答えればよいのかわからない。根拠となるのが13段落目なのかな？ 情報量が足りないけど、とにかく納期改善になることを書こう。

第4問 営業部門と製造部門それぞれについて、強みを機会にぶつける、もしくは弱みや課題を解決するような施策を書いて、その効果として今後の受注増を図る、という構成にしよう。2段落目の情報から、C社が製造可能なのは7m以内の製品であることがわかる。一方、14段落目には「最近加工物が大型化している」と書かれている。SLPを実施しても、高さの制約は解消されないよね。とはいえ工場の建て替えは多大な費用がかかって現実的ではない気がする。建て替えの提案はしないでおこう。

【手順4】解答作成・見直し（～80分）

第2問（設問2）の（a）はいざ書いてみると60字に収まらず、表現の試行錯誤を何度か重ねる。それ以外の設問はそれほど迷うことなくマス目を埋められたので、余裕をもって試験終了を迎える。

3．終了時の手ごたえ・感想

第3問がよくわからなかった。1問くらいはそんな問題もあるやろうし、他の人もできていないと思って気にしないことにする。リスク回避のため、複数設問で同じキーワードを重複させて書いてしまったけどよしとしよう。とりあえずハッタリでも構わないから「できたつもり」の気分を最後まで保つことが大切。

模試の活用法
　解説と、赤ペンでの指摘内容を理解する。

合格者再現答案＊（かもとも 編） ―― 事例Ⅲ

第1問（配点20点）
（a）強み　　　　　　40字

強	み	は	①	溶	接[3]	・	研	磨	技	術[3]	の	高	さ	②	設	計	か	ら	据
付	ま	で[3]	の	一	貫	生	産	体	制[3]	③	熟	練	技	術	者	の	存	在[1]	。

（b）弱み　　　　　　40字

弱	み	は	①	納	期	遅	延[6]	の	発	生	②	営	業	部	門	の	業	務	内
容	過	多	③	チ	ー	ム	の	技	術	力	の	差[4]	④	狭	隘	な	工	場[1]	。

【メモ・浮かんだキーワード】　迷ったら他の設問と重複させてリスク分散。
【当日の感触等】　弱みに関する記述多すぎじゃないか？
【ふぞろい流採点結果】　（a）10/10点　　（b）10/10点

第2問（配点40点）
（設問1）
（a）問題点　　　　　　60字

問	題	は	①	仕	様	・	図	面	変	更	に	よ	る[4]	顧	客	と	の	や	り
取	り	多	発[3]	②	モ	ニ	ュ	メ	ン	ト	製	品	の	図	面	承	認	後	の
打	合	せ	発	生	③	2	次	元	Ｃ	Ａ	Ｄ	の	使	用	、	で	あ	る	。

（b）対応策　　　　　　60字

対	応	策	は	①	フ	ロ	ン	ト	ロ	ー	デ	ィ	ン	グ	に	よ	る	手	戻
り	抑	制[2]	②	3	次	元[1]	Ｃ	Ａ	Ｄ	導	入[3]	に	よ	る	設	計	業	務	の
短	縮	・	品	質	向	上	、	で	あ	る	。								

【メモ・浮かんだキーワード】　フロントローディング、手戻り防止、3次元CAD
【当日の感触等】　フロントローディングは冒険やったかな。その他の要素は、大きく外していないはず。
【ふぞろい流採点結果】　（a）8/10点　　（b）6/10点

（設問2）
（a）問題点　　　　　　60字

問	題	は	①	工	場	が	狭	く	モ	ノ	の	移	動	に	関	連	す	る	作
業	が	多	い[3]	②	打	合	せ	が	多	く	稼	働	時	間	を	確	保	で	き
な	い	③	技	術	力	の	差	に	よ	る	対	応	可	能	作	業	の	偏	り[5]

模試の活用法
　模試は絶望を味わうためのもの。結果が悪ければ悪いほどよい!!

（b）対応策　　　　60字

対	応	策	は	①	Ｓ	Ｌ	Ｐ[3]	・	５	Ｓ[1]	の	実	施	②	営	業	部	と	連
携	し	た	全	社	的	な	視	点	で	の	生	産	計	画	策	定	③	マ	ニ
ュ	ア	ル	化	に	よ	る	熟	練	技	術	者	の	ノ	ウ	ハ	ウ	共	有[2]	。

【メモ・浮かんだキーワード】　SLP、５S、マニュアル化、情報共有
【当日の感触等】　特に問題ないはず。（a）と対応させて連番も振って、きれいにまとめられた。
【ふぞろい流採点結果】　（a）8/10点　　（b）5/10点

第3問（配点20点）　　120字

①	営	業	部	と	製	造	部	が	連	携	し	て	策	定	し	た	全	社	的
な	生	産	計	画[4]	や	、	営	業	部	の	受	注	、	納	期	、	仕	様	、
設	計	図	、	製	作	図	、	施	工	図	、	製	造	部	の	進	捗	状	況
や	余	力[1]	を	リ	ア	ル	タ	イ	ム	で	共	有[5]	で	き	る	よ	う	に	す
る	②	業	務	内	容	を	Ｄ	Ｂ	化	し	工	程	順	序	や	工	数	見	積
を	標	準	化[4]	す	る	。	こ	れ	に	よ	り	生	産	性	を	向	上[1]	す	る	。

【メモ・浮かんだキーワード】　リアルタイムでの情報共有、生産性向上
【当日の感触等】　標準化はこの設問に書く内容やったんかな？　あまり自信がない。
【ふぞろい流採点結果】　15/20点

第4問（配点20点）　　120字

①	３	次	元	Ｃ	Ａ	Ｄ	の	導	入	・	ノ	ウ	ハ	ウ	蓄	積	で	モ	ニ
ュ	メ	ン	ト	製	品	の	立	体	的	で	複	雑	な	曲	線	形	状	の	製
作	に	対	応	す	る	②	営	業	部	を	営	業	部	門	と	設	計	部	門
に	分	け	、	そ	れ	ぞ	れ	の	専	門	性	を	高	め	る[5]	。	こ	れ	に
よ	り	都	市	型	建	築	需	要	に	対	応	し	て	受	注	量	の	変	動
を	解	消	し	、	高	付	加	価	値	製	品	の	売	上	拡	大	を	図	る[4]	。

【メモ・浮かんだキーワード】　３次元CAD、営業部門の過負荷是正、受注量の変動解消
【当日の感触等】　７ｍ以上のモニュメントへの対応は切り捨てたけど、その是非やいかに。
【ふぞろい流採点結果】　9/20点

【ふぞろい評価】　71/100点　　【実際の得点】　72/100点

　どの設問でも因果を意識しながら多面的にキーワードを盛り込んで記載できており、高得点につながっています。第４問で、より顧客ニーズに沿った施策を記載できていれば、さらに得点が獲得できていたと思われます。

この資格を目指して変わったこと
　人生の目標ができたこと。今勤めている会社での目標ができたこと。

イノシ 編（勉強方法と解答プロセス：p.148）

1．昼休みの行動と取り組み方針
　事例Ⅰ、事例Ⅱはなんともいえない手ごたえだったが、大ポカはしていないので良しとしよう。残るは得意の事例Ⅲと『イケカコ』で自信をつけた事例Ⅳなので、気合を入れていこう！　朝コンビニで買ってきたサンドウィッチを教室で食べ、食べ終わった後は、リフレッシュのため隣の創生スクエアのおしゃれなベンチに座ってボーっとする。トイレを済ませ、試験開始20分前には教室に戻る。さあ！　問題点を探しまくるぞ！

2．80分間のドキュメント
【手順0】開始前（～0分）
　事例Ⅲ脳にするために、過去問のキーワードを眺める。事例Ⅲは、明らかな問題点を与件文から素直に拾ってきて、定型的な解決策を解答するだけ。落ち着いていつもどおりを意識して取り組もう。

【手順1】準備（～2分）
　先の事例同様、受験番号を解答用紙に記入する。次に問題用紙のホチキスを外し、問題用紙を破る。もはや遅さは気にならなくなってきた。ここでの作業が遅くても、事例Ⅰ・事例Ⅱは時間どおり解けたことが自信になっていた。

【手順2】設問解釈（～7分）
第1問　強みだけでなく弱みもか。40字制限だし、キーワードの羅列で対応。
第2問　定番問題だけど、問題点と対応策が分かれているのか。（設問1）は営業部、（設問2）は製造部からそれぞれ書くようだが、与件文を見てみないとわからないな。
第3問　これも定番の社内のIT化。IT化に必要な情報をどのように整理するかがポイントになるのかな？　与件文を見て考えよう。
第4問　いつもどおり、最後は戦略問題か。ダナドコをベースに、第1問の強みを生かして、高品質な製品を短納期で、効率的に提供することで付加価値を高める流れだろう。

【手順3】与件文と設問の紐づけ（～20分）
2段落目　工場建屋の制約から設置高さ7m以内の制限は弱みとして第1問に紐づけ。
　基本的には、個別受注製品を取り扱っているのか。
3段落目　来ました！　事例Ⅲのあるあるキーワードである、表面品質にこだわり、溶接技術や研磨技術を高める努力、設計から製作、据付工事までを受注する企業。第1問に紐づけ。
5段落目　モニュメント製品について、「製作依頼が増加」、「付加価値が高い」、「受注増加を狙っている」は、第4問に紐づけ。特に「受注増加を狙っている」は社長の思いだ。「受注量の変動が大きい」は弱みだから第1問と紐づけ。

この資格を目指して変わったこと
　ニュースや新聞で見る企業の動きに敏感になり、その背景に考えを巡らせるようになった。

7段落目　問題点が目白押しで、めちゃめちゃテンションが上がるなぁ。今回の事例Ⅲ、楽しすぎる。この段落はすべてマーキングし、第2問（設問1）と紐づけ。
8段落目　営業が施工管理までしてるのか。スーパーマンだな、この会社の営業は。これも第2問（設問1）と紐づけ。
9、10段落目　問題点とその問題点を原因とする結果が書かれている。第2問（設問1）、（設問2）と紐づけ。
11～13段落目　製造部側も問題点が目白押しで、楽しさに拍車がかかる。ほとんどマーキングして第2問（設問2）と紐づけ。
14段落目　ここはほとんど弱みなので、第1問と紐づけ。
15段落目　まだ問題点出てくるのか。もうおなかいっぱいだよ。

【手順4】解答骨子作成（～30分）・解答作成（～65分）

第1問　強みは直近年度の過去問と同じような内容になるが、そのまま書いてしまおう。技術力の高さと一貫生産体制は定番だな。弱みは5、14段落目の内容を書こう。

第2問（設問1）　問題点は与件文からそのまま引っ張ってくるだけ。対応策は、過去問でよく見た、営業は専任、標準化、定例会によるフォローで解決。

第2問（設問2）　問題点は与件文から持ってくるだけ。対応策も過去問でよく見た、生産計画の日次化、作業標準化、OJT、生産統制で解決。

第3問　営業部、製造部それぞれの問題点のうち、IT化で解決できそうなものをピックアップして解決していこう。重複しているところがあるかもしれないが、リスクヘッジと割り切ることにする。2次元CADとわざわざ書いているので3D-CADを活用しよう。立体造形物にはぴったりな気がするし。あとは定番のDB化での情報共有で案件フォローして納期遅延根絶といった感じかな。

第4問　「誰」はデザイナー、「何」はモニュメント製品、「どのように」は第1問の強み＋納期遅延対策で得たノウハウとしよう。効果は、これも定番の高品質・短納期・高効率を実現して、付加価値の高い製品を提供でOKかな。字数が余ったので、売上向上も入れておこう。

【手順5】見直し（～80分）

　想像以上に時間が余ったので誤字脱字を見直し。見直しが終わった後に、与件文を眺めていたら、15段落目の問題点を第2問（設問2）でピックアップしていないことに気づく。なんとか文字数を調整し、問題点に「移動関連作業が多い」、対応策に「SLPによる配置検討」をねじ込むことに成功。時間ギリギリだった……。

3．終了時の手ごたえ・感想

　これはかなりの高得点を期待できるのではないか？　事例Ⅰと事例Ⅱの微妙な点数をひっくり返せたかも！　このまま事例Ⅳも突っ走って合格目指せるかも！　とはいえ油断禁物なので、いったんこの事例は忘れて、事例Ⅳに頭を切り替えよう。

この資格を目指して変わったこと
　独立開業に興味を持ち始めた。

合格者再現答案＊（イノシ 編） ──── 事例Ⅲ

第1問（配点20点）
（a）強み　　　　　40字

| 製 | 品 | の | 表 | 面 | 品 | 質[1] | に | こ | だ | わ | り | 、 | 溶 | 接[3] | ・ | 研 | 磨 | 技 | 術[3] |
| 高 | い | 、 | 設 | 計 | ～ | 据 | 付 | ま | で[3] | 一 | 貫 | 生 | 産 | 体 | 制[3] | | | | |

（b）弱み　　　　　40字

| モ | ニ | ュ | メ | ン | ト | 製 | 品 | の | 受 | 注 | 変 | 動 | 量 | 大 | き | い[2] | 、 | 工 | 場 |
| は | ス | ペ | ー | ス | 狭 | く[1] | 無 | 駄 | な | 作 | 業 | 、 | 受 | 注 | 品 | に | 制 | 限 | 有 |

【メモ・浮かんだキーワード】　こだわり、高い技術力、一貫生産体制、強みは第4問で使う、スペース狭く無駄な作業が発生、受注品に制限がある。

【当日の感触等】　強みに関しては、3年連続くらいで同じようなキーワードが出てきているが、それでいいのだろうか？　でもほかに思いつかないからこれでいこう。全体で8割は固いだろう。

【ふぞろい流採点結果】　（a）10/10点　　（b）3/10点

第2問（配点40点）
（設問1）
（a）問題点　　　　60字

①	営	業	が	設	計	や	施	工	管	理	ま	で	担	当[1]	②	仕	様	変	更
多	く[4]	顧	客	と	の	や	り	取	り	や	打	合	せ	多	い[3]	③	案	件	の
情	報	共	有	で	き	て	お	ら	ず	製	作	指	示	が	遅	れ	て	い	る

（b）対応策　　　　60字

①	設	計	・	施	工	管	理	の	各	々	の	専	門	部	署	を	設	置[2]	②
仕	様	標	準	化	を	進	め	仕	様	変	更	を	削	減[2]	③	定	例	会	等
で	遅	延	し	そ	う	な	案	件	フ	ォ	ロ	ー	し	遅	延	を	減	ら	す

【メモ・浮かんだキーワード】　営業・設計・施工管理は専門部署を設置、仕様標準化、定例会の開催

【当日の感触等】　問題点は与件文のとおり、対応策も定番の内容で書けているし、7割は取れていると思う。

【ふぞろい流採点結果】　（a）8/10点　　（b）4/10点

（設問2）
（a）問題点　　　　60字

①	生	産	計	画	が	月	次[1]	②	チ	ー	ム	ご	と	の	技	術	力	に	差
が	あ	る[5]	③	工	程	順	序	の	標	準	化	さ	れ	ず[3]	④	移	動	関	連
の	作	業	多	く[3]	納	期	遅	延	が	発	生	し	て	い	る	。			

この資格を目指して変わったこと
落ち込むことがなくなった。物事を客観視して、未来志向が強くなれたと思う。

（ｂ）対応策　　　60字

①	生	産	計	画	を	日	次	と	す	る[2]	②	作	業	標	準	化[2]	や	OJT[3]
で	技	術	力	向	上	・	均	一	化	③	SLP	で	配	置	検	討[3]	④	生
産	統	制	で	生	産	計	画	超	過	に	よ	る	納	期	遅	延	を	防	ぐ

【メモ・浮かんだキーワード】　生産計画を日次、作業標準化、OJT、SLP、生産統制

【当日の感触等】　これも問題点は与件文のとおり、対応策も定番の内容。（設問１）より自信があるので８割は取れたかな？

【ふぞろい流採点結果】　（ａ）10/10点　　（ｂ）10/10点

第３問（配点20点）　120字

①	3D	CAD	導	入	し	仕	様	変	更	を	削	減	②	3D	プ	リ	ン	タ
導	入	し	最	終	検	査	後	の	手	直	し	削	減	③	受	注	情	報	を
DB	化	す	る	事	で	情	報	共	有[5]	を	行	い	遅	延	が	発	生	し	そ
う	な	案	件	フ	ォ	ロ	ー	を	行	う	事	で	、	納	期	遅	延	の	根
絶	を	目	指	す	。														

【メモ・浮かんだキーワード】　３Ｄ-CAD、３Ｄプリンタ、DB化

【当日の感触等】　３Ｄ-CADはまだしも、３Ｄプリンタって１次試験で出てきたかな？　飛躍しすぎたかも。定番のDB化で情報共有は書けているから６割は取れたはず。

【ふぞろい流採点結果】　5/20点

第４問（配点20点）　120字

戦	略	は	デ	ザ	イ	ナ	ー	を	標	的	と	し	、	強	み	で	あ	る	①
表	面	品	質	の	こ	だ	わ	り	②	研	磨	技	術	の	高	さ[5]	③	一	貫
生	産	体	制[3]	④	納	期	遅	延	対	策	で	得	た	ノ	ウ	ハ	ウ	を	生
か	し	、	高	品	質	な	製	品	を	短	納	期[4]	で	効	率	的[3]	に	生	産
す	る	事	で	付	加	価	値	を	高	め[4]	売	上	向	上	を	目	指	す[4]	。

【メモ・浮かんだキーワード】　技術の高さ、一貫生産体制、高品質・短納期・高効率、高付加価値

【当日の感触等】　ターゲットを確定して、強みを生かして、高付加価値な製品を提供するといった定番の流れで書けているので、８割くらいは取れたかな。

【ふぞろい流採点結果】　20/20点

【ふぞろい評価】70/100点　　【実際の得点】63/100点

　第３問では「生産統制の実施」や「工数管理・工程管理の標準化」などの論点や効果への言及が不十分で、点数が伸びませんでした。第２問の（設問２）や第４問では、与件文や設問文に沿った多面的な解答が書けており、トータルで合格水準の点数が取れています。

この資格を目指して変わったこと

勤務する会社の動きに対するアンテナが敏感に。

みっこ 編（勉強方法と解答プロセス：p.150）

1．昼休みの行動と取り組み方針
　事例Ⅰ、Ⅱとも大コケはしていないが、周りの出来に左右される相対的評価の試験だ。何が起こるかわからないので、得意な事例Ⅲで得点を稼ぎたい。お昼ご飯の残りを食べ、音楽を聴き、ファイナルペーパーを手に、太陽に当たりに散歩に行った。とにかく今できることは体力回復と気分転換しかない！　今私が持っている全てを出し切れば合格点には達するはず。特別なことは何もいらない。

2．80分間のドキュメント
【手順0】開始前（～0分）
　最近の傾向の、「与件文に根拠が明確じゃないパターン」だと苦しいが……とドキドキしながらも、頭のなかを事例Ⅲ脳にする。QCD向上のため、生産管理の徹底、作業改善をする。また強み・機会を活かして、受注拡大を図る、と呟きながら心を落ち着かせる。

【手順1】準備（～1分）
　受験番号を書き、ホチキスを外す。解答字数は560字とほぼ例年どおり、与件文2ページ半以上。図表もなしで、これは多い！　いつもどおりのタイムマネジメントではうまくいかない可能性があるため、余白に解答作成開始時刻のリミットの「14：45」と大きく書いた。

【手順2】設問解釈（～7分）
第1問　制約は特になし。切り口は「営業面」や「生産面」で、強みは第4問と、弱みはその他問題とそれぞれ整合性を取ろう。
第2問　問題点と対応策をしっかりと対比させなきゃな。製造部門と営業部門の切り分けに注意や。2つの設問はまとめて考えよう。製造部門と営業部門の間の工程で問題発生しているなら製造部門に入れよう。
第3問　「活用について」ってえらいざっくりな気がする。切り口を「整備段階」、「活用方法」、「IT化の具体的内容」にして与件文の情報を整理しよう。
第4問　助言だから強みを活かす。そして、外部環境変化へ対応するためにさらにスキルを強化という考え方だろう。切り口は「営業面」と「生産面」。

【手順3】与件文読解と設問の紐づけ（～20分）
2段落目　装飾性、デザイン性が差別化要件か。第1問、第4問と紐づけよう。7m以内ってわざわざ書くということはあとで何かあるかも？　印をしておこう。
3段落目　強みがたくさん書いてある。第1問、第4問だな。
4、5段落目　モニュメント製品の受注量の変動が大きいのはC社の問題点なのかな？受注増加を狙っているのは社長の思いだから下線を引こう。

ストレート受験生あるある
「開眼」って何？（わからぬまま試験当日に突入）

|7～10段落目| 「顧客とのやりとりが多い」、「2次元CAD」など事例Ⅲあるあるキーワードだ。印つけとこう！ どうも納期遅延解消の直接的な課題は「製作期間の確保」と「高度な加工技術が必要な受注に対応」かも。これらを候補に第2問を検討しよう。

|11段落目| 「技術力に差」は事例Ⅲでは過去問でも絶対に放置禁止だ。現状の納期遅延が今後の戦略課題になりそうだ。第1問、第2問、第4問と紐づけておこう。

|12段落目| 「製作図の理解力」は強み候補だ。「修整や手直しが生じる」に対する原因は第2問、対応策は第2、3問と紐づく可能性があるから切り分けに注意だな。

|13～15段落目| まだまだC社の問題が出てくる。標準化されていない、生産計画が納期順、狭い、不稼働、これらも事例Ⅲあるあるキーワードだ。これらを第2問と第3問で整理しないといけないな。スッキリと切り分けられるだろうか？

【手順4】解答骨子検討（～55分）

|第1問| 第4問との整合性を取る必要があるので、キーワードを挙げるだけ挙げて、最後に解答作成しよう。挙げた要素を40字にまとめるには言葉の羅列にするしかない。

|第2問| 営業部門での問題点は「製作期間が十分に確保できない」のだから、3次元CADを第3問でも使うのか迷うが、スッキリと問題点と対応策が書ける。しかし製造部門での問題点は「技術力に差がある」、「標準化していない」、「不稼働が多い」、「スペースが狭い」か。140字～160字なら2つほど書けるが、120字では1つになりそうだな。難しい……。先に他の問題をやろう。

|第3問| IT化は知識だ。「全社的にリアルタイムで共有や管理」で、打ち合わせなどの不稼働を抑制できるだろう。「標準化」も生産計画のデータ化には必要だったよな（自信がないから知識も曖昧になる）。リスク軽減のため第3問と第2問の両方に入れてみよう。

|第4問| 受注拡大するには技術格差をなくすことだな。受注量を安定させるために営業体制確立・営業力強化だろう。事例Ⅲで投資するのはご法度といわれるが、字数もあるし、スペース拡大入れちゃおう！

|第2問| 第2問になんとか時間を残せた。第3問、第4問と解答骨子を決めることで、なんとなく絞れてきた。もう一度落ち着いて整理しよう。製造部門では生産計画・統制面も問題になりやすい。生産計画の立て方はどうだろう？ はっ！ 納期順だから納期遅延を起こしてるのか！

【手順5】解答作成（～78分）・見直し（～80分）

誤字・脱字の確認。読み直すとわかりにくい文章になっている……大丈夫かな。

3．終了時の手ごたえ・感想

第2問（設問2）の情報を整理するなかで、解答方針が定まらず焦った。あとでよく考えると、そもそもの納期遅延解消という大きな課題がすっ飛んでおり、製造部門の問題点に焦点が合ってしまっていたことで起きてしまったと思う。そのようななか、思い切って次の問題に移ったことでリスク回避できたのかもしれない。

ストレート受験生あるある
1次も2次も受かると思ってなかった。

合格者再現答案＊（みっこ 編）　事例Ⅲ

第1問（配点20点）
（a）強み　　40字

| 一 | 貫 | 生 | 産 | 体 | 制³ | で | 高 | い | 溶 | 接³ | や | 研 | 磨 | 技 | 術³ | 力 | 、 | デ | ザ |
| イ | ン | 力 | 、 | 製 | 作 | 図 | の | 理 | 解 | 力 | 等 | で | 高 | 付 | 加 | 価 | 値 | 化 | 。 |

（b）弱み　　40字

| 製 | 作 | 期 | 間 | の | 確 | 保 | が | 十 | 分 | で | な | く | 、 | 納 | 期 | 遅 | 延⁶ | が | 発 |
| 生 | し | 、 | チ | ー | ム | 間 | で | の | 技 | 術 | 力 | に | 差 | が | あ | る⁴ | 事 | 。 | |

【メモ・浮かんだキーワード】（a）第4問と関連、（b）第4問以外と関連するだろう。
【当日の感触等】言葉の羅列になったけど伝わるかしら？
【ふぞろい流採点結果】（a）9/10点　（b）10/10点

第2問（配点40点）
（設問1）
（a）問題点　　60字

仕	様	や	図	面	変	更⁴	、	イ	メ	ー	ジ	の	摺	合	せ	等	顧	客	と
の	や	り	取	り	が	多	く³	、	製	作	前	プ	ロ	セ	ス	に	時	間	を
要	し³	、	製	作	期	間	を	十	分	に	確	保	で	き	て	い	な	い²	。

（b）対応策　　60字

3	次	元	CA	D	を	導	入³	し	て	、	顧	客	と	イ	メ	ー	ジ	共	有
を	容	易	に	す	る¹	事	で	変	更²	や	や	り	取	り	を	抑	制⁴	し	、
製	作	期	間	を	十	分	に	確	保	す	る	。							

【メモ・浮かんだキーワード】仕様確定、技術営業
【当日の感触等】3D-CADが第3問でなくてよいかと迷ったけど、ほかに候補がないから大丈夫！
【ふぞろい流採点結果】（a）8/10点　（b）10/10点

（設問2）
（a）問題点　　60字

複	雑	な	形	状	や	高	度	な	加	工	技	術	が	必	要	な	受	注	内
容	に	よ	り	、	製	作	期	間	が	生	産	計	画	を	オ	ー	バ	ー¹	し
て	納	期	遅	延	が	生	じ	て	い	る	。								

ストレート受験生あるある
ほかの合格者の話を聞くとなぜ自分が受かったのかわからなくなる。

（b）対応策　　　60字

生	産	計	画	作	成	基	準	を	納	期	順	に	加	え	て	、	技	術	難
度	も	考	慮	し	、	**週**	**次**	**で**	**計**	**画**	**修**	**正**	**日**	**を**	**設**	**定**	**す**	**る**²	事
で	納	期	遅	延	を	解	消	す	る	。									

【メモ・浮かんだキーワード】　生産計画・統制、標準化

【当日の感触等】　最後の最後でまさかのひらめきでの解答……。白紙じゃないから、少しは点数が入ることを祈ろう。不安だ……。

【ふぞろい流採点結果】　（a）1/10点　　（b）2/10点

第3問（配点20点）　　　120字

工	程	順	序	や	工	数	見	積	の	**標**	**準**	**化**⁴	を	行	い	、	生	産	計
画	を	デ	ー	タ	化	す	る	。	設	計	図	も	デ	ー	タ	ベ	ー	ス	化
を	図	る	。	全	社	で	**受**	**注**	**内**	**容**	**や**	**進**	**捗**	**等**	**一**	**括**	**管**	**理**	を
行	い	、	**情**	**報**	**共**	**有**⁵	で	き	る	シ	ス	テ	ム	を	構	築	す	る	。
以	上	よ	り	作	業	者	間	、	製	造	部	と	営	業	部	の	**打**	**合**	**せ**
を	**抑**	**制**¹	し	て	納	期	遅	延	を	解	消	す	る	。					

【メモ・浮かんだキーワード】　データベース化、全社一元管理、共有

【当日の感触等】　大きな問題点が納期遅延1つだから、どうしても第2問とスッキリ分けられない感があり、モヤモヤするな。

【ふぞろい流採点結果】　10/20点

第4問（配点20点）　　　120字

各	作	業	チ	ー	ム	の	技	術	力	の	差	を	**解**	**消**²	し	、	加	工	技
術	力	を	向	上	さ	せ	て	複	雑	な	形	状	を	多	数	対	応	で	き
る	様	に	す	る	。	近	年	の	加	工	物	大	型	化	に	伴	い	7	m
以	上	の	製	品	を	製	作	で	き	る	様	に	**工**	**場**	**の**	**ス**	**ペ**	**ー**	**ス**
拡	**大**	**を**	**図**	**る**²	。	モ	ニ	ュ	メ	ン	ト	製	品	へ	の	営	業	力	強
化⁵	、	体	制	確	立	し	、	**受**	**注**	**拡**	**大**	**を**	**図**	**る**⁴	。				

【メモ・浮かんだキーワード】　強み・機会を生かす、外部環境変化に対応

【当日の感触等】　どの問題よりもスッキリ解答できた気がするな。ご法度の投資をしてしまったが、大枠は外していないはず。

【ふぞろい流採点結果】　13/20点

【ふぞろい評価】　63/100点　　　【実際の得点】　59/100点

　第2問（設問2）では多くの受験生が解答しているキーワードを盛り込むことができていませんが、ほかの設問は多面的かつ因果が明確な解答であり、トータルでは合格水準の解答となっています。

ストレート受験生あるある

試験本番、初めて4事例ぶっとおしで解いた。

しーだ 編（勉強方法と解答プロセス：p.152）

1．昼休みの行動と取り組み方針

事例Ⅱの終了1分前にミスを発見して慌てて修正したため、そのときの動揺がまだ収まらない。ファイナルペーパーを読むことよりも、気持ちを落ち着けることを優先。音楽を聴きながら、おにぎりを1個食べた。少し経ち気持ちが落ち着いたので、ファイナルペーパーを眺めた。事例Ⅲは過去3回、A評価をもらっている。落ち着いていこう。

2．80分間のドキュメント

【手順0】開始前（～0分）

頭を切り替え、事例Ⅲモードにするため、「QCDの最適化」と「なぜなぜ分析で本質的な原因をつかむこと」を自分に言い聞かせた。

【手順1】準備（～1分）

事例Ⅲは時間がかかるので解答用紙に受験番号を書き、すぐに与件文の確認を始めた。

【手順2】与件文第1段落、第2段落、設問解釈（～10分）

与件文　受注生産と見込生産では、生産方式や課題などすべてが違うため、「ビル建築用金属製品」と「モニュメント製品」のどちらも受注生産ということを頭に叩き込む。

第1問　強みと弱みか。生産・営業・設計など、多面的に検討しよう。

第2問（設問1）　納期遅延の営業部門に関する問題点と対応策か（この時点では、設計技術者が営業部に所属していることを知らない）。

第2問（設問2）　納期遅延の製造部門に関する問題点と対応策か。

第3問　また納期遅延か。第2問でも「対応策」があったが、そこではITを活用した解答はしないほうがよいかもしれないな。

第4問　「モニュメント製品事業の充実、拡大」か。戦略寄りの設問だな。与件文を読むときには、モニュメント製品事業の内容に注意して対応しよう。

【手順3】与件文読解、与件文と設問の紐づけ、解答骨子メモ作成（～43分）

3段落目　時制は過去だが「溶接技術や研磨技術」と一貫受注体制は強みになりそうだ。

4、5段落目　モニュメント製品には機会がありそうだ。しかし、全売上高の40％を占めているにもかかわらず、受注変動が大きいのは、あまりよくないな。なぜだろう。

7～9段落目　営業部には設計がいるのか。「営業部」の記載が、営業・設計のどちらを指すかは気をつけないと。「仕様変更や図面変更」の記載がある。工数がかかりそうだな。2次元CADを使いこなしている感はあるが、3次元じゃなくても大丈夫なの？　据付工事は外注か。外注管理は問題ないかな？　7段落目から9段落目をまとめると、製作前プロセスに時間を要して製作期間が確保できず、納期遅延になっているようだ。第2問（設問1）はここを深掘りして解答しよう。

10段落目　「製作プロセスを含む業務プロセス全体の見直し」の「対策の支援システム」

ストレート受験生あるある

一体自分が問題を解けているのかいないのかわからない。

としてのIT化か。製作プロセスだから、営業と製造どちらも含むな。第3問かな。
11、12段落目 「技術力に差」か。平準化しなければ、受注内容によっては高度な技術を持つチームに作業が偏り、ボトルネックになる可能性があるな。ん？ 第9段落に「複雑な形状など（中略）製作期間が生産計画をオーバーする」という記述があったな。この記述は、営業部の話の流れだったので、営業部の話（基準日程が未整備で実際の製作期間より短い納期を顧客に提示している可能性がある）だと思っていた。第9段落の話は製造部の話（技術力の差によるボトルネックの発生）だったか。与件文と設問の紐づけを見直そう。混乱してきた……。
13段落目 生産計画は、納期順にスケジューリングされている点は問題なさそうだ。基準となる工程順序や工数見積などの標準化が確立していないことは、どう対応をしよう。
14段落目 工場内の作業場の問題点が記載されている。生産が非効率のため、第2問（設問2）の納期遅延に関係しているのか？ それとも、第4問のモニュメント製品事業の拡大につなげることに関係しているのか？ 判断がつかない……。
15段落目 畳み掛けるように情報がくるな……。想定より書き始めが遅れている。時間がない。ここは、解答を書きながら考えよう。

【手順4】解答作成（～79分）

第1問 弱みに「納期遅延」は確実に入れないと。
第2問（設問1） 最大の問題は「製作指示の遅れ」かな。その原因は、顧客やデザイナーとの摺合わせに時間がかかり過ぎている、というところかな。対策に「3D-CAD」を含めてもよいだろうか？ 第3問と被ってしまうが……。無理に切り分けるより、書いてしまえ！ 「一貫性のある解答」と評価してくれることを願おう（笑）。
第2問（設問2） 「作業者のスキルのバラツキ」は書いたほうがよいと思うが、これ以外に自信を持って書ける内容がない……。苦しいが、とりあえず思いつくものを書くか。
第3問 「3D-CAD」、「生産管理システム」を書こう。でも、こんなに投資できるか？
第4問 製造効率を高めて効率的な生産体制とする生産面と、提案力や体制構築で受注を拡大する営業面の両面から解答したら多面的になるかな。7mよりも大型品の受注も考えるべきかもしれないが、工場は10年前に改築したばかりだし、IT投資もするし、ちょっと厳しいのでは？ まずは、工場への投資よりも、5Sなどの自社内でできることから取り組んだほうがよいかもしれないな。

【手順5】見直し（～80分）

見直しの時間がない。誤字がないかだけは確認しよう。

3．終了時の手ごたえ・感想

いつもより書き始めの時間が遅かったが、なんとか書ききれて本当によかった……。第2問の「対応策」と第3問の「IT活用」の切り分けが難しかった……。事例Ⅲは得意科目だけに、事例Ⅲを落とすと合格は遠退いてしまう。結果が気になる……。

多年度受験生あるある
得意科目と思っていた事例でC評価。苦手科目でA評価。

合格者再現答案＊（しーだ 編） 事例Ⅲ

第1問（配点20点）

（a）強み　　　　　40字

| ス | テ | ン | レ | ス | の | 溶 | 接[3] | ・ | 研 | 磨 | の | 高 | い | 技 | 術 | 力[3] | 。 | 設 | 計 |
| か | ら | 据 | え | 付 | け | ま | で[3] | の | 一 | 括 | 受 | 注 | 体 | 制[3] | 。 | | | | |

（b）弱み　　　　　40字

| 売 | 上 | の | 40 | ％ | を | 占 | め | る | 事 | 業 | の | 受 | 注 | 変 | 動 | が | 大 | き | い[2] | 。 |
| 基 | 準 | 日 | 程 | 等 | が | 未 | 整 | 備 | で | 納 | 期 | 遅 | 延[6] | が | 起 | き | て | い | る | 。 |

【メモ・浮かんだキーワード】　納期遅延
【当日の感触等】　強みはよさそうだが、弱みはどうかな……。
【ふぞろい流採点結果】　（a）10/10点　　（b）8/10点

第2問（配点40点）
（設問1）

（a）問題点　　　　　60字

問	題	点	は	①	顧	客	と	の	す	り	合	わ	せ	に	時	間	が	か	か
る[3]	②	受	注	後	も	打	ち	合	わ	せ	が	多	い[1]	、	に	よ	り	製	造
部	へ	の	製	作	指	示	が	遅	れ	て	い	る	点	で	あ	る	。		

（b）対応策　　　　　60字

対	策	は	①	設	計	が	営	業	と	顧	客	同	行	し	、	打	合	せ	の
場	で	CA	D	デ	ー	タ	を	修	正	す	る	②	3D	CA	D	を	導	入[3]	し	、
顧	客	と	の	す	り	合	わ	せ	を	合	理	化[4]	す	る	、	で	あ	る	。

【メモ・浮かんだキーワード】　すり合わせ、製作指示の遅れ、3D-CAD
【当日の感触等】　第3問でも使う予定の「3D-CAD」を使ってしまった。だいぶ迷ったうえでの決断なので仕方ないが、大丈夫か？　時間をだいぶ使ってしまった……。
【ふぞろい流採点結果】　（a）4/10点　　（b）8/10点

（設問2）

（a）問題点　　　　　60字

問	題	点	は	①	製	作	期	間	が	十	分	に	確	保	で	き	て	い	な
い	②	高	度	な	加	工	技	術	が	必	要	な	製	品	は	作	業	者	の
ス	キ	ル	の	バ	ラ	ツ	キ[5]	に	よ	り	ネ	ッ	ク	工	程	が	生	じ	る	。

多年度受験生あるある
最初は周囲に隠して受験するが、そのうち隠せなくなる。

（b）対応策　　　　60字

対	策	は	①	製	造	と	営	業	が	連	携	し	て	**基**	**準**	**日**	**程**	や	**見**
積	**方**	**法**	を	**見**	**直**	**す**²	②	**OJ**	**T**³	・	**標**	**準**	**化**²	に	よ	り	技	術	の
平	準	化	・	多	能	工	化	で	ネ	ッ	ク	工	程	を	な	く	す	。	

【メモ・浮かんだキーワード】　スキルのバラツキ、平準化
【当日の感触等】　第2問（設問1）同様、苦しい……。多能工化は必要だったか？
【ふぞろい流採点結果】　（a）5/10点　　（b）7/10点

第3問（配点20点）　　120字

IT	化	は	①	3D	CA	D	の	導	入	・	教	育	に	よ	り	、	造	形	イ
メ	ー	ジ	の	打	合	せ	・	変	更	を	ス	ム	ー	ズ	に	し	て	顧	客
と	の	す	り	合	わ	せ	を	改	善	す	る	②	生	産	管	理	シ	ス	テ
ム	を	導	入	し	、	日	次	の	**生**	**産**	**計**	**画**	**立**	**案**	と	**進**	**捗**	**管**	**理**⁴
を	行	い	、	納	期	遅	れ	は	応	援	対	応	す	る	。	事	前	に	工
程	**順**	**序**	や	**工**	**数**	**見**	**積**	**手**	**法**	**の**	**標**	**準**	**化**⁴	を	確	立	す	る	。

【メモ・浮かんだキーワード】　3D-CAD、すり合わせの改善
【当日の感触等】　「3D-CAD」はよいとして、生産管理システムは無理矢理感があるな……。
【ふぞろい流採点結果】　8/20点

第4問（配点20点）　　120字

C	社	は	①	SL	P	で	工	場	レ	イ	ア	ウ	ト	を	見	直	し	、	**大**
型	**製**	**品**	の	**作**	**業**	**ス**	**ペ**	**ー**	**ス**	**の**	**確**	**保**²	や	**作**	**業**	**効**	**率**	**性**	を
高	**め**³	、	付	加	価	値	の	高	い	大	型	品	の	製	造	効	率	を	高
め	る	②	3D	CA	D	を	活	用	し	、	**提**	**案**	**力**	**を**	**強**	**化**⁵	し	て	受
注	**を**	**拡**	**大**⁴	す	る	③	**技**	**術**	**の**	**共**	**有**	**化**³	で	、	高	難	易	度	案
件	の	受	注	体	制	を	構	築	し	、	事	業	拡	大	を	図	る	。	

【メモ・浮かんだキーワード】　SLP、生産面（生産効率化）、営業面（売上拡大）
【当日の感触等】　7ｍより大きな製品の受注を狙うか狙わないかで、解答が割れそうだな。迷った。
【ふぞろい流採点結果】　17/20点

【ふぞろい評価】　67/100点　　【実際の得点】　73/100点

　第1問や第4問では、多面的にキーワードを盛り込んで記載できており、それぞれの設問で高得点につながっています。第3問で、データベース化による共有など、よりITを生かした施策を記載できればさらに点数が伸びたと思われます。

事例Ⅲ

多年度受験生あるある
たまに会う知人に「え、まだやってるの？」と言われる。

80分間のドキュメント　事例Ⅳ

のき 編 (勉強方法と解答プロセス：p.142)

1．休み時間の行動と取り組み方針

　苦手な事例Ⅲが足を引っ張ってしまった気がしたので、得意な事例Ⅳである程度挽回しないといけない。とりあえず他の事例同様、事例Ⅳ用の音楽を流す。ラムネとチョコレートで脳に栄養補給。事例Ⅳだけは得点源にするため他の事例よりも力を入れてやってきたし、自分を信じて最後までやり切るだけ。

2．80分間のドキュメント

【手順0】開始前（～0分）

　事例Ⅳは経営分析、CVPは確実に得点する。NPVは難易度によるので問題文をざっと見たときに判断。記述問題は難しくても何か捻り出してとりあえず書く。それが基本戦略。最初の20分で経営分析を終わらせられるかが第1ステップ。

【手順1】準備（～1分）

　問題用紙を裁断し、計算用紙と問題用紙に分離する。解答用紙を見ると妙に解き方を書く欄が大きい問題が見える。おそらくNPVだろう。結構、分量あるなぁ。

【手順2】問題確認（～5分）

　問題全体にざっと目を通す。第1問はいつもどおり経営分析、第2問はCVPとNPV。第3問はのれんの記述問題。第4問はROIに関する計算問題と記述問題。ROIってなんだっけ？　問題文がやたら長いNPVは後回しにして頭から解いていくか。

【手順3】与件文・財務諸表読解および経営分析（～22分）

　与件文　事業内容把握のためにまずは与件文から。主な事業は戸建住宅事業。「引き渡し後のアフターケアを提供」で顧客満足は得られるけど、費用負担が重い。飲食事業は業績が悪いと。ROIの計算方法が書いてある、ラッキー。具体的な出店計画のない土地を賃貸しているけど、有形固定資産の効率性はどうだろう？　リフォーム事業は伸びてきている。
　財務諸表　まずは損益計算書（以下、P／L）。明らかに販管費が同業他社と比べて異常。アフターケアの費用はここに計上されていると思われる。続いて貸借対照表（以下、B／S）。数字だけを見たところの特徴は、純資産が少ない、借入金が多い、固定資産が多いと。
　第1問　設問要求は優れている点1つと劣っている点2つ。まずはセオリーどおり収益性・効率性・安全性から1つずつ選ぶようにしよう。P／Lで気になった販管費を収益性で採用して、売上高営業利益率を劣った指標にしよう。B／Sを見たときに明らかに安全性には問題がありそうだったので、効率性は優れた指標にしようかな。固定資産が多いから除外して、売上債権か、棚卸資産か。あれ、棚卸資産がない。あ、販売用不動産が棚卸

受験予備校生あるある
　予備校の先生ラブになる。（バレンタインデーにチョコをもらっている先生を目撃）。

資産になるのかな？　戸建住宅事業自体は調子がよいのだから棚卸資産回転率でも説明はつくだろう。安全性は負債比率にするのがよさそうだけど、固定資産が妙に多い点がどうしても引っかかる。なんとかして織り込めないかな？　う〜ん、固定比率は同業他社よりも低いし、大丈夫かな。まぁ、劣っているのは事実だし部分点は入るだろう。

【手順4】第2問（設問1）、第3問、第4問の計算および答案作成（〜65分）

第2問（設問1）（〜32分）
　CVPは公式を使って……。あれ、途中で変動費率が変わるぞ。このタイプは初めて見るぞ。要求は損益分岐点売上高なので、多少強引でも変化前後で利益がゼロになる点を手作業で見つけよう。変化前は赤字。変化後は……、あ、ゼロになった。よかった。

第3問（〜42分）
（設問1）　買収価格のほうが時価より安いのは負ののれん。これはちょうど1年前に簿記2級でやったなぁ。あれ、どこに計上するんだっけか？　のれんは純資産に計上するからB／Sの反対側の資産の部としておくか。ここを間違えても0点にはならないだろう。
（設問2）　助言って難しいな。単純に事業として赤字なのだから収益性とか安全性は落ちるだろうな。あと、買収なら簿外債務くらいかな？　買収をやめるまで書くかどうかは悩ましいけど、助言なのではっきりやめたほうがいいと書いておくか。

第4問（〜65分）
（設問1）　ROIの計算方法は与件文にあったな。それに従って計算すれば、この問題は易しいな。絶対に間違えてはいけないので、この場で検算を3回してしまおう。
（設問2）　利益は営業利益ベースなので減価償却費を考慮しないといけないな。結構面倒くさい。銀行借り入れは考慮に入れなくても大丈夫だよな？　なんでわざわざ書いたんだろう？　一応数値は出したけど、正解している手ごたえはないな……。
（設問3）　知識がないので、考えないと。20字の字数制限って厳しいなぁ。レストランは設備投資をしたからといって収益性が向上するとは限らないと思うんだよね。それをどう表現するかだな。「労働集約的事業」とか？　対策は事業特性を踏まえて評価するとしよう。

【手順5】（〜80分）

第2問（設問2）、（設問3）
（設問2）　15分しかないので、すべて解き終わる気がしない。とりあえずできるところまでやって、部分点狙いだ。①は最初デシジョンツリーかと思ったけど、なんだ普通の期待値計算か。広告費の発生タイミングと期末の時期がズレるのでその点を考慮して計算。一応出した。まぁ、計算は間違っているだろうな。②はもう時間がない。白紙で出そう。
（設問3）　見たところ②はキャッシュインの時期が遅いからNPVは低そう。①に賭ける。

3．終了時の手ごたえ・感想

　例年の過去問と比べると手ごたえがない。NPVはどうせ計算ミスをしているので、50点いくかといった感じか。周りを見渡すとみんな憔悴しきったような感じだし、難しいと感じたのは自分だけじゃなかったはずだ。とりあえず、夜は焼き肉を食べに行こう。

受験予備校生あるある
　模試や演習の結果に一喜一憂。

合格者再現答案＊（のき 編） 事例Ⅳ

第1問（配点25点）
（設問1）

	（a）	（b）		（a）	（b）
①	棚卸資産回転率[2]	3.91（回[2]）	②	売上高営業利益率[2]	2.15（％[2]）
				固定比率	161.84（％）

（設問2） 60字

顧	客	志	向	徹	底[3]	の	戸	建	住	宅	事	業	の	好	調[1]	で	効	率	性
が	高	い[1]	が	、	長	期	間	の	ア	フ	タ	ー	ケ	ア[2]	と	自	己	資	本
を	上	回	る	過	剰	投 資[1]	で	収	益	性[1]	と	安	全	性	が	低	い[1]	。	

【メモ・浮かんだキーワード】 収益性・効率性・安全性、多面的な説明

【当日の感触等】 安全性を固定比率にするのはリスクが高い気がしたが、営業利益率を劣った指標にしたので、固定資産の多さの説明には、これしかなかった。実際劣っているし、部分点狙い。

【ふぞろい流採点結果】 （設問1）8/12点　（設問2）10/13点

第2問（配点30点）
（設問1）

(a)	当期の変動費率は39÷60＝0.65 売上高70百万円での利益は、70－70×0.65－28＝－3.5[6]で70百万円以上の売上が必要。3.5百万円の利益を生むための売上は3.5÷（1－0.6）＝8.75[4]百万円。 よって、70＋8.75＝78.75百万円
(b)	78.75[5]　百万円

（設問2）
(a)

(ⅰ)	①効果が出る場合の各期CFは　X2：△5、X3～X7：△5＋35＝30[1] NPV＝△5[1]＋30×（0.926＋0.857＋0.794＋0.735＋0.681[1]）＝131.04（百万円） ②効果が出ない場合の各期CFは　X2～X4：△10、X5：△5＋28＝23 NPV＝△10＋△10×（0.926＋0.857）＝△4.558 よって131.04×0.7＋△4.558×0.3＝90.41（百万円）
(ⅱ)	90.41　百万円

(b)

(ⅰ)	
(ⅱ)	

| (c) | ①³ |

【メモ・浮かんだキーワード】 CVP分析、NPV、デシジョンツリー、期待値
【当日の感触等】（設問1）は検算したし合っているだろう。最後に慌てて解いた設問2は絶対計算ミスや条件漏れがあるはずなので、得点は期待できないな。(c)はお願いだから当たってくれ。
【ふぞろい流採点結果】（設問1）15/15点　（設問2）(a) 3/6点　(b) 0/6点　(c) 3/3点

第3問（配点20点）
（設問1） 40字

| 純 | 資 | 産 | の | 時 | 価² | と | 買 | 収 | 価 | 格 | の | 差 | 異 | の | 10 | 0 | 百 | 万 | 円² |
| を | 負 | の | の | れ | ん⁴ | と | し | て | 資 | 産 | の | 部 | に | 計 | 上 | す | る | 。 | |

（設問2） 60字

助	言	は	①	E	社	の	低	い	収	益	性⁵	が	D	社	の	収	益	性⁵	と
安	全	性	に	悪	影	響	を	与	え	る⁵	、	②	簿	外	債	務	の	存	在
の⁰	リ	ス	ク	が	あ	る	、	た	め	買	収	は	避	け	る	べ	き	。	

【メモ・浮かんだキーワード】 負ののれん、簿外債務
【当日の感触等】 負ののれんの計上先は自信がないけど、部分点は入るはず。助言はここまで明言してよかったかは悩ましいけど、字数も余ったしまぁいいか。
【ふぞろい流採点結果】（設問1）8/8点　（設問2）10/12点

第4問（配点25点）
（設問1）

| (a) | 4.31⁶ | % |
| (b) | 2.55⁶ | % |

（設問2）

| | 1.74 | % |

（設問3）
(a) 20字

| 労 | 働 | 集 | 約 | 的 | 事 | 業 | が | 正 | し | く | 評 | 価 | で | き | な | い⁴ | 。 | | |

(b) 20字

| 事 | 業 | 特 | 性 | を | 考 | 慮 | し | た | 評 | 価 | 指 | 標 | を | 別 | 途 | 設 | け | る³ | 。 |

【メモ・浮かんだキーワード】 事業特性、設備事業でない事業、労働集約的事業
【当日の感触等】（設問1）は絶対に間違えられない問題、（設問2、3）は正解かどうか全く自信がない。
【ふぞろい流採点結果】（設問1）12/12点　（設問2）0/5点　（設問3）7/8点

【ふぞろい評価】 76/100点　【実際の得点】 55/100点
　大きく失点することがなく、全体を通して満遍なく得点しています。特に第3問と第4問の記述問題で高得点を獲得したことで、ふぞろい流採点では合格ラインを大きく上回っています。簿記2級の学習や現場対応力が功を奏したといえるでしょう。

『ふぞろい』を読んで衝撃を受けたこと
2次試験の奥深さ。

Nana 編（勉強方法と解答プロセス：p.144）

1．休み時間の行動と取り組み方針

　ついに来た鬼門の事例Ⅳ。2次試験対策の50％は事例Ⅳに費やしたといっても過言ではない。それでも苦手意識は抜けなかった。目標は、難しい問題が来てもパニックにならないことと、全部の問題を時間内に解こうとしないことだ。糖分補給にダークチョコレートを食べてリラックス。ファイナルペーパーに書いた式をひととおり読み返す。

　お気に入りの大きい電卓を持ってきた。皆さんどういう電卓を使っているか気になりチラっと見てみる。大きい電卓使っている人多いのね。しかし机が小さすぎて、どこに配置したらいいのだろう。

2．80分間のドキュメント

【手順0】開始前（～0分）
　鉛筆を削りつつ、使うであろう計算式を思い出す。緊張で手が震える。

【手順1】準備（～1分）
　問題用紙のホチキスを外し、ページを破って分離。メモ欄を準備。第1問の上に「収益性」、「安全性」、「効率性」と書く。

【手順2】設問確認＆与件文読解（～10分）
　問題を軽く確認して解く順番を決める。第1問は典型的な経営分析だ。優先度「高」にする。第2問（設問1）は損益分岐点売上高、優先度「高」。第2問（設問2）は一番苦手な投資の意思決定、迷わず優先度「低」にする。第3問（設問1）（設問2）は知識問題か、計算よりは気が楽なので先にやろう、優先度「高」。第4問（設問1）は難しい計算じゃなさそう、優先度「高」。第4問（設問2）は問題文自体は短いけどややこしい予感、優先度「中」。第4問（設問3）の文章問題は時間がかからなさそうだから、優先度「高」。解答順は難易度も踏まえて第1問→第2問（設問1）→第3問（設問1）→第3問（設問2）→第4問（設問1）→第4問（設問3）→第4問（設問2）→第2問（設問2）としよう。

　与件文は強みと機会を青色鉛筆、弱みと脅威を赤色鉛筆で塗る程度に抑える。戸建住宅事業と飲食事業を営むって面白い組み合わせだな、と思う。

【手順3】経営分析（～25分）
第1問　収益性、安全性、効率性の3つの観点で答える。使う指標は『事例Ⅳ（財務・会計）の全知識＆全ノウハウ』で挙げられていた主要11指標のみで進める。収益性は売上高総利益率でいこう。評判が高く販売実績も多いってあるし、収益性は良い。安全性は自己資本比率でいこう。負債比率は計算式がちょっと怪しいのでやめとく。効率性は有形固定資産回転率でいこう。うーん、顧客対応の費用負担が重いところを使いたかったけど、

『ふぞろい』を読んで衝撃を受けたこと ─────
　提供されている再現答案の数。びっくりした（今年も多数のご提供ありがとうございます）。

うまく経営分析で表せない。あまり時間もかけられないので少し点数が入るのを期待して次に行こう。

【手順４】第２問以降の計算および答案作成（〜80分）

第２問
（設問１）「その場合の損益分岐点売上高を求めよ」の「その場合」ってどの場合!?　変動費率60％の使い方がわからない。公式を書いて部分点を狙おう。

第３問
（設問１）　のれん、の反対って何だっけ!?　逆ののれん？　のれんばっかり気にしてた。
（設問２）　他の評価方法も使ったほうがよいと思うけど、言葉が出てこない。部分点狙いで何か書いてみよう。

第４問
（設問１）　これ単純にセグメント利益÷セグメント資産でいいの？　よくわからないぞ。
（設問３）　業績評価の問題点といえば、短期ばかり気にしてしまうところか。
（設問２）　計算過程を書かせてよー。計算結果が合う自信がまったくない。丁寧に何度も計算し直しながら計算結果を出すしかない。少しずつ焦ってきた……。

第２問
（設問２）　やばい……。焦らないこととパニックにならないことを目標にしたけど、完全に焦ってパニック。なんじゃこの問題は!?　図式化してみるけど、わからないことが多くて全然進まない。こりゃ終わらないぞ。先に（ｃ）の解答を書いてからあとは途中まで計算を書いて部分点を狙う作戦に変更。今までの過去問だと②のパターンが多かった気がするけど……。コロコロコロ（鉛筆を転がす音）①でいこう。あとは部分点狙いで計算式を書いている間に終了、見直す時間はなし。

３．終了時の手ごたえ・感想

　終わった……。事例Ⅲまではなんとなく解けた気がしたけど、やっぱり事例Ⅳでつまずいてしまった。あれだけ問題集をやったけど、まだまだレベルが低かったか。事例Ⅳで足切りになっていなければ、事例Ⅰ〜Ⅲでなんとか挽回できないか？　どうだろう。

　モヤモヤな気持ちを抱えながら帰路につく。夫がお疲れ様会として焼き肉に連れて行ってくれて嬉しい気持ちの反面、事例Ⅳがダメで申し訳ない気分でいっぱいになる。

　ひとまず明日から養成課程の資料集めを開始しよう。

『ふぞろい』を読んで衝撃を受けたこと
　みんな勉強時間を記録していること。自分はまったくノーカウントでした。

合格者再現答案＊（Ｎａｎａ 編） 事例Ⅳ

第１問（配点25点）
（設問１）

	（a）	（b）		（a）	（b）
①	売上高総利益率[1]	26.39（％[1]）	②	自己資本比率[1]	15.82（％[1]）
				有形固定資産回転率[1]	5.30（回[1]）

（設問２） 60字

顧	客	志	向	徹	底	に	よ	り	評	判	が	高	く	収	益	性	高	い[1]	。
資	金	調	達	を	借	入	に	依	存[3]	、	安	全	性	低	い[1]	。	土	地	が
有	効	活	用	出	来	て	お	ら	ず	効	率	性	低	い[1]	。				

【メモ・浮かんだキーワード】 収益性・安全性・効率性
【当日の感触等】 しっくりこない。これでよいのか超不安。
【ふぞろい流採点結果】（設問１）6/12点　（設問２）6/13点

第２問（配点30点）
（設問１）

（a）	変動費率：39÷60＝65％ 損益分岐点売上高＝固定費÷（１－変動費率）＝28÷（１－0.65）＝80.00[4]（百万円）
（b）	80.00　百万円

（設問２）
（a）

（ⅰ）	正味現在価値＝将来CFの現在価値合計－投資額 効果が出る場合の現在価値＝（35－5）×（0.925＋0.857＋0.794＋0.735）
（ⅱ）	

（b）

（ⅰ）	
（ⅱ）	

『ふぞろい』を読んで衝撃を受けたこと
予備校解答しか知らなかったので、え？！　このような解答でよいの？　と思った。

| （c） | ①³ |

【メモ・浮かんだキーワード】 CVP分析
【当日の感触等】 できるだけ式を丁寧に書いて部分点を狙うしかない。時間がない。
【ふぞろい流採点結果】（設問1）4/15点　（設問2）（a）0/6点　（b）0/6点　（c）3/3点

第3問（配点20点）
（設問1）　40字

| E⁰ | 社 | の | 純 | 資 | 産 | 額 | 15 | 0 | 百 | 万 | 円 | と | 買 | 収 | 価 | 格 | 50 | 百 | 万 |
| 円⁰ | の | 差 | 10 | 0 | 百 | 万 | 円 | を | 逆 | の | の | れ | ん | と | し | て | 計 | 上 | |

（設問2）　60字

E⁰	社	は	当	期	純	損	失	が	マ	イ	ナ	ス	で	あ	る	た	め	、	将
来⁰	CF	を	得	ら	れ	な	い	可	能	性	が	あ	る	。	シ	ナ	ジ	ー	効
果⁰	が	あ	る	か	等	、	多	角	的	に	評	価	す	べ	き	で	あ	る	。

【メモ・浮かんだキーワード】 のれん
【当日の感触等】 のれんの処理は覚えていたけどその反対は覚えていなかった。部分点は入る？
【ふぞろい流採点結果】（設問1）7/8点　（設問2）7/12点

第4問（配点25点）
（設問1）

| （a） | 4.31⁶　　% |
| （b） | 2.55⁶　　% |

（設問2）

| 4.17²　　% |

（設問3）
（a）　20字

| 短 | 期 | 的 | な | 利 | 益 | 増 | 大 | を | 目 | 標 | に | し | て | し | ま | う⁴ | 。 |

（b）　20字

| 長 | 期 | 的 | 視 | 野⁴ | や | シ | ナ | ジ | ー | 効 | 果 | も | 評 | 価 | す | る | 。 |

【メモ・浮かんだキーワード】 短期的 vs 長期的、シナジー効果、評価方法
【当日の感触等】 一般論しか思いつかない。部分点は入る？
【ふぞろい流採点結果】（設問1）12/12点　（設問2）2/5点　（設問3）8/8点

【ふぞろい評価】 55/100点　　【実際の得点】 55/100点

　第2問の計算問題で大きく失点したものの、第3問、第4問で大きな粘りを見せ、合格ライン近くに達しています。第2問で部分点を着実に獲得したこと、書けそうな問題に優先的に取り組んだことが奏功しました。タイムマネジメントは重要です。

私が陥ったスランプ

　事例Ⅳの勉強、やってもやってもできるようにならないよ～（涙）。

かもとも 編（勉強方法と解答プロセス：p.146）

1．休み時間の行動と取り組み方針
　10分程度で事例Ⅲの再現答案をスマホに打ち込む。あと１事例で終わり！　休日に１日かけて４事例を解いていたから、疲労感は問題ない。集中力が途切れていないのはアドバンテージになっているはず。糖分補給にチョコとラムネを食べて、ファイナルペーパーに目を通す。

2．80分間のドキュメント
【手順１】準備（～５分）
　受験番号の記入後、与件文と設問文の単位表記にマーカーを引いていく（文章は読まず、機械的に処理していく）。「千円」と「百万円」を取り違えるといったミスは起こさないように、慎重に進めよう。このひと手間で、一歩リードできるはず。

【手順２】経営分析（計算のみ）（～15分）
　与件文を読むと引っ張られてしまうので、機械的に計算のみを進める。Ｂ／Ｓは単年のみだから、平均を出す必要はないよね。収益性（売上高総利益率、売上高営業利益率、売上高経常利益率）、効率性（売上債権回転率、棚卸資産回転率、有形固定資産回転率）、安全性（流動比率、固定比率、自己資本比率）の９指標を算出。

【手順３】設問文・与件文読解（～25分）
[第１問]　（設問１）は優れているものを１つ、劣っているものを２つか。解答欄を間違えないようにしよう。（設問２）は、収益性、効率性、安全性について端的に説明せんなんな。
[第２問]　（設問１）は変動費率が途中で変わる？　解いたことがないパターンやけど、時間をかければ理解できそうやから、これは落とさないようにしよう。（設問２）はNPV、かつ設問文が長すぎるので、後回しにしよう。これはまともにとりあってはいけない。
[第３問]　（設問１）はのれんのことかな？　知識問題なので、それほど時間はかけなくてもよさそう。（設問２）も知識問題なので、空欄にはしないようにしよう。
[第４問]　（設問１）は単純な計算問題か。これは落としてはいけない。（設問２）は第２問の（設問１）と同様、少しひねられていそうな印象。あとでしっかり読もう。（設問３）は知識問題やから空欄にしないようにしよう。
[与件文]　売上総利益は良いが営業費用や借入金が多く、営業利益や経常利益が悪いというよくあるパターンかな。５段落目に「現時点では具体的な出店計画のない土地」とあるから、有効活用できていない過大な固定資産があるんやろうな。

【手順４】経営分析（解答作成）（～35分）
　計算した指標をD社と同業他社で見比べる。安全性は３指標いずれもD社のほうが悪いから、劣っているとみなして問題ないだろう。収益性と効率性はどうしようか。収益性は

私が陥ったスランプ
　たった３か月の試験勉強期間なのに１か月弱中だるみ期間があったこと。

悪そうやけど、そうすると与件文に記載のない売上債権回転率が優れている指標になる（棚卸資産回転率は同業他社に比べて優れているが、差が小さいため除外）。一方、効率性が劣っているとすると、営業利益と経常利益がダメダメなのに収益性を優れている指標として挙げることになる。第２問以降が収益性改善に関連するテーマのようだから、収益性を劣っている指標として挙げよう。

【手順５】第２問以降の計算および解答作成（～80分）

第２問
（設問１）　改めて設問文を読む。70百万を売上げた時点で固定費28百万円のうちいくら回収できているか、残った固定費を回収するためにいくらの売上が必要かを変動費率60％で求めればよいよね。この考えをそのまま過程の欄に記入し、解答を求める。

第３問
（設問１）　のれんしか浮かばない。とりあえず、簿価ではなく時価で計算したことが伝わるように表現しよう。
（設問２）　デューデリジェンスしか浮かばない。まだ他の問題もあるので、一旦先へ進む。

第４問
（設問１）　与件文を読み、ROIは投下資本営業利益率であること、投下資本は各セグメントの期末資産の金額を用いることを確認し、素直に計算する。
（設問２）　銀行借入れの利息支払いは営業利益ではなく経常利益の算出に関わることから、設問には関係ないフェイントかな。費用の増加分は減価償却費の80百万円のみのはず。取得したソフトウェア分400百万円を資産に加えてROIを計算したところ、（設問１）で計算した値よりも低くなる。おかしいな。新しい取り組みで収益性を改善するストーリーなのでは？　もしかして年度末に資産から減価償却費分を控除するから、資産の増分が400百万円ではなく320百万円になるのか。どちらで計算しても前問よりは低い値になってしまう。わからんけど、悩んでも仕方がないから後者で解答を記入してしまおう。
（設問３）　部門間対立が発生する、短期的視点の経営に陥るといった事例Ⅰ的なキーワードしか浮かばない。NPVが未着手やから、もうこの要素で解答を作成するしかない。

第２問
（設問２）　あと10分しか時間がない。条件整理もろくにせず（a）のみ解答を記入。（b）は部分点狙いで減価償却費のみ計算し、（c）は山勘で当たる可能性に懸けて②と記入。

３．終了時の手ごたえ・感想

　事例Ⅳは得意なつもりでいたけど、NPVの出し方が独特、かつ後半の知識問題で馴染みのないテーマが出題されてしまった。再考するつもりだった第３問（設問２）にも時間を割けず、いろいろとよくない方向に転んでしまったな。事例ⅡとⅣの足切りが怖いけど、終わったことは気にしない。帰りの電車のなかで事例Ⅳの再現答案を作って、今日は打ち上げ。妻と外食！

受験勉強中に起きた面白エピソード

　ファミレスで勉強中、メガネをはずしてトイレへ。勘で元の席へ戻る→違う席だった。

合格者再現答案＊（かもとも 編） 事例Ⅳ

第1問（配点25点）
（設問1）

	（a）	（b）		（a）	（b）
①	売上債権回転率[1]	126.53（回[1]）	②	売上高経常利益率[2]	1.65（%[2]）
				自己資本比率[1]	15.82（%[1]）

（設問2）　　　　60字

特	徴	は	①	売	上	債	権	が	少	な	く[1]	経	営	の	効	率	性	が	高
い	②	受	注	は	多	い	が	コ	ス	ト	高[3]	、	不	採	算	事	業	、	借
入	金[3]	や	利	息	の	負	担[1]	で	収	益	性[1]	・	安	全	性	が	低	い[1]	。

【メモ・浮かんだキーワード】　収益性、効率性、安全性
【当日の感触等】　収益性と効率性、どちらが優れているんやろう？
【ふぞろい流採点結果】（設問1）8/12点　（設問2）11/13点

第2問（配点30点）
（設問1）

(a)	①売上高70百万の時の限界利益は24.5百万。 ②上記により固定費の24.5百万は回収済。 ③残りの固定費の3.5百万[6]を回収するための追加売上高を求める。 追加売上高＝3.5÷（1－0.6）＝8.75[4]
(b)	78.75[5]　百万円

（設問2）
（a）

(ⅰ)	X2～X4年までの各年の広告効果の期待値は、35×0.7－5×0.3＝23 X2～X4年までの各年の費用は5百万。　∴ＣＦ＝23－5＝18[1] X5年のCFの期待値は、(35－5)×0.7＋28×0.3＝29.4 X6年のCFの期待値は、(35－5)×0.7＋24[1]×0.7＋0×0.3＝37.8 ∴NPV＝18×(0.926＋0.857＋0.794＋0.735＋0.681[1])＋29.4×0.681×0.926＋37.8×0.681×0.857＝99.231
(ⅱ)	99.23　百万円

（b）

(ⅰ)	減価償却費：2百万円
(ⅱ)	

試験開始直後にすること
深呼吸とホチキス外し。

（c）　　　　②

【メモ・浮かんだキーワード】　固定費の回収
【当日の感触等】　NPVは得意なつもりだったのに、この出し方は意地悪すぎる……。
【ふぞろい流採点結果】（設問1）15/15点　（設問2）（a）3/6点　（b）0/6点　（c）0/3点

第3問（配点20点）
（設問1）　　　　40字

| 純 | 資 | 産 | 額 | 15 | 0 | 百 | 万 | と | 買 | 収 | 価 | 格 | 50 | 百 | 万[1] | の | 差 | 額 | 1 |
| 百 | 万 | を | の | れ | ん[2] | と | し | て | 固 | 定 | 資 | 産 | に | 計 | 上 | す | る | 。 | |

（設問2）　　　　60字

| デ | ュ | ー | デ | リ | ジ | ェ | ン | ス | を | 行 | い[1] | 簿 | 外 | 債 | 務 | が | な | い | か |
| を | 検 | 討 | す | べ | き | 。 | | | | | | | | | | | | | |

【メモ・浮かんだキーワード】　のれん、時価評価、デューデリジェンス
【当日の感触等】（設問2）で他の観点も盛り込みたかったが、NPVに時間を取られたため妥協。
【ふぞろい流採点結果】（設問1）3/8点　（設問2）1/12点

第4問（配点25点）
（設問1）

| （a） | 4.31[6] ％ |
| （b） | 2.55[6] ％ |

（設問2）

| 4.26[3] ％ |

（設問3）
（a）　　　　20字

| ① | 短 | 期 | 的 | 視 | 点[4] | の | 経 | 営 | と | 部 | 門 | 間 | 対 | 立 | が | 発 | 生 | す | る 。|

（b）　　　　20字

| 評 | 価 | に | 長 | 期 | 的[4] | ・ | 部 | 門 | 横 | 断 | 的 | な | 観 | 点 | を | 導 | 入 | す | る 。|

【メモ・浮かんだキーワード】　短期的視点、セクショナリズム
【当日の感触等】　事例Ⅰみたいな解答になってしまった。
【ふぞろい流採点結果】（設問1）12/12点　（設問2）3/5点　（設問3）8/8点

【ふぞろい評価】　64/100点　　【実際の得点】　63/100点

　第3問のリスクへの助言で大きく失点しましたが、第1問での丁寧な経営分析で確実に得点し、第4問のROI業績評価についての設問でも高得点を獲得し、合格ラインを確保しています。集中力を切らさなかったことが粘り勝ちを引き寄せました。

試験開始直後にすること
　受験番号を解答用紙に記入しました。

イノシ 編 （勉強方法と解答プロセス：p.148）

1．休み時間の行動と取り組み方針

　事例Ⅲで高得点の感触を得られたが、いったん忘れて気持ちを落ち着けよう。最後の関門の事例Ⅳは、わかっていても計算間違いで事故る可能性があるので、気を引き締めて臨もう。『イケカコ』信じて、自分の計算を疑って最後まで油断せず突き進もう。

2．80分間のドキュメント

【手順0】開始前（～0分）

　事例Ⅳの脳に切り替えるために、経営分析の指標の計算式を再確認。確認が終わったら、「俺は『イケカコ』を回したんだ」と頭のなかでつぶやき、「自分はできる」と暗示をかける。検算するための時間を確保するため、とにかく素早く解答していくことを心掛ける。

【手順1】準備（～2分）

　まずは、受験番号を解答用紙に記入する。次に、問題用紙のホチキスを外し、問題用紙を破る。わかっていたけど、事例Ⅳの枚数多いな。迷子にならないようにしないと。

【手順2】問題確認（～10分）

　各問題の配点の半分の数値をその問題にかける時間としていたので、配点の横にその分数を記載していく。次に、設問要求をオレンジで、制約条件を緑でマーキングしていく。

【手順3】与件文確認（～15分）

　与件文を読みながら、強み、弱み、課題をマーキングしていく。

【手順4】計算および答案作成（～70分）

第1問　（～22分）

　いつもどおりの経営分析。同業他社との比較か。間違えないように、B／SとP／LのD社を丸で囲む。良い指標が1つ、悪い指標が2つね。まずは収益性の売上高総利益率と売上高営業利益率を計算。売上高総利益率は良いが、売上高営業利益率が悪い。丁寧な顧客対応で費用負担が重いと与件文にもあるので、悪い指標に売上高営業利益率を選択。次に安全性は明らかに自己資本比率が悪いので、それを選択。最後に効率性だが、良い指標しか残っていないので、少し困惑する。棚卸資産回転率が良い指標だったので、そちらを採用。同業他社と同程度の棚卸資産（販売用不動産）に対して、顧客志向で評判が良く売上が大きいことから、与件文にも沿っており問題ないだろう。計画より5分余ったな。

第2問　（～42分）

（設問1）　売上高が増えると変動費率が変わるCVP分析か。『イケカコ』で似たようなのがあったような。『イケカコ』と比べると平易な問題だから計算間違いに注意しよう。

（設問2）　期待値のNPV分析も『イケカコ』でやったな。2連続だからちょっとニヤついてしまう。これも『イケカコ』と比べると平易だけど、時間が少ないなかで読み込み

試験開始直後にすること
　無心になる。心臓の鼓動が大きく聞こえる。

ながら、たくさん計算しないといけないから大変だ。第1問で節約した5分を使い切ってしまった。終わってないけど、次の設問に移ろう。

第3問 （～52分）

（設問1） E社の純資産額と買収価格の差異についての会計処理？ ナニコレ？ こんなことってあるのか？ E社の株主かわいそうじゃない？ 全然わからないけど、とりあえず何か書いておけば、点数が入る可能性があるので、純資産額150百万円と買収価格50百万円の差異は100百万円と書いておこう。この会計処理はまったくわからないので、とりあえず思いついた減損処理とでも書いておこう。

（設問2） 買収のリスクについてか。「買収したらこういうことが起きる可能性がある」という書き方にしよう。ん？ 設問文と（設問1）に書いていることがそのまま使えるな。借入金が増えるし、損失を出しているし、いいことないな。字数が余ったので営業レバレッジに触れておこう。

第4問 （～60分）

（設問1） 当期のROIを求めるだけ？ 第4問でこんな簡単な問題出る？ セグメント利益÷セグメント資産だけの計算で本当にいいのか？ 引っ掛けか？

（設問2） 変動費率がまったく予想できないから、売上が上がっても変動費は変わらないということにしよう。セグメント利益が名指しで値が一定とあるし……。92百万円増えて減価償却費80百万円だからセグメント利益は12百万円増、資産は400百万円増えて減価償却で80百万円減るから、320百万円増で計算しよう。

（設問3） 取締役＝事業部長と考える。事業部長の評価は営業利益での評価は不適当で、減価償却費のような費用を抜いた貢献利益で評価するべきではなかったっけ？ そんな感じのことを書こう。

第2問 （～70分）

さあ、計算の続きを始めよう。第3問、第4問の記述がボロボロだからここで取り返すぞ！

【手順5】見直し（～80分）

すべての解答の誤字・脱字や計算間違いをチェック。大丈夫そうだけど本当に大丈夫か心配。全体のチェックが終わったところでタイムアップ。

3．終了時の手ごたえ・感想

計算問題はそんなに難しくなかったが、記述問題が全然わからなかった。空白ではないので何かしら点数が入るだろうが、全然予想できない。これで計算間違いをしていればジ・エンドだ。まぁ、1次試験から3か月でここまで仕上げることができたのだから、良しとしよう。大ポカもしてないし、期待はできる程度に終わらせることができてよかった。そう思いながら、会場を後にしようとすると妻子が迎えに来てくれており、2次試験が終わったことを実感した。

試験開始直後にすること

手のひらに「人」と3回書いて飲み込む。緊張をほぐすために昔からやっているルーティーン。

合格者再現答案＊（イノシ 編） 事例Ⅳ

第1問（配点25点）
（設問1）

	(a)	(b)		(a)	(b)
①	棚卸資産回転率[2]	3.91（回[2]）	②	売上高営業利益率[2]	2.15（%[2]）
				自己資本比率[1]	15.82（%[1]）

（設問2）　　　　60字

収	益	性	は	丁	寧	な	顧	客	対	応[2]	で	費	用	負	担	大	き[3]	く	低
い[1]	、	安	全	性	は	出	店	計	画	の	な	い	土	地	保	有[1]	の	為	借
入	金	多[3]	く	低	い[1]	、	効	率	性	は	顧	客	志	向	評	判[3]	で	高	い[1]

【メモ・浮かんだキーワード】　収益性・効率性・安全性
【当日の感触等】　売上高総利益率が良いのは引っ掛けかな。有形固定資産回転率も悪かったけど、それだと3指標すべて悪くなるので不採用。満点近く取れていると思うけど……。
【ふぞろい流採点結果】　（設問1）10/12点　　（設問2）13/13点

第2問（配点30点）
（設問1）

(a)	39÷60＝65%　70×65%＝45.5　70－45.5＝24.5 28－24.5＝3.5[6]　3.5÷（1－60%）＝8.75[4]　70＋8.75＝78.75
(b)	78.75[5]　百万円

（設問2）
(a)

(ⅰ)	上手くいくNPV＝－5[1]＋30[1]×3.993[1]＋29[1]×0.681＝134.539 上手くいかないNPV＝－5＋（－10×1.783）＋23×0.794＝－4.568 134.539×70%＋（－4.568×30%）＝92.8069
(ⅱ)	92.81[2]　百万円

(b)

(ⅰ)	上手くいくNPV＝－30[1]＋12.5×0.926[1]＋25[1]×3.067＋27[1]×0.681＝76.637 上手くいかないNPV＝－30＋7.5×0.926＋15×3.067＋27×0.681＝41.337 76.637×40%＋41.337×60%＝55.457
(ⅱ)	55.46[2]　百万円

(c)	①[3]

試験開始直後にすること
表紙を破ったあと、縦に2回半分に折る。折り線を文字数の目安にして、文字カウント時間削減。

【メモ・浮かんだキーワード】　CVP分析

【当日の感触等】　今年はひねりがない？　見落としがあるかもしれないが5割は取れたはず。

【ふぞろい流採点結果】　（設問1）15/15点　　（設問2）（a）6/6点　（b）6/6点　（c）3/3点

第3問（配点20点）

（設問1）　　　　　　　40字

| E | 社 | の | 純 | 資 | 産 | 額 | 15 | 0 | 百 | 万 | 円 | と | 買 | 収 | 価 | 格 | 50 | 百 | 万 |
| 円[1] | の | 差 | 10 | 0 | 百 | 万 | 円[2] | を | 減 | 損 | 処 | 理 | す | る | 必 | 要 | が | あ | る |

（設問2）　　　　　　　60字

①	借	入	金	増	え[5]	財	務	を	圧	迫	す	る	②	E	社	の	純	損	失[5]
に	よ	り	利	益	が	減	少[5]	す	る	③	利	息	支	払	い	増	え[3]	イ	ン
ス	タ	ン	ト	レ	シ	オ	や	営	業	レ	バ	レ	ッ	ジ	が	悪	化	す	る

【メモ・浮かんだキーワード】　減損処理、借入金増、インスタントレシオ（本当はインスタント・カバレッジ・レシオ）、営業レバレッジ

【当日の感触等】　（設問1）は全然わからないので、とりあえず設問文にある数字だけ書いておく（設問2）は財務上の観点から悪くなるものをリスクとして挙げよう。

【ふぞろい流採点結果】　（設問1）3/8点　　（設問2）10/12点

第4問（配点25点）

（設問1）

| （a） | 4.31[6] | ％ |
| （b） | 2.55[6] | ％ |

（設問2）

| 4.26[3] | ％ |

（設問3）

（a）　　　　　　　20字

| 営 | 業 | 利 | 益 | で | の | 評 | 価 | で | 支 | 配 | 不 | 能 | 費 | 用 | 含 | ん | で | い | る[2] |

（b）　　　　　　　20字

| 貢 | 献 | 利 | 益[4] | ・ | 限 | 界 | 利 | 益 | で | 支 | 配 | 可 | 能 | な | 範 | 囲 | で | 評 | 価 |

【メモ・浮かんだキーワード】　（設問2）ROI算出のために減価償却費を考慮、（設問3）貢献利益、限界利益、支配不能費用（←間違い。管理不能固定費）

【当日の感触等】　（設問2）は減価償却費まで考慮するのがポイントのはず。（設問3）は、ROIでの評価⇒セグメント利益（営業利益ベース）が算出要素である⇒事業部長（取締役）の評価は営業利益ですべきではない⇒貢献利益で評価すべきと無理やりひねり出したが、何も書かないよりマシだろう。

【ふぞろい流採点結果】　（設問1）12/12点　　（設問2）3/5点　　（設問3）6/8点

【ふぞろい評価】　87/100点　　【実際の得点】　87/100点

　第3問の会計処理記述問題で失点はあるものの、計算問題はほぼ完璧に解答しています。見直す時間の余裕があったため計算ミスもなく、着実に得点を積み上げ、高得点で合格しています。

事例Ⅳ

試験開始直後にすること

　設問ページを破る。裏に与件文があるときは時々迷子になる（笑）。

みっこ 編（勉強方法と解答プロセス：p.150）

1．休み時間の行動と取り組み方針
　事例Ⅲが心残りだが、次に全集中！　しかも苦手な事例Ⅳだ。とにかく諦めないこと。予備校講師が「事例Ⅳは、自分が落ち着き、いつもどおりやっていれば、周りが点を落としていくある意味怖い科目」とよく言ってたな。とにかく丁寧に、どんな難問でも諦めないことだ。ラムネ、バナナで糖分補給。計算機も動くことを確認。

2．80分間のドキュメント
【手順0】開始前（～0分）
　事例Ⅳは苦手だから、どんな問題も難問に見えるだろう。投資の経済性計算とCVP問題、経営分析は出るはずだから、問題を整理すれば解けるはず。何の問題か判断がつかないものは、周りも解けていないから、関連する何かを記載する！　と心に決め、深呼吸。

【手順1】準備（～1分）
　受験番号を記入。問題用紙のホチキスを外し、メモを作成。解答用紙の問題数と枠を確認。意外と記述問題が多いな。計算過程付きなのは少し安心だ。もう一度、深呼吸。

【手順2】問題確認（～5分）
　第1問は経営分析で同業他社比較か。第2問（設問2）は長くて整理に時間がかかるから、最後に時間を残し、慎重にやるパターンも想定しよう。第3問は買収だからのれんかな。第4問……ROI？　記憶にない！

【手順3】与件文確認（～15分）
　与件文を読みながら、財務諸表の項目を余白に記載する。強み、問題点に赤線を引く。

【手順4】計算および答案作成（～75分）
第1問　（～25分）
　同業他社との比較か。優れた指標、劣った指標を書き間違えないよう解答欄①の横に「優」、②、③の横に「悪」と記載した。まずは収益性から検討。顧客志向で営業費用が多いから売上高営業利益率は「悪」かな。借入金が多いため支払利息に関連する売上高経常利益率も「悪」と想定した。そしたら安全性の負債比率も「悪」に該当するかもな。次に効率性を検討。有形固定資産回転率も悪い。全部悪いやん!?　（深呼吸をして、）収益性を見直そう。顧客からの高評価、リフォーム需要増なら売上高総利益率がよいのではないかと思い直した。最後は（設問1）の3つの指標の根拠が（設問2）で表現できていれば加点されるはずと信じ、時間もないので、これらで決定。

第2問（設問1）　CVP分析の変化版？　焦るが意外とこういう問題は中学校レベルの数学の考え方でクリアできるかも。数値を少しずつ変化させて比較すると公式が立てられるだろう。計算過程を書くのが難しいな。

試験開始直後にすること
　自分を落ち着かせるためにあえてゆっくり表紙を切り離す。

[第3問]（設問1）　のれん計算だよな。時価で計算するからひっかけ問題やけど他にひっかけはないかな？　純損失の扱いってどうするの？　休憩時間に見ていた論点だから負ののれんは特別利益扱いであることは間違いない。数値は違っても会計処理の説明も要求されているから、そちらの配点が高いことを祈る。

（設問2）　買収は投資でもあるから、将来性を財務面とそれ以外から判断だよね。事例Ⅳだけど対外的な評価とか書いていいのかしら？　財務面ではキャッシュフロー（以下、CF）以外は思いつかないので、これでいこう！　加点を祈る。

[第4問]（設問1）　ROIが与件文に表記されていたからよかった。しかし当期のROIを求めるだけ？　簡単すぎるけどひっかけ問題？　与件文にROIに関する条件がないことを確かめ、「迷ったら素直に解く」と決めていた方針で解答した。

（設問2）　売上高は92百万、支払利息の16百万を差し引き、利益は76百万増加。資産は400百万増える。これで計算。なんか見落としてない？　これまた単純すぎる気がする。

（設問3）　取締役の業績評価？　与件文を確認。D社では事業部長的な存在だった。資産には非資金が含まれているから、純粋な営業量にかかる費用と個別固定費を差し引いた貢献利益だよね。

[第2問]（設問2）　残り20分ほどある。（めちゃくちゃ疲れた。頭が文字を拒否する。深呼吸。みんな同じだ。諦めなかった者が勝つ！　と鼓舞する。）デシジョンツリー？　出題可能性低いからやらないと言った人もいたけど、やっていてよかった。機会損失や節税効果に注意だ。減価償却費はCFが与えられているから関係なかったよな。不安になるわ。次の計算に行く前に絶対に検算しよう。大丈夫、時間はある。

（ｃ）は明らかにNPVに差が出るみたいだ。これは外しちゃいけない問題だな。

【手順5】見直し（～80分）

想定よりギリギリになった。見直す時間がないから記述問題の誤字・脱字と経営分析の数値だけ最後に検算した。

3．終了時の手ごたえ・感想

空欄箇所はない。とにかく書いた。しかし、祈ってばかりの80分で「解けた」という実感があるのは第3問（設問1）と第4問（設問1）だけ。多くの受験生が第2問を解答できていると私は40点ないかも。まったく受かる気がしない。おそらく私は受かってもボーダーライン上だろう。

試験開始直後にすること
　頭の中で一言「受かる」。

合格者再現答案＊（みっこ 編） ―― 事例Ⅳ

第1問（配点25点）
（設問1）

	（a）	（b）		（a）	（b）
①	売上高総利益率[1]	26.39（％[1]）	②	有形固定資産回転率[1]	5.30（回[1]）
				負債比率[2]	532.24（％[2]）

（設問2） 60字

高	評	価	と	住	宅	事	業	好	調[1]	で	収	益	性	が	高	い[1]	。	営	業
費	用	等	運	転	資	金	の	借	入	金	が	多	く[3]	、	売	上	が	有	形
固	定	資	産	に	見	合	わ	ず	効	率	性[1]	・	安	全	性	が	低	い[1]	。

【メモ・浮かんだキーワード】 収益性・効率性・安全性
【当日の感触等】 予備校の模範解答では別解があるパターンではないだろうか。（設問1）と（設問2）の整合性が取れれば合格点のはず。
【ふぞろい流採点結果】 （設問1）8/12点　（設問2）7/13点

第2問（配点30点）
（設問1）

(a)	売上高70百万まで39÷60=0.65　限界利益率1-0.65=0.35 売上高70百万超え 1-0.6=0.4 (70×0.35)+〔(S-70)×0.4〕=28[4+6]　S=78.75
(b)	78.75[5] 百万円

（設問2）
(a)

(ⅰ)	効果が出る場合の正味現在価値 〔35×(0.735+0.681)-10〕+〔35×(0.926+0.857+0.794)〕=129.755 効果が出ない場合の正味現在価値　△5×(0.926+0.857+0.794)+28=15.115 正味現在価値　(129.755×0.7-15.115×0.3)-15=71.294≒71.29
(ⅱ)	71.29 百万円

(b)

(ⅰ)	営業が順調に推移する場合 (25×0.5×0.926)+〔25[1]×(0.857+0.794+0.735+0.681[1])+27[1]×0.681〕=106.637 営業が順調に推移しない場合 (15×0.5×0.926)+〔15×(0.857+0.794+0.735+0.681)+27×0.681〕=71.337 正味現在価値　(106.64×0.4)+(71.34×0.6)-30[1]=55.46
(ⅱ)	55.46[2] 百万円

―― 合格してから知って驚いたこと ――
資格登録や維持にかかる費用の高さ。副業など、資格を生かそうと思うきっかけにもなりました。元を取らねば。

(c) ①³

【メモ・浮かんだキーワード】 CVP分析、NPV、デシジョンツリー

【当日の感触等】 受験生の疲労した心をさらにへし折る感じの問題だな。頭を動かし続けた者の勝ちだな。

【ふぞろい流採点結果】（設問1）15/15点　（設問2）（a）0/6点　（b）6/6点　（c）3/3点

第3問（配点20点）

（設問1）　40字

| 純 | 資 | 産 | 額 | と | 買 | 収 | 価 | 額 | と | の | 差 | 異 | 84 | 百 | 万 | 円 | を | 負 | の |
| の | れ | ん⁴ | と | し | て | 当 | 年 | 度 | **特** | **別** | **利** | **益** | に | **計** | **上**¹ | す | る | 。 | |

（設問2）　60字

E	社	の	財	務	状	況	に	加	え	て	対	外	的	な	評	価	も	精	査
す	る	。	**純**	**損**	**失**	を	**計**	**上**	**し**	**て**	**い**	**る**⁵	が	将	来	キ	ャ	ッ	シ
ュ	フ	ロ	ー	を	得	ら	れ	る	か¹	算	出	し	て	評	価	を	行	う	。

【メモ・浮かんだキーワード】 のれん

【当日の感触等】（設問1）の数値以外は完璧に書けたはず。（設問2）はCF以外が思いつかず、これが明暗を分けたらどうしよう。

【ふぞろい流採点結果】（設問1）5/8点　（設問2）6/12点

第4問（配点25点）

（設問1）

| （a） | 4.31⁶ | ％ |
| （b） | 2.55⁶ | ％ |

（設問2）

| 5.87 | ％ |

（設問3）

（a）　20字

| 各⁰ | 営 | 業 | 量 | に | 対 | し | て | の | 利 | 益 | の | 評 | 価 | で | は | な | い | 事 | 。 |

（b）　20字

| 共 | 通 | 固 | 定 | 費 | を | 含 | め | な | い | **貢** | **献** | **利** | **益** | で | **評** | **価** | **す** | **る**⁴ | 。 |

【メモ・浮かんだキーワード】 貢献利益

【当日の感触等】（設問1）は絶対間違えられないな。3回検算したから大丈夫だろう。

【ふぞろい流採点結果】（設問1）12/12点　（設問2）0/5点　（設問3）4/8点

【ふぞろい評価】 66/100点　　**【実際の得点】** 58/100点

　第3問の会計処理記述問題で失点はあるものの、第2問のCVPを着実に得点したことで、ふぞろい流採点では合格ラインを確保しています。CVPの応用問題に中学校の数学の考え方を使うなど臨機応変に対応したことが功を奏しました。

合格してから知って驚いたこと
　合格者のモチベーションの高さ。

しーだ 編（勉強方法と解答プロセス：p.152）

1．休み時間の行動と取り組み方針

　事例Ⅲの情報整理に、脳が疲れた感じがする。音楽を聴いて、おやつでも食べながら、事例Ⅳのファイナルペーパーを眺めるか……と思ったら、事例Ⅳのファイナルペーパーのノートを、コインロッカーに入れた鞄に置いてきてしまった！　やっちゃったな〜。代わりに、間違って持ってきた簿記の内容をまとめたノートで「連結会計」でも復習するか。「負ののれん」は特別利益に計上か。そういえばそうだったな。あ！　電卓が鞄のなかで潰れて、液晶が真っ黒だ！　しょうがない、予備の電卓でいこう。事例Ⅳ、不吉だ……。

2．80分間のドキュメント

【手順0】開始前（〜0分）
　今年は、事例Ⅳを重点的にやってきたんだ。なんとか60点は取りたいな。

【手順1】準備（〜1分）
　解答用紙に受験番号を記入。よし、全事例、受験番号の記入漏れはない。

【手順2】与件文第1段落、第2段落、設問確認（〜9分）
　与件文　「連結対象となる子会社はない」……よかった（笑）。事業内容を確認。
　第1問　経営分析か。例年どおりかな。
　第2問（設問1）　CVPか。ここも例年どおりかな（この時点では、売上高が一定額以上になると、変動費率が変わることに気づいていなかった……）。
　第2問（設問2）　投資の意思決定かな？　取替投資には注意しよう。でも、この問題は条件が多くて正解を導くのは難しそうだ。他の受験生も同じでは？　これは後回しかな。
　第3問（設問1）　あれ？　これ「負ののれん」じゃない？　まじか！　ラッキー♪
　第3問（設問2）　「買収のリスク」か。いろいろとありそうだけど、何を解答しよう。
　第4問（設問1）　VR！　今っぽい（笑）。戸建住宅以外にも事業があるのか。経営分析がややこしそうだな。ROIか。あまり取り組んだことがない内容だな。取り組む順番はどうしよう。少しやってみてわからなかったら後回しにするようにしよう。
　第4問（設問2）　これは少し読んだだけじゃわからないな。あとで解答するときにしっかり読むようにしよう。
　第4問（設問3）　事例Ⅳの記述問題は必ず何か書かなくては。

【手順3】与件文確認、B／SおよびP／Lの確認（〜20分）
　与件文を確認し、ポジティブ（強み、機会）、ネガティブ（弱み、脅威）をマーク。マークした内容が経営分析でどの項目に影響を与えるかを横に記載（例：「顧客対応のための費用負担が重い」は「売営×」と記載し、売上高営業利益率が悪いことを表現する）。
　B／Sは、資産の規模の違いの確認と「流動資産」など、各項目の合計されたものはマー

合格してから知って驚いたこと
　え、私の知識量少なすぎ！？

クして、計算ミスを防止。Ｐ／Ｌは、売上規模の違いの確認と「売上総利益」や「営業利益」など、計算された各種利益をマークし、経営分析時の計算ミスを防止する。

【手順4】計算および答案作成（～72分）

第1問　優れた点は「売上高総利益率」と「棚卸資産回転率」と迷ったが、「売上高総利益率」が良くても、その後の収益性が低いので、結果的に「収益性は低い」と判断。劣っている点は、与件文に「顧客対応の費用負担が重い」とあるので「売上高営業利益率」、Ｂ／Ｓに借入金が目立つため、収益性が低く借入体質と判断し「自己資本比率」を記載。

第2問（設問1）　単純に、固定費を限界利益率で除して、損益分岐点売上高を算出。

第3問（設問1）　偶然にも休憩中に確認した内容だったため、さくっと処理をする。

第3問（設問2）　書けることはいろいろとありそうだが、何を書いたら正解なのかがよくわからない。（設問1）に関連づけると、税金が増えそうだな。あとは、設問文に「銀行借り入れ」があるから、なんとなく触れてみよう。

第4問（設問1）　単純な計算に思えるけど、引っ掛けかな？

第4問（設問2）　設問文の条件を考慮してROIを計算し直せばよいのかな？（実際解答した内容は、セグメント資産をそのまま33.85百万円で計算してしまった）

第4問（設問3）　「現在の業績評価の方法」は、ROIかな。何を書いてよいのか、なんともわからない。ROIは、売上高利益率と投資額の回転率に分解できなかったかな？

第2問（設問2）　残り時間7分。計算は間に合わないから、解答の方針だけでも書こう。（ｃ）は、①か②か③を書くだけだから、設問文の雰囲気で決めて書いてしまおう。

【手順5】見直し（～80分）

　第4問（設問1）が、売上高が一定額以上になると変動費率が変わるという設定だったことに気づいて解答を修正。この作業を実施したことで、残り時間が1分ほどとなり、誤字、小数点以下の処理のミス、単位の記載漏れを軽く確認して終了。

3．終了時の手ごたえ・感想

　休憩時間に偶然見た負ののれんが出題されるなど運は味方したような感じだけど、実際の結果はどうだろう。感触は悪くないけど、自分の感覚なんて当てにならない試験だからな。いちいち気にしてもしょうがない。合格発表日までは試験のことは忘れて、子供たちと遊んで過ごすか。今日はみんなが好きないつものチーズケーキでも買って帰ろう。試験を何回も受けさせてもらったもんな。本当に感謝だよ。

合格してから知って驚いたこと
　合格証は薄い紙1枚なんだ（厚紙の賞状みたいなのだと思っていた）。

合格者再現答案＊（しーだ 編） 事例Ⅳ

第1問（配点25点）
（設問1）

	（a）	（b）		（a）	（b）
①	棚卸資産回転率[2]	3.91（回）[2]	②	売上高営業利益率[2]	2.15（％）[2]
				自己資本比率[1]	15.82（％）[1]

（設問2） 60字

顧	客	志	向	の	対	応	が	評	判[3]	で	在	庫	の	効	率	性	は	高	い[1]
が	、	採	算	の	悪	い[3]	ア	フ	タ	ー	対	応[2]	や	過	大	な	借	入	金[3]
に	よ	り	、	収	益	性	・	安	全	性	が	低	い[1]	。					

【メモ・浮かんだキーワード】 収益性・効率性・安全性

【当日の感触等】 60字のまとめ、あまり得意ではないが、今回はきれいにまとめられた気がする。

【ふぞろい流採点結果】 （設問1）10/12点　　（設問2）13/13点

第2問（配点30点）
（設問1）

（a）	現状の変動費率　39÷60×100＝65％ 現状の変動費率で計算した場合の損益分岐点28÷（1−0.65）＝80[4]　…変動費率が変わる70百万円を超えているため、固定費28百万円を7：1で分け（24.5百万円と3.5百万円）、それぞれ損益分岐点売上高を計算する。 24.5÷（1−0.65）＋3.5÷（1−0.6）＝78.75[6]
（b）	78.75[5]　百万円

（設問2）
（a）

（ⅰ）	広告の効果がでる場合とでない場合のCFの期待値の正味現在価値を比較し決定する。
（ⅱ）	百万円

（b）

（ⅰ）	改装後の営業が順調に推移した場合としない場合のCFの期待値の正味現在価値を比較し決定する。
（ⅱ）	百万円

(c)	①³

【メモ・浮かんだキーワード】 CVP分析、取替投資

【当日の感触等】 とりあえず空欄はできるだけ減らしたし、解答の方針だけでも記載するなどわからないなりに現場対応はできたと思う。（設問2）を後回しにした対応もよかったと思う。

【ふぞろい流採点結果】（設問1）15/15点　（設問2）（a）0/6点　（b）0/6点　（c）3/3点

第3問（配点20点）
（設問1）　　　　40字

| 負 | の | の | れ | ん⁴ | と | し | て | 1 | 0 | 0 | 百 | 万 | 円² | を | 特 | 別 | 利 | 益 | に | 計 |
| 上¹ | す | る | 。 |

（設問2）　　　　60字

①	当	期	の	税	負	担	が	増	え	る	②	収	益	性	が	低	い⁵	た	め、
最	低	で	も	借	入	金	の	支	払	利	息	程	度	以	上	ま	で	収	益
性	を	高	め	る	必	要	が	あ	る	、	と	助	言	す	る	。

【メモ・浮かんだキーワード】 負ののれん、支払利息

【当日の感触等】 「負ののれん」は本当にラッキーだった。（設問2）は、特別利益が増えて税金の支払額が増えるのは当然だと思うが、出題者が求めている答えかどうかは疑問だ。②は苦し紛れに書いた感が否定できない。

【ふぞろい流採点結果】（設問1）7/8点　（設問2）6/12点

第4問（配点25点）
（設問1）

（a）	4.31⁶	％
（b）	2.55⁶	％

（設問2）

	4.67	％

（設問3）
（a）　　　　20字

| 費 | 用 | 構 | 造 | と | 投 | 資 | 規 | 模 | が | 違 | い | 比 | 較 | が | 困 | 難⁴ | で | あ | る。 |

（b）　　　　20字

| 資 | 産 | 回 | 転 | 率 | や | 収 | 益 | 性 | の | 改 | 善 | 率 | も | 評 | 価³ | す | る | 。 |

【メモ・浮かんだキーワード】 ROIの分解式、事業部制（組織論）

【当日の感触等】 ROIを分解するというストーリーは、正解でなかったとしても、現場対応としてはまずまずだ。受験生の解答は、割れるのではないだろうか。

【ふぞろい流採点結果】（設問1）12/12点　（設問2）0/5点　（設問3）7/8点

【ふぞろい評価】 73/100点　【実際の得点】 70/100点

第1問の丁寧な経営分析に加えて、そのほかの設問も柔軟な現場対応で得点を積み上げています。結果として第1問～4問で万遍なく6割以上を得点しており、余裕をもって合格ラインを超えています。

2次試験勉強を始める前に戻れるなら

過去問重視!!　あと、勉強会も参加してみようかな……。いや、やっぱムリかな……、うーん。

第2節 ふぞろいな勉強スタイル

【タイムスケジュール】
　２次試験の勉強時間をどのように捻出して、どのように勉強するのか。勉強法とともに受験生が悩むことの１つではないでしょうか。
　ここでは実際にいつ勉強していたのか、どのような内容を勉強していたのか、ふぞろいメンバーのリアルなスケジュールをご紹介します。

〈事例Ⅳ一点集中、劇薬派イノシの平日・休日タイムスケジュール編〉

【平日、通常】

時刻		勉強時間
5:00	起床	
5:30	勉強	2h00m
7:30	朝支度	
8:30	通勤（徒歩）	
9:00	業務開始	
17:30	退勤	
	帰宅（徒歩）	
18:00	夕食	
18:30	家事、子供と遊ぶ	
20:00	子供を風呂に入れる	
21:00	子供と就寝準備	
21:50	寝かしつけを妻に任せる	
22:00	就寝	

１日の勉強時間合計　　　2h00m

【土・日曜日】

時刻		勉強時間
5:00	起床	
5:30	勉強	3h00m
8:30	朝支度	
9:00	家族でお出かけ	
12:00	昼食、家事	
13:00	子供と遊ぶ	
14:00	子供昼寝	
	勉強	2h30m
16:30	子供起きる	
	子供と遊ぶ	
18:00	夕食、家族団らん	
20:00	子供を風呂に入れる	
21:00	子供と就寝準備	
21:50	寝かしつけを妻に任せる	
22:00	就寝	

１日の勉強時間合計　　　5h30m

【直前期の日曜日】

時刻		勉強時間
5:00	起床	
5:30	勉強	3h00m
8:30	朝支度	
9:00	勉強	3h00m
12:00	昼食	
13:00	勉強	1h30m
14:30	子供と遊ぶ	
18:00	夕食、家族団らん	
20:00	子供を風呂に入れる	
21:00	子供と就寝準備	
21:50	寝かしつけを妻に任せる	
22:00	就寝	

１日の勉強時間合計　　　7h30m

２次試験勉強を始める前に戻れるなら
　グズグズしないで少しでも早く始めろと言いたい。

〈万遍なく全体派Ｎａｎａの平日・休日タイムスケジュール編〉

【平日、予備校に通う日】

時刻		勉強時間
6:00	起床	
	家事	
7:30	子供が学校へ行く	
	電車で通勤	45m
9:00	業務開始	
17:30	退勤	
	夕食と授業の予習	1h00m
19:00	予備校授業開始	
	授業	2h30m
21:30	授業終了	
	電車で帰宅	45m
22:30	帰宅	
	お風呂と簡単な今日の復習	30m
23:15	就寝	

1日の勉強時間合計　5h30m

【平日、通常】

時刻		勉強時間
6:00	起床	
	家事	
7:30	子供が学校へ行く	
	電車で通勤	45m
9:00	業務開始	
17:30	退勤	
	電車で帰宅	45m
18:30	夕食作り	
19:00	子供が学校から帰宅	
	夕食、家事	
21:30	子供と就寝準備	
22:00	子供就寝	
	勉強	1h00m
23:00	就寝	

1日の勉強時間合計　2h30m

【土曜日】

時刻		勉強時間
6:30	起床	
	勉強	30m
7:00	子供が起床	
	朝食作り、家事	
8:30	子供と夫、習い事へ	
	家事、買い物、勉強	1h00m
11:00	子供と夫、帰宅	
	家事をしながら勉強	30m
12:00	昼食	
	家事	
13:00	子供と夫、午後の習い事へ	
	勉強	4h00m
17:00	子供と夫、帰宅	
	夕食作り、家事、家族団らん	
21:00	勉強	1h00m
22:00	就寝	

1日の勉強時間合計　7h00m

【直前期の日曜日】

時刻		勉強時間
6:30	起床	
	勉強	30m
7:00	子供が起床	
	家事	
8:30	勉強	1h30m
	家事、買い物	
11:00	子供と夫、遊びに行ってもらう	
	勉強	5h00m
16:30	子供と夫、帰宅	
	夕食作り、家事、家族団らん	
21:00	勉強	1h00m
22:00	就寝	

1日の勉強時間合計　8h00m

の　　き：ずいぶん対照的なスケジュール出てきたねー。

し ー だ：イノシは朝しかやらんかったの？

イ ノ シ：朝以外は家のこと優先って決めていたからね。

Ｎ ａ ｎ ａ：1日の勉強時間はそんなに長くないけど、何をやるか決めてた？

イ ノ シ：まず朝2時間×試験までの残りの日数＋休日の勉強時間を計算して、それから勉強内容は『イケカコ』3周＋直近の過去問3年分×3回、と決めた。そうして試験日までの時間から逆算して毎日やることをスケジュール表にして、ひたすらこなしたよ。平日は事例Ⅳ、休日は事例Ⅰ〜Ⅲと決めていた。制約があったからダラダラしないでやれたかな。

2次試験勉強を始める前に戻れるなら

事例Ⅳを毎日1問やっておけば、直前期に焦らなかった……。

かもとも：『イケカコ』は事例Ⅳの力はめっちゃつくやろうけど、ひたすら『イケカコ』をやって、ほかはあまり手をつけないって不安にならんかった？

イノシ：事例Ⅰ～Ⅲは時間をかけても伸びにくいと思ったから、とにかく事例Ⅳをやった。事例Ⅳに特化してここで自信を持ちたかった。今年（令和２年）ダメだったら来年事例Ⅰ～Ⅲを勉強しようと思っていたしね。

みっこ：事例Ⅳが大事ってのはわかるけど、これは潔いっていうかなんというか……、「劇薬注意‼」やわ！　事例Ⅳは効果バツグンやけど、他の事例がおろそかになってしまうかもしれないから、万人受けするやり方じゃないね。今年みたいに事例Ⅳが難しい年だとライバルと差をつけやすいからイノシの勝利やね。

イノシ：作戦は単勝一点買いだね。

のき：極端な例だけど、トータルで240点を確保するための作戦の１つではあるよね。

イノシ：自分とは逆にＮａｎａは時間が細切れだね。80分確保できないときが多いけど、どうやって細切れ時間を使って勉強したの？

Ｎａｎａ：事例を解きたいけど80分確保できないときは、朝途中まで解いて残りは夜など１日かけて１問を解くのを目標にしたり、60分しかないときは80分の事例だけど60分で解く練習にしてみたり。ほかには20分しかないから「設問を読む～解釈～解答の型を作る」までを終わらせてみようとか、時間に応じていろいろな練習パターンを考えてやってみたよ。「80分確保できないから２次試験の勉強ができない」って言っちゃうと私いつまで経っても勉強できないからねー。

〈万遍なく全体派Ｎａｎａの１次試験終了～２次試験勉強スケジュール〉

	7月					8月			
	1週目	2週目	3週目	4週目	5週目	1週目	2週目	3週目	4週目
予備校授業	２次試験対策実施せず		←――――――――――――→						
知識インプット			←――――――――――――→						
過去問勉強		１次試験本番	←――――――――――――→						
解き方確立のための試行錯誤				←――――――→					
以下、事例Ⅳ個別対策									
30日完成！事例Ⅳ合格点突破計算問題集				←―――――→					
事例Ⅳ（財務・会計）の全知識＆全ノウハウ			←――――――→						
予備校　事例Ⅳ計算問題集									
模試									模試

２次試験勉強を始める前に戻れるなら

合格してから困らないように基礎知識は時間の限りインプットする。

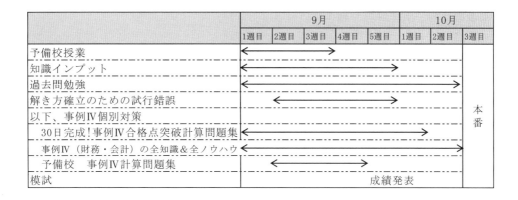

みっこ：勉強内容は劇薬イノシと違って万遍なくやってたって感じやね。

Ｎａｎａ：事例Ⅳは苦手だから一番時間はかけたけど、どれも不安で仕方がないからイノシみたいに一点集中なんてできなくて、各事例万遍なく勉強したよ。試験前に解いた事例は予備校や模試も含めてだけど、全部で97事例だったよ。

の　き：結構な量！

かもとも：解き方確立のための試行錯誤も結構長くやっとるね。

Ｎａｎａ：トライ＆エラーを繰り返したら長くなっちゃった。本やネットに解き方はいろいろ載っているから、やってみてはちょっと変えてみて、やっぱりこっちのほうがいいかなーとか。でも時間をかけて考えて解き方を作っていった分、試験直前は自信を持って「いつもどおり解いていけば大丈夫」って思えたのは大きかったよ。

しーだ：イノシもＮａｎａもやり方や時間のかけ方は違うものの、工夫して量をかなりこなしてて、特に事例Ⅳには時間をかけたって感じだね。

――――――――――――――――――――――――――――――――

【勉強方法】

　次ページからは、具体的な勉強方法をテーマに取り上げます。世の中にあふれる数々の勉強方法、どうやって選択しようか皆さんも迷いませんか？　ふぞろいメンバーも、試したり、試さなかったり、試したけど止めたりと、各自が自分に合った方法を模索していました。なかでも、「合格者の答案・模範解答の書き写し」、「模試」、「勉強会」について、実際に「やった人」、「やらなかった人」に分かれて、ふぞろいメンバーのリアルな取捨選択の理由を紹介します。

受験勉強マル秘エピソード
　ランチしながらこっそり勉強していたら、職場の人に目撃されていた。

■合格者の答案・模範解答の書き写し（以下、写経）

やった人	やらなかった人
かもとも、しーだ	イノシ、Ｎａｎａ、のき、みっこ
やった理由： ・Ａ答案のレベル感を確認するため。 ・Ａ答案レベルの文章を書く力を養うため。 ・試験1か月前からＡ答案を体に染み込ませることで、本番で合格レベルの答案が書けるようにするため。	やらなかった理由： ・書くこと自体が目的になってしまいそう。 ・答えが公表されない試験のため、写経しようにも、どの解答を写経したらいいかの判断ができなかった。 ・手書きだと時間がかかるため。

みっこ：実は私も『ふぞろい』の写経をやったんだけど、書いているうちに指がつってしまってやめたのよね（笑）。

しーだ：へー、みっこもやったんだ！　ってか、指つるって（笑）。俺は、手書きじゃなくてパソコンを使ったよ。与件文を読んで、設問文を読んで、少し考えた後に、ふぞろいの「解答キーワード」とＡ答案から1、2個選んだ解答をパソコンに打ち込んで、Ａ答案を体に染み込ませる感じでやったよ。受験も5回目だったから、負担の少ない方法でやろうと思ったのもあってね。

みっこ：そういうやり方なんだね。単純に書き写すだけじゃ、ただの作業になっちゃうもんね。初学者のかもともは、2次試験の学習初期に合格答案のレベル感を確認するためにやったみたいだけど、しーだはいつ頃やったの？

しーだ：俺は、かもともとは逆で試験本番の1か月前に、試験本番で合格レベルの答案が書けるように写経をやったよ。俺の場合は、因果関係は意識できていても、文章として若干不自然になることがあったから、合格者のようなわかりやすい文章を書く力を鍛えたいなと思ってやってたんだよね。

みっこ：写経はやってなくても、使えそうなフレーズを見つけて覚えるとか近いことをやっている人はいたね。もし写経をやるなら、ただの作業にならないように、明確な目的を持ったほうがいいね。あと、大事なのは何を写経するかだね。

しーだ：それはもちろん『ふぞろい』でしょ！　だって、『ふぞろい』は実際の試験でＡ評価をもらった人の再現答案を掲載しているからね！！

みっこ：しーだ、なんかCMみたいだよ（笑）。

> まとめ
> ・写経を通じて何を学ぶのか、目的を明確にしよう。
> ・手書きにこだわらなくても、目的が達成できればOK！

試験当日昼食時のテンション
早く終わってほしいという気持ち（解放されたい）。

■模試

やった人	やらなかった人
かもとも、Ｎａｎａ、みっこ	イノシ、しーだ、のき
やった理由および効果： ・予備校のカリキュラムに含まれていたから。 ・試験の雰囲気やタイムスケジュールに慣れるため。 ・４事例を解くための体力の使い方やパニック時の対応の模擬練習ができる。	やらなかった理由： ・１次試験後に、２次試験の学習を開始しており、過去問演習を優先。 ・本試験の問題と予備校の問題は異なると考え、過去問を優先することにした。

イ ノ シ：１次試験後に、２次試験の勉強を開始したこともあって、本試験を照準にしているから、模試の時期がちょっと早い（遅くても９月中旬）ので、模試の受験は最初から考えてなかったよ。

かもとも：まぁ、確かにそうやね。人によっては、予備校のカリキュラムに含まれているから受験したって人もいるみたいやけどね。俺は、本番の雰囲気に慣れるというのが一番の理由かな。

イ ノ シ：本番の雰囲気に慣れるって意味では確かに受けたかったかもなぁ。いろいろと自分なりにシミュレーションはしていたけど、１人じゃ限界あるし。

かもとも：まあでも、そこは人それぞれやからね。ちなみに、Ｎａｎａなんか模試の点数が悪くて、１か月前にやる気をなくしちゃってるしね。

イ ノ シ：それも怖かったんだよね。実力が伴ってない状態で受験したら、そうなるのは目に見えてたし。それよりも、過去問をバイブルにして徹底的に周回するほうが、メリットが大きいと思ってたのもある。

かもとも：俺は、点数は気にしてなかったけどね。あくまで当日の時間の使い方をシミュレーションするのが目的。本試験とは中身が違うから、点数を気にしすぎても意味ないからね。

> **まとめ**
> ・模試は、本試験の雰囲気やタイムスケジュールに慣れるためには、受けたほうがよい。
> ・そうは言っても、点数を気にしてしまうようなメンタルが弱い人には、諸刃の剣となる可能性もあるので、用法用量は十分に気をつけよう！

試験当日昼食時のテンション
あぁ、もっと美味しいものガッツリ食べたいなぁ。まあ仕方ない。終わったら食べよ。

■勉強会

やった人	やらなかった人
のき、みっこ	イノシ、かもとも、Ｎａｎａ、しーだ
やった理由および効果： ・他者から自分の解答にフィードバックしてもらい、１人では気づけない視点を得るため。 ・解答のプロセスを言語化して人に説明することでロジカルな思考ができるようになる。 ・他の受験生の解答と比較することで自分の解答の相対的なレベルを把握できる。	やらなかった理由： ・あることを知らなかったため。 ・面識のない人たちとやる勉強会に心理的抵抗があったため。 ・どの勉強会に参加すればいいのかわからなかったため。 ・文章構成よりも、知識の補充が重要だと判断したため。 ・参加すると２時間程度時間を取られてしまうため。

Ｎａｎａ：受験生支援団体とかが主催している勉強会があることは知っていたんだけど、知らない人に自分の解答をボコボコに批評されたら立ち直れなくなりそうで怖くて、結局参加しなかったんだよね……。

の　き：まぁ、自分も最初に参加するまで少し躊躇したから、気持ちはわかる（笑）。そこで一歩踏み出して何度か勉強会に参加していると、常連メンバーの受験生仲間もできて独学の寂しさが少し紛れたかなぁ。

Ｎａｎａ：勉強会もいろいろあって、どれに参加したらいいかわからなかったんだよね。なんか人によって合う合わないがあるとかいう話も聞いたことあるし……。

の　き：受験生支援団体が主催しているものもあるし、予備校に通っている仲間同士でとかいろいろあるもんね。受験生支援団体が主催しているものは前年度の合格者が参加してコメントをくれたりするものがあるね。予備校の勉強仲間同士だったら気心も知れているし、参加しやすいかも！　みっこは予備校仲間と勉強会をしていたみたいだし、独学者としては羨ましいなぁ。

Ｎａｎａ：そうなんだ〜。のきの説明とか勉強会の効果を聞いたら、もし２次試験をやり直すことになったなら参加してみようかなって思ったよ〜。

の　き：同じ試験を受ける受験生の解答を見て刺激を受けられるしね。自分の目的に合うかどうかを見極めながら活用していくのが大事だね！

> まとめ
> ・自分の解答を客観的に見てもらうチャンスとして活用するのも１つの手！
> ・勉強会に参加して得たいものを意識して、時間内で最大限吸収する！

試験終了後のテンション
　得意だと思っていた事例Ⅳの感触が悪く、「持ってなかったな〜」と。

第3節 得意？ 不得意？ 事例お悩み相談コーナー

　2次筆記試験では事例Ⅰ～Ⅳでそれぞれテーマの異なる事例問題が出題されます。そして、合格のためには総得点の60％以上であって、かつ1科目でも満点の40％未満がないように得点する必要があります。そのため、どの事例でも大崩れすることなく、4事例で合格基準まで総得点を積み上げていくということが重要になってきます。

　しかし、4つも事例があるとどうしても苦手な事例が1つ2つあるのではないでしょうか？「80分間のドキュメントと再現答案」を紹介した合格者も悩んだ事例がありました。

　本節では、得意だと感じていた合格者に解決のポイントを聞いてみました。

■事例Ⅰ

得意な人	苦手な人
しーだ、のき	イノシ、かもとも、Ｎａｎａ、みっこ

> お悩み その1（From：イノシ、Ｎａｎａ、みっこ）
> レイヤーを意識したけど、得点につながる答案が書けない……。

みっこ：事例Ⅰって何を書いたらええんや！　と、とらえどころがない事例やわ。

Ｎａｎａ：本当にそうだよ。ふぞろいや予備校の解答とも全然合わない！　なんでそれが正解なのかもわからない！　人的資源管理は「茶化」、「幸の日も毛深い猫」とかでキーワードは盛り込めるけど、戦略論はフレームがないから難しかったな。

イノシ：同感！　戦略、組織、人的資源のレイヤーを意識すると解けるようになったけど高得点は取れないんだよなぁ。得意な2人はどうだったの？

しーだ：自分も最初は苦手だったけど、年々本試験の結果がＤからＡに上がったのは、イノシの言う「レイヤー」を意識したからだと思う。特に組織構造、組織行動、人的資源管理などは書く内容が決まっていると感じた。けど、戦略論は克服しにくいよね。自分は中小企業白書を読んでたから、企業の課題などがイメージしやすかったかもだけど、時間の少ないストレート受験生にはお勧めできないな。

イノシ：戦略のなかでも特に企業戦略は、組織や人事と違って「幸の日も毛深い猫」とかフレームがないし、抽象度が高くて範囲が広い気がして苦手だったな～。

の　き：最初はみんなと同じで「何書くんやろ？」となってたよ。特に戦略論はわかりづらかった。でも、俺は戦略論ってこう考えるのかなっていうのが過去問を解く過程で見つけられた気がする（♪チャッチャラ～）。

試験終了後のテンション
　「80分×4、初めて時間内に全部解き終えた！」という満足感と爽快感であふれていました。

かもとも：へぇ～、なになに？　教えて！
の　　き：「戦略」ってよくわからなくて、結構悩んだんだ。結果、戦略と一言でいうけど、**企業戦略、事業戦略、機能戦略とさらに細かく階層が分かれる**ことを思い出したんだ。それで、設問や与件文が細かい戦略のどれに該当するのかを意識したら俺は焦点を合わせやすくなったんだよね。たとえば、人事施策を会社に導入したら、それは機能戦略。そしてこの機能戦略を使ってA社はどんな事業戦略を目指すのか？　さらに、その事業戦略を通じて実現できそうなことが、社長の思い（＝企業戦略）に合致しているか？　と考えることが重要なのかなって。
みっこ：そっか！　**組織構造や人的資源管理の問題でも企業の目指す姿やビジョンなど戦略的視点を意識して考えたら解答の方向性**が見えてくるってことか。
Ｎａｎａ：人事面の問題を優先的に勉強してしまったけど、**戦略論を攻略して、戦略視点で問題を見ると苦手も早めに払拭できやすい**んかなと思ったよ～。
しーだ：なるほどね。戦略論は苦手とする人も多いから、差がつきやすいんだろうね。だもんで、「戦略論を制する者は事例Ⅰを制する」でお悩み解決だね！

> **まとめ**
> ・事例企業が起こす行動を、企業戦略、事業戦略、機能戦略に分類して認識する。
> ・組織や人事の設問でも戦略的視点で見ると解答の方向性がわかる場合がある。

> **お悩み　その2（From：かもとも、みっこ）**
> 与件文から引用できるキーワードが少ない……知識をどの程度盛り込んでいくのか？

かもとも：事例Ⅰって与件文に引用できるキーワードが少ないやんか。僕は知識の盛り込み方がわからんかったんよね。
みっこ：同感！　事例Ⅱ、Ⅲは解答要素を与件文から探しやすい。けど、事例Ⅰに関しては全部知識なのか？　どこまで与件文に沿えばいいんや？　と悩んだ。
しーだ：わかるよ。2人と同じ悩みが自分にもあったな。たとえば、令和2年度第3問の「執行役員が求めた能力」は与件文と全く関係ない気がした。のきはどう？
の　　き：**基本は、与件文から検討**したよ。与件文に書いていないところは、**まずは社長の思いに立ち返る**。令和2年度なら、A社長の思いは「グループ企業の前近代的な経営からの脱却」「経営の合理化」「人事制度の整備」がキーワードかな。
Ｎａｎａ：う～ん、わかるような……、わからないような……。
の　　き：「執行役員が求めた能力」は、おそらく「直販方式」という新しい戦略にとって必要な従業員の能力だと考えたのよね。じゃあ、「直販方式」という戦略に合う能力ってなんだろう？　与件文の「杜氏や蔵人との『橋渡し役』」が、なぜ直販方式に必要だったんだろう？　と考えていく。そんな感じにA社はどんな会社で、どんな戦略を考えていて、そのために会社内はどのように変える必

要があるのか、という**一歩引いた感覚で見ると**、いろいろわかったんだ。
かもとも：あ！　そこで知識を使うのか。「直販方式」は顧客に直接販売だから「ニーズ収集力」。「橋渡し役」はニーズを杜氏に伝えて製品開発したかったのかな。じゃ、「コミュニケーション力」が必要か！
の　き：そんな感じだね。**与件文、特に社長の思いに沿っていて、論理的につながる知識なら盛り込んでもいい**ことにしてた。
し　ー　だ：**戦略的視点で問題を見てた**ってことだね。だもんで、「戦略論を制する者は事例Ⅰを制する」やな！　またまたお悩み解決だ。
Ｎａｎａ：しーだ、それ、好きだね（笑）。

> **まとめ**
> ・基本は与件文に沿う。知識は与件文と論理的につながるものを採用していく。
> ・やはり戦略的視点は重要である。

■事例Ⅱ

得意な人	苦手な人
Ｎａｎａ、みっこ	イノシ、かもとも、しーだ、のき

> **お悩み　その1（From：しーだ）**
> 施策問題はいろいろなことを書けるので、逆に何を書いていいかわからない……。

Ｎａｎａ：事例Ⅱは事例Ⅰと違って、売上向上という大きな目標があって、そこに向けた方法はそんなに多くないので、そういう意味では取り組みやすかった。
し　ー　だ：ゴールが売上向上の場合、顧客満足度向上、関係性強化とか、いろいろなキーワードがはさめると思っていたけど、そのあたりはどう考えていた？
み　っ　こ：ゴールまでの間に、どんなキーワードを入れるかは**設問文で判断**していた。たとえば、令和元年度の第２問は「既存顧客の客単価を高める」がゴールだったので、そのゴールから２つくらいまで要因を遡って解答にしていた。なので、「ネイルデザインの提案により、商品単価増加という効果があった」というように客単価向上につながる要因を解答に組み込んだよ。
かもとも：なるほど〜。売上向上が設問要求のときはどんな風に考えていたの？
み　っ　こ：ちゃんと分析したわけではないけど、売上向上のための施策を答える場合は、120〜160字と字数が多い。反対に令和元年度第２問のように最後の結論が明示されている場合は、100〜120字しか書かせないようになっている。**字数を見ることで何を書かせようとしているかを判断**していたよ。私、だいぶ勉強したな〜。
イ　ノ　シ：俺なんか、施策で字数稼げなかったら、効果として代表的な「関係性強化」や「愛顧向上」、「リピート」など、関連してそうなものは全部書いたよ。効果な

のき：悪くないだろう！　いくらでも書きようあるもんね。俺もファイナルペーパーにそんなこと書いてたわ。でも、みっこの「設問文で判断」と「解答字数」でどこまで答えるかの目安をつけるのは、試験対応としてはいいね！

> **まとめ**
> ・その設問のゴールに対し、因果関係が近いものを解答として記述する。
> ・設問文や解答字数から、どのキーワードを優先的に入れるかを判断できる。

> **お悩み　その2（From：イノシ）**
> 設問の切り分けが苦手なんだけど、いい方法はないか？

かもとも：設問の切り分けって確かに難しいよね。「このキーワードはどこで使うべき？」と迷って、それだけで時間が経ってしまうことがある。

Ｎａｎａ：事例Ⅱに限ってだけど、設問1〜5を続けて読んでいくと、B社はこれから何を解決していけばいいかがわかるよ。

しーだ：どうゆうこと？

みっこ：令和2年度の事例の場合、第2問はZ社依存脱却で顧客を増やす、第3問はコミュニケーション施策で顧客との関係性を強化する、第4問はX島のファンを増やしてB社に還元するといった流れになっているよね。

Ｎａｎａ：事例Ⅱは、**設問文だけでこの流れがわかるから、各設問でどこまで踏み込んで解答すべきかを判断しやすい**んだよね。これを意識すると、これは第3問で解決済みだから第2問の解答に使わないといった切り分けをしやすくなる。

のき：全然知らなかった。すごすぎて、鳥肌立ったわ！

> **まとめ**
> ・事例Ⅱの設問文は、B社が成功していくためのストーリーになる傾向。
> ・ストーリーを意識することで、切り分けに迷いにくくなる。

> **お悩み　その3（From：しーだ）**
> SWOT分析が苦手。候補が多すぎて何を選べばいいかわからない。

のき：これは俺もそう。考えれば考えるほど、どのキーワードが強みなのかとかわからなくなる。みっこは、SWOT選びで迷ったりしないの？

みっこ：私は迷わない。**SWOTは、最後にやる**んやけど、他の設問で使ったキーワードしかSWOTには使わないようにしているんだ。

しーだ：え？？　最後にSWOT解くの？　みんなは？

かもとも：**第1問以外の設問で使ったキーワードかどうか**ってのも、ヒントになるんやね。

試験終了後のテンション
　　やっと終わった〜。全然できなかったわ。こりゃ飲むしかない。

確かに、そのほうが設問同士の一貫性っていう観点からは整合性を取りやすいね。
Ｎａｎａ：事例Ⅱ企業は強みの多い企業が頻出やから、強みを選ぶときには、このやり方のほうが、間違いが少ないかもしれないね。「みっこ式」と名づけようか（笑）。

> **まとめ**
> ・SWOTは最後に取り組んでみると迷いにくくなる。
> ・第2問以降で使ったキーワードを優先して解答に使う。
> ・この方法は、「みっこ式」と名づける。

■事例Ⅲ

得意な人	苦手な人
イノシ、かもとも、しーだ、Ｎａｎａ、みっこ	のき

> **お悩み その1（From：のき）**
> どの設問にどのキーワードを入れたらいいのか悩む……。

の　　き：これ、過去問解いてて結構悩むこと多かったんだよね。いわゆる「切り分け」というやつなんだけど、たとえば、令和2年度の第2問はどう営業と製造に切り分けたらいいのか結構悩んだんだよね。
イ ノ シ：俺は、**与件文に書いてある場所をヒントにした**かな。たとえば、営業関連なら第7、8段落で、製造関連なら第11、13、15段落っていう感じで。
しーだ：自分は第2問と第3問の間でも、切り分けに悩んだのがあったなぁ。それで結局うまく**切り分けられなかったから両方入れることにしたよ**。
の　　き：そうかー、全体を読んでから細かい情報を問題ごとに振り分けてたから2人みたいなことは考えてなかったなぁ。与件文に書いてある場所で切り分けを判断するっていうのも目からウロコだったわー。

> **まとめ**
> ・与件文に書いてある場所が切り分けのヒントになる場合がある。
> ・切り分けが難しいと思ったら、あえて切り分けず書いてしまう方法もある。

> **お悩み その2（From：のき）**
> 製造業なんだけど、なんだかこの事例苦手……。

Ｎａｎａ：のきは製造業勤務だよね？　私も製造業勤務で事例企業がどんな会社なのか**頭のなかでイメージが湧きやすかった**んだけど、のきは違ったの？
の　　き：イメージが湧くってのは一緒だと思うんだけど、何をどこまで解答に書いていいかわからなくなっちゃうんだよね。

家族の協力を得る方法
　中小企業診断士になると、自分だけでなく家族にとってどのような利点があるのかガチプレゼンして承認を得る。

Nana：あー、でもわからなくもないよー。確かに施策とか、中小企業でそんな簡単にできるかなって思うときはあるよね。そういう泥沼にハマると私も点数が乱高下したなぁ。他のみんなは製造業じゃない人がほとんどだけどどうだったの？

みっこ：私は製造業っていわれても全くイメージできない。頭のなかに映像も何も浮かばないから**与件文だけが頼り**なのよ。**与件文を素直に読んで**いって、明らかにおかしいと思うところを指摘していくっていう**素直な解き方**をすれば解けると思ったんよね。

かもとも：事例Ⅲって**与件文のなかに明らかに問題点だとわかるような記述があって、それを改める施策を考えて対応させる**のが基本的な解き方だよね。

イノシ：確かに。解答に書いた施策で完全に問題が解決するかっていうと疑問に思うところはあったんだけど、やっぱり試験問題なので**与件文に沿って対応していくという割り切り**をするように気をつけたかな。

Nana：それ私も気をつけてたよー。本当にできるかなって考えちゃったけどね（笑）。

しーだ：のきだったら、「**与件文に素直に**」っていうのはできそうな気がするのにね。下手に知識があるがために、変に深読みしちゃってたところがあったのかな？

のき：そういう認識はなかったけど、今思い返すとそんな気がしてきた（笑）。与件文の情報からいろいろ想像しちゃってた気がする。その結果、何書いていいかわからなくなっちゃうみたいな負のループに陥る、と。こじらせてるな、これ。

みっこ：事例Ⅲは製造業のイメージが湧かないから苦手って聞くけど、逆パターンよね、のきは。イメージが湧いたほうが解きにくくない？　って私は思ってた。

イノシ：よく知っているってことは深く考えられるという強みにもなるし、考えなくてもいいことまで考えちゃうっていう弱みにもなるよね。

かもとも：事例Ⅲって**問題点は与件文から読み解く必要がある**けど、**改善策は割とパターンが決まっている**と感じてた。「全社的な生産計画・生産統制の実施」とか「マニュアル作成で技術レベルの平準化」みたいな感じで。イメージできるに越したことはないけど、与件文の情報と改善策のパターンを結びつけることのほうが重要な気がする。

のき：今回話をして、自分がいかにこじらせてたかよくわかるわ。知っているからこそ考えにバイアスがかかってたのかもしれないなぁ。素直さ、大事。

まとめ
- 製造業に詳しい必要は必ずしもない！　与件文に書いてあることに沿って、素直に解答をしていくことが重要！　知っていることがかえって足枷になることも……。
- 改善策はパターンがある。与件文の問題点に合わせてパターンを組み合わせよう！

家族の協力を得る方法
隙あらば、気づかれないように家事を少しでもやっておく（家事をやる気だけは伝わるはず）。

■事例Ⅳ

得意な人	苦手な人
イノシ、かもとも、のき	しーだ、Ｎａｎａ、みっこ

> **お悩み　その1（From：Ｎａｎａ、みっこ）**
> 事例Ⅳに対する苦手意識が拭えない……。

Ｎａｎａ：私は事例Ⅳに文句を言いたい！　1次試験の「財務・会計」と2次試験の事例Ⅳのレベルにギャップがありすぎる！　事例Ⅳでわからない問題があって財務・会計に戻っても、答えがわからない！　記述は特に苦手……。

みっこ：確かに……。私も「財務・会計」は得意だったけど、事例Ⅳは最初悲惨だったよ。演習を重ねて少しは解けるようになってきたけど、今度は、ちょっとした計算ミスで正しい答えが導けないから、そこで苦手意識を持っちゃったよ。

かもとも：俺は簿記2級を持ってたから、**勘定科目を意識して与件文と財務諸表を読むことで経営分析も納得がいく解答ができた**かな。1次試験ではそこまで問われないけど、**勘定科目は1次試験の勉強のなかで押さえたほうが望ましいかも**。

の　き：みっこの言った「ちょっとした計算ミスで正しい答えが導けない」だけど、実は、**計算ミスは条件整理の仕方で減らせるから、条件整理の仕方を見直すといい**かもね。あと、Ｎａｎａの言ってた記述問題への対応だけど、たとえば、ROIを求めるときに**公式が思い出せなくても、なんでこれを求めるのか？　を考えると国語の問題っぽくなるから、点数を得られる解答はできる**と思う。そう、「数字は数字じゃない。数字は言葉だから。byのき」……。

イノシ：のき、俺もそろそろ話していい？（笑）。事例Ⅳは他事例と違って答えがあるから点数を伸ばしやすいと思って、俺は**事例Ⅳに特化して勉強することに決めて『イケカコ』を何周も回した**よ。記述問題はともかく、計算問題は余裕だったよ！　最初はキツイかもしれないけど、『イケカコ』を何周も回せば計算問題に自信はつくよ！　Ｎａｎａもみっこもやってみたら？

しーだ：イノシ、その助言、劇薬だよ（笑）。

> **まとめ**
> ・1次試験の勉強では勘定科目や公式の意味を理解することを心掛け、事例Ⅳに対し苦手意識を持たないような下地をつくる。
> ・計算問題は条件整理方法を見直し、計算ミスを防ぐなど工夫して苦手意識を克服。
> ・演習を重ねることで苦手意識がなくなり得意科目になることも!?

家族の協力を得る方法
　勉強時間以外はできるだけ家族のために尽くすこと。

> **お悩み　その２（From：しーだ）**
> １点でも多く得点するための勉強や当日対応って何かある？

Ｎａｎａ：実は、『イケカコ』は私も書店で見てみたけど、とてもじゃないけど解ける気がしなくてやめたんだ。私は、**難易度が低い参考書から、だんだんと難易度を高めていった**感じだよ。勉強時間の半分近くは事例Ⅳに充てたんだけどね。

イ　ノ　シ：俺は逆で、**難易度が高い『イケカコ』を教材にすれば実力も自信もつくと考え**て『イケカコ』中心だったよ。勉強時間はほとんどを事例Ⅳに充てた。

し　ー　だ：得意でも不得意でも、みんな**事例Ⅳに勉強時間の多くを配分して得点を高める工夫をしている**んだね。当日の対応は何かある？

の　　き：当日、１点でも多く取ろうとしたら、タイムマネジメントが大事だと思うよ。CVPやNPVのような計算問題だけでなく、今年でいうと「負ののれん」のようにワードを知っていればある程度解答できる知識問題もあるから、**どの問題にどれくらい時間をかけるかというタイムマネジメントが勝敗を分けることがある**んだよね。わからない問題に時間をかけ過ぎて、わかる問題を解く時間がなくなって得点機会を逃してはもったいないからね。

かもとも：試験時間の80分間をどの設問に配分するかを考えるためには、各設問の難易度がわかるようにならないとだめやよね。「NPVは最初から捨てる」っていう極端な意見もあるけど、万遍なく、**設問の難易度が判断できるレベルまで勉強する**っていうのも、勉強量の１つの目安になるかもね。

イ　ノ　シ：**知識問題はわからなかったらなんでもいいからとりあえず書いておく**ことが大事だし、**計算問題は計算過程を書いて部分点を少しでも稼ぐ**方法もあるよね。俺は正直、令和２年度は知識問題が多くて嫌になっちゃったよ～。それにNPVも条件が多くて最初はわくわくしたけど、解き始めたら簡単でがっかりだったよ。今年のNPVは、「捨て問」じゃなくて「捨て問フェイク」だったからつまらなかったな～。時間も余っちゃったしね。

み　っ　こ：『イケカコ』の回し過ぎで。イノシの意見ちょっと参考にならないよ～。劇薬イノシ、恐るべし……。

> **まとめ**
> ・得意な人は、難易度の高い参考書にチャレンジして実力を高め、得点源とする。
> ・苦手な人は、演習を重ねて条件整理や公式の意味を身体に染み込ませる。また、当日の試験対応のために、設問の難易度が判断できるレベルまでは勉強をする。
> ・計算問題は計算過程を書き、知識問題は白紙解答にしないことで部分点を狙う。
> ・タイムマネジメントを意識し、解く順番や問題の取捨選択を戦略的に判断する。

家族の協力を得る方法
　謙虚に大きな夢を語る。

第4章

合格者による、ふぞろいな特集記事
～2次試験に臨む受験生に贈る勉強のヒント～

　最後の章である第4章では、皆さんが2次試験を勉強するうえで気になる点や、知っておくと役立つ情報をまとめました。

　第1節「キーワード解答の一歩先へ　～想いよ届け～」では、ふぞろい流採点と開示得点とのかい離分析を通じて、本書を活用するうえでの注意点を紹介します。
　第2節「過去問をどれくらい解く？」では、合格者が実際に何年度分の過去問演習、また何回転過去問演習を行ったのか、などを紹介します。
　第3節「勉強スタイルのニューノーマル」では、新型コロナウイルス感染症の拡大のなかで、合格者の勉強スタイルや働き方にどのような変化があったのかを紹介します。
　第4節「ふぞろい談話室」では、『ふぞろいな合格答案13』やセミナーアンケートに寄せられたご意見について、一部ではありますが紙面で紹介します。
　第5節「受験生支援団体の情報まとめ」では、受験生支援を行っている3団体の活用の仕方や活動概要を紹介します。
　皆さんの受験勉強において、参考にしてみてください！

第1節 キーワード解答の一歩先へ　～想いよ届け～

　第2章「ふぞろいな答案分析」のふぞろい流採点基準（16ページ参照）はあくまで統計であり、実際の採点基準とは異なるため、開示得点とのかい離が生じることもあります。
　本節では、開示得点がふぞろい流採点を大きく下回った答案を紹介し、皆さまにあえてふぞろい流採点の「弱点」をお伝えします。得点かい離の要因分析を通じて、本書を活用するうえでの注意点を認識していただければと思います。

区分	ニックネーム	事例Ⅱ 第1問S 5点	第1問W 5点	第1問O 5点	第1問T 5点	第2問 30点	第3問-1 10点	第3問-2 20点	第4問 20点	ふぞろい流採点 100点	開示得点 100点	得点かい離 －
★	Aさん	4	3	2	2	25	1	12	15	64	48	－16
●	でぃーさん	4	5	3	4	20	10	17	15	78	80	2
●	げんきさん	4	5	5	3	29	9	15	15	85	80	－5

★ふぞろい流採点と開示得点とのかい離が大きい答案　●ふぞろい流採点と開示得点ともに高得点の答案　※設問下の点数は設問ごとの最大配点

　今回は事例Ⅱに絞って分析を行いました。分析に使用したのは、得点かい離の大きい答案（★）と高得点答案（●）です。開示得点では設問ごとの得点はわかりませんが、ふぞろいでは設問単位で採点しています。したがって、得点かい離の大きい答案（★）のなかで、ふぞろい流採点による得点が高い設問に、得点かい離の要因があるのではないかと仮説を立てました。そしてその要因を高得点答案（●）と比較しながら考察しました。
　まずは、Aさんの答案で最も高い点数がついていた第2問。Z社との取引縮小を受けて、B社の今後の望ましい取引先構成についての方向性を問われた設問でした。

令和2年度　事例Ⅱ　第2問　Aさん　【ふぞろい流採点】25点

少量の取引がある取引先に対し、ハーブYの健康、長寿の効能[3]という強みを生かして健康志向[4]の高齢者[4]をターゲットにした新製品開発を想定した提案営業を行い新規顧客[4]、取引先の獲得[5]とZ社依存からの脱却[7]を図る。

令和2年度　事例Ⅱ　第2問　でぃーさん　【ふぞろい流採点】20点

方向性は、30～40歳代の女性層以外をターゲットにする企業と取引を行い[5]、Z社依存体質からの脱却[7]を図る。具体的には、ヘルスケアに関心の高い[4]男性[2]や、50代以降の女性[2]をターゲットにした製品を販売する企業である。

～家族の協力を得る方法～
　（自分が食べたくて買った）コンビニスイーツを家族の分＋αも買ってくる。ご機嫌取り重要。

Aさんの答案は「新規取引先の獲得」「Z社依存からの脱却」「高齢者（ターゲット）」「ハーブの強みを生かす」など、合格＋A答案に多いキーワードが使われているため、ふぞろい流採点では得点が高くなったことがわかります。しかし、修飾語がどこにかかっているのかわかりにくく、一度読んだだけでは理解しづらい印象を受けます。一方、でぃーさんの答案は、設問要求である「方向性」についてまず解答を示し、その後に具体例を記述するといったわかりやすい文章です。事例企業への助言を求められる診断士として、いくらよい提案をしても受け手に伝わらなければ意味がありません。読みにくい答案では実際の得点は伸びなかったのかもしれません。ふぞろい流採点基準では**「文章の論理性や読みやすさを考慮していない」**ことが、得点かい離の要因の1つであると考察します。

　次に、2番目に高い点数がついていた第4問。B社とX島のファン獲得のため、X島宿泊訪問ツアーにおいて、どのようなプログラムを立案すべきか助言する設問でした。

令和2年度　事例Ⅱ　第4問　Aさん　　　　　　　　【ふぞろい流採点】15点

施策は祝いの膳など島の伝統体験[4]と美しいハーブ畑の見学ツアーを企画する。言い伝えによる効能の訴求[1]と畑によるイメージ向上で売上拡大と固定客化[2]を図るとともに、島のお年寄りを活用[4]して地域活性化[4]を図る。

令和2年度　事例Ⅱ　第4問　げんきさん　　　　　　【ふぞろい流採点】15点

①ハーブ農場や加工工場の見学[4]イベント開催②地元のハーブを使った伝統[2]料理の試食[4]③生産者や島民との交流[4]を通して、B社社長の無農薬栽培や安全性、高品質[1]、島への熱い思いを伝え、B社と島のファン化[2]を図る。

　どちらの答案も与件文の表現を利用した具体性の高い解答です。しかし、Aさんの答案には「言い伝えによる効能の訴求（強みの訴求）」「島のお年寄りを活用（島民との交流）」など、遠回しでもう一言足りないキーワード表現が使用されています。助言をするうえでは、受け手がイメージしやすいように表現を工夫することも大切です。同じことを言おうとしていても、表現の違いによって配点が変わった可能性があるかもしれません。**「キーワード表現の微妙な違いを考慮できていない」**ことも得点かい離の要因と考察します。

　2次試験は診断士としてのコンサルティング体験といえます。こちらの意図や想いを適切に事例企業に届けられなければ、独りよがりになってしまいます。キーワード解答に加えて、文章構成や表現方法の工夫により、ポイントが明確に伝わるよう意識しましょう！

～勉強時間の確保と集中の方法～
　　ルーティーンを作る。

第2節 過去問をどれくらい解く？ 合格までに必要な過去問演習

　本節では、主に、初めて2次試験にチャレンジされる人向けに、過去問をどのくらい解いたらよいか？　など気になる情報をまとめました。令和2年度2次試験に合格したふぞろい14メンバーのうち、2次試験初学者にアンケートを取った結果から、2次試験の学習方法について考察していきます。また、より具体的にどのような勉強を行ったのかが気になる方は、ぜひ再現答案パートや、第4節「ふぞろい談話室」(274ページ参照)をご参考にしていただければと思います。

■合格までに過去問を何年分解いたか、1年度あたり何回解いたか。

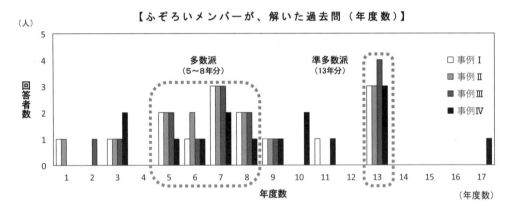

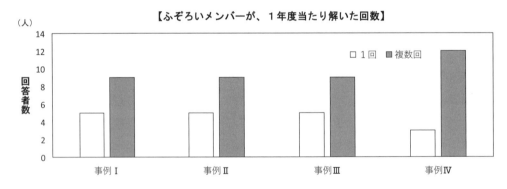

　合格までに解いた年度数は、**5～8年分**に集中しています。多くの受験生が、1次試験合格後から試験対策を始めることを考えると現実的な量であると考えられます。また、次に人数が多いのは**13年度分**解いた層でした。これらの層の多くは『ふぞろいな合格答案10年データブック』を用いてできるだけ多くの問題に触れようと考えたようです。ある程度の量の過去問を解くことで、知識の定着・解答プロセスの構築・出題傾向の分析が行える

～2次試験後、魔の1か月の過ごし方～
　ITパスポートを取りました。勉強癖を維持したかったのと、何もしないと落ち着かないのが理由。

ようです。

　1年度当たり解いた回数については、**1回よりも複数回解いたメンバーのほうが多い**ことがわかりました。また、1年度当たり1回だけ解いたメンバーの多くは、取り組んだ過去問年数が他のメンバーよりも多い傾向がありました。

　過去問年度数を多く解くより、1年度当たり複数回解くことを重視していたふぞろい14メンバーのコメントからは、知識の整理・定着や近年の出題傾向を重視するため、といったものが多数ありました。一方で、1年度当たり複数回解くよりも、過去問年度数を多く解くことを重視したふぞろい14メンバーからは、新問題に触れることにより本番を想定した練習ができる、というコメントなどが寄せられました。知識の整理や本番対策など、ご自身の課題などから方針を決めてみてはいかがでしょうか。

■**得意事例、苦手事例、そして、最も勉強した事例**

　以下のグラフは、得意な事例、苦手な事例、そして最も勉強した事例のアンケート結果です。複数回答ではなく、いずれか1つの事例を選んでもらっています。

　得意事例は、事例Ⅰ以外は、事例Ⅱ～Ⅳがほぼ同数となっています。一方で、苦手事例は、事例Ⅳが比較的多くなっています。他の事例は得意不得意がばらけていますが、事例Ⅰは得意でも苦手でもない、という人が多いようです。

　そして、ふぞろい14メンバーが**最も勉強した事例**は右のグラフのとおり、**圧倒的に事例Ⅳ**でした。事例Ⅱ、Ⅲは苦手と回答した人も含めて、最も勉強したという回答は0でした。先ほどの1年度当たり解いた回数のアンケートでも、事例Ⅳは他事例より回数が多いという傾向でした。なぜ、事例Ⅳに最も注力する人が多いのでしょうか。

　まず1つ目の理由は、当然ながら事例Ⅳを苦手としている人がその克服のために取り組んだからということがあります。2つ目の理由は、**得意不得意にかかわらず、「事例Ⅳは、唯一確実な解答があり、努力が結果に結びつきやすいから」**という趣旨のコメントが多かったことから、確実な点数確保を意図していたことがわかりました。特に時間のない初学者は、事例Ⅳの攻略がキーになる可能性があるかもしれませんね。

～2次試験後、魔の1か月の過ごし方～
本業と副業を両立させられる体力を養うため、パーソナルジムに通い始めました。

■合格までの２次試験の勉強時間（令和２年度）はどのくらいか

合格した初学者はどのくらい２次試験の対策に時間をかけたのでしょうか。下記グラフは、２次試験の勉強時間のアンケートになります。

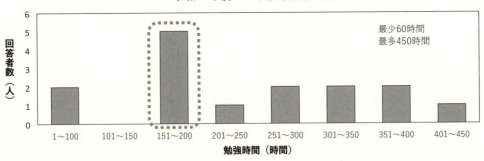

２次試験の勉強時間は、**151～200時間が最も多い**という結果でした。また、中央値が230時間、平均値が253時間となっています。個別には、初年度にもかかわらず450時間勉強したという対策に万全を期したタイプから、60時間しか勉強していない秀才までまさに「ふぞろい」でした。ご自身の状況に合わせて勉強スタイルを構築するのが一番ですが、まずは合格に向けて**200時間程度を目安に**してみるのも、いいかもしれません。

■１事例当たりにかける平均時間

１つの事例を解く時間も、それぞれ特徴が表れました。ふぞろい14メンバーの１事例にかける時間で一番多かったのは、試験時間と同じ80分で解くという回答です。しかし、**半分以上は80分ではない時間で事例を解いていました。**

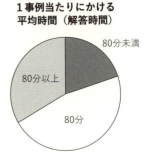

まず、80分以上かけて事例を解いたふぞろい14メンバーのコメントからは、解答手順の確認や理想的な答案を作成するという意図が見て取れました。プロセスやアウトプットの丁寧な確認を重視していたようです。

そして、80分未満で事例を解いていたふぞろい14メンバーのコメントからは、短い時間で負荷をかけて本番対策としていたことがわかりました。また、そもそも時間が取れずに設問ごとに区切って勉強を行うなど工夫をしていた、という効率的な勉強をしていたふぞろい14メンバーもいたようです。80分にこだわりすぎず、ご自身の勉強の進度や確保できる勉強時間で、１事例にかける時間を調整してみることを考えてみるのがよいようです。

～２次試験後、魔の１か月の過ごし方～

予備校模範解答、YouTube、採点サービスなどで都度一喜一憂する羽目に……。

第3節 勉強スタイルのニューノーマル

　令和2年度は、新型コロナウイルス感染症の拡大をきっかけに、われわれの生活様式や働き方が大きく変化した年となりました。その変化のなかにはこれからの新常識、すなわち「ニューノーマル」として、新たに定着していくものも多いことでしょう。そのようななかで、さまざまな年齢・業種・職種・居住地域で構成されるふぞろい14メンバーが実際に経験した、勉強スタイルや働き方における変化、ニューノーマルをご紹介したいと思います。受験生の皆さんの参考になれば幸いです。

【働き方のニューノーマル】
　まずは、それぞれの働き方においての変化を紹介します。（以下はアンケートの一部抜粋です。）

働き方の変化　（〇＝良い変化、×＝悪い変化）
- 〇　リモート環境が整備されたおかげで、無駄な社内打合せのための出張が減った。（製造／営業）
- 〇　おそらく本来は飲み会の多い業界だがその機会が減り、自分の時間が増えた。睡眠時間が増えて体調が良い。（金融／融資）
- 〇　ほぼ100％リモートワークになり、通勤時間がなくなった。（マーケティングリサーチャー）
- ×　会議でしか話さない人の「本音」を聞く機会がなくなった。（金融／営業）
- ×　顧客訪問ができなくなったので、裏話やちょっとした話がしにくくなってしまった。（製造／技術）
- ×　オンライン飲み会が主流になったので、新たなチームメンバーと関係を築くのが難しくなった。（IT／SE）

　良い変化で多かったのは、移動・通勤時間、無駄な会議・手続きが減少し、さらにIT化が進んだことによる、「効率化」でした。一方、悪い変化で多かったのは、新しい人間関係構築や、雑談などによる情報収集が難しいことなどでした。効率化が進む一方で、密な人間関係を基盤とした擦り合わせが難しくなっており、ふぞろいメンバーのこれまでの「働き方」も（そしておそらく世の中の多くの方の働き方も）、大きく変化したようです。また、「社内のリモート環境構築、対応で忙しくなった（IT部門所属）」、「感染症の影響が強い海外エリアとの調整が難しくなった（外資系製造業）」、「学会中止で情報収集が難しくなった（研究）」など、それぞれの業務内容に関連した影響もあったようです。
　それでは、このさまざまな環境の変化は、メンバーそれぞれの勉強スタイルにどのような影響をもたらしたのでしょうか？　次の調査で見ていきましょう。

～2次試験後、魔の1か月の過ごし方～
　自動車教習所に通った（今さら）。

【勉強スタイルのニューノーマル】

　全国の小中高校が春に一斉休校になり、塾や予備校、大学の大半が対面からオンラインでの講義に切り替わるなど、令和２年度は学習面にもこれまで経験したことのないような大きな変化が起こった年となりました。

　そのようななかで、受験生の勉強スタイルも大きく変化しました。そのメリット・デメリットについて、「仕事環境」「生活環境」「受験支援機関」の３つに分類して紹介します。

　まずは、「仕事環境の変化」が勉強スタイルに与えた影響を聞いてみました。

仕事環境の変化が勉強スタイルに与えた影響　（〇＝メリット、×＝デメリット）
- 〇　在宅勤務になり、今まで通勤に要していた時間をまるまる勉強時間に充てられるようになった。（製造業／人事）
- 〇　飲み会に誘われることが減ったので、勉強する時間がまとまった形で確保できるようになった。（製造業／営業）
- ×　これまでは通勤時間が主な学習時間だったが、リモート勤務になったことにより、自分で意識して学習時間を確保する必要が出てきた。（IT／SE）
- ×　コロナ禍で業務量が増加。１次試験後は残業時間が月70時間になり、勉強時間がほとんど取れなくなった。（製造／企画）

　リモートワークの普及により、通勤時間が削減されたという人は多いと思いますが、それによって「勉強時間が確保できた」という人と「通勤時間に主に学習していたので別に時間が必要になった」という人に分かれる点が興味深いですね。業務量についても、業種・職種によって増えた、減ったの違いはあるようです。

　続いて、「生活環境の変化」について見てみましょう。

生活環境の変化が勉強スタイルに与えた影響　（〇＝メリット、×＝デメリット）
- 〇　家で勉強や仕事をする、という新常識が子供に理解されたこと。勉強部屋に籠っているときは、勉強しているからあまり邪魔してはいけない、と認識してくれるようになった。（製造／技術職）
- 〇　以前はリビングでの勉強だったが、リモート勤務を機にミニ書斎を作った。モニターアーム付ディスプレイやオフィスチェアなどを導入して、快適に勉強できるようになった。（IT／SE）
- ×　図書館や喫茶店で勉強ができなくなったため、自宅で勉強をすることになったが、外出自粛中の子供たちの「遊んで」攻撃により勉強が進まなかった。（商社／営業）
- ×　仕事とプライベートの区切れが曖昧になった結果、勉強のリズムを崩してしまった。（製造／購買）

　やはり、生活面で一番影響が大きいのは「家族」でしょうか。「家族との時間が増えて癒しになり、勉強への活力になった」という意見もありました。勉強に打ち込めるのは、

～２次試験後、魔の１か月の過ごし方～
　試験直前期に後回しにし続けた仕事のタスクの消化。

陰で支えてくれる家族があってこそ。ニューノーマルのなかでも、家族への感謝と配慮を忘れてはいけませんね。

試験を取り巻く環境も大きく変わりました。次は「受験支援機関の変化」です。

> **受験支援機関の変化が勉強スタイルに与えた影響**　（○＝メリット、×＝デメリット）
> ○　オンラインでの講義、ディスカッションなどは想像以上に違和感がなく、効率的だった。（卸売／営業）
> ○　オンライン勉強会が開催されるようになったので、遠方でも勉強会に参加できるようになった。（製造／企画）
> ×　模試の会場受験がなくなってしまった。本番と同様の雰囲気で全事例を解く練習ができなくなった。（金融／営業）
> ×　自分は対面授業のほうが向いているのに、通学者も通信でビデオ講座になってしまった。ビデオ講座では集中力の持続が難しく、周りの受験生からの刺激もなくなり、緊張感を保ちにくかった。（会計事務所／事務）

令和2年度において、最大の変化は「オフラインからオンラインへの転換」といえるかもしれません。地方の受験生にはメリットが多かった反面、オフラインに慣れていた人にとっては違和感を脱しきれないままの受験となってしまったようです。

【ニューノーマルのなかでの受験を経験して】

この「ニューノーマル」は一過性のものではなく、今後も継続されていくものが多いことでしょう。最後に、令和2年度に大きな環境変化のなかでの受験を経験したふぞろい14メンバーから、「受験生の皆さんへ伝えたいこと」を紹介いたします。皆さん、変化に負けず、逆に利用してやるくらいの気持ちで頑張ってくださいね、応援しています！

> **受験生の皆さんへ伝えたいこと**
> ・試験会場が一般的な教室ではなく、ホール（ほぼ体育館）だったので、天井も高く、空調があまり効いていなかった。想像以上に寒いことがあるので、大げさなくらい重ね着や防寒対策をしたほうがよいです。
> ・慣れないマスク着用での試験。当日、緊張で呼吸が浅くなり、少し息苦しかった。事前にマスクをして問題を解く練習をしておくことをお勧めします。
> ・試験の中止が頭をちらつき、勉強に集中できない期間がありました。今年も予断を許さない状況ですが、悩んでも仕方ないので、迷わず勉強に集中しましょう。
> ・ステイホームで勉強時間が確保できてラッキーだ！　と、とにかくプラス思考を心掛けましょう（状況は、全受験生で同じだという意識で）。

～2次試験後、魔の1か月の過ごし方～
きれいさっぱり忘れる。

第4節 ふぞろい談話室　～読者のお悩み解決します～

『ふぞろいな合格答案13』の読者アンケートやセミナーアンケートでいただいたご質問のなかからいくつか答えさせていただきたいと思います。

登場人物　左：きくっち（以下「きく」）、右：しょーた（以下「しょ」）

・過去問を解いた後、どのように復習していましたか？

きく：過去問の復習のやり方次第で試験の合否が決まるといっても過言ではないから重要だよね！　しょーたはどんな方法で過去問を復習していたの？

しょ：まずはふぞろいのキーワード採点で答案の出来を確認した後、なぜそのキーワードで加点されているのか、なぜ自分のキーワードでは加点されないのかということを考えるようにしていたかな。確認していくなかで、必要に応じて1次試験の知識も確認するようにしていたよ。ただ、途中で少し伸び悩んだんだよね。

きく：なるほど。あと一歩得点を伸ばすためには、もう少し解法プロセスまで踏み込んだ復習ができていたらよかったかもね。

しょ：その振り返りは大事だとわかりつつ、方法がわからなくて取り掛かれなかったな。

きく：難しいよね。俺はキーワードを書けなかった要因を分析して、それをもとに自分の解法プロセスを改善していくことで初見の事例でも解答の質は上がり、安定したよ。たとえば、与件文を読む際には下線を引いたのに解答に入れ忘れた、という要因であれば、下線とともに第2問で使うという意味で「☆②」とすぐ横の余白に色ペンでメモをし、解答記入前に見直す、などの改善をしたよ。その後は、本試験を含めて初見の事例でも同様のミスが少なくなったよ。

しょ：要因分析と改善策を同時に考えていくってことか！　まさに自分を事例企業のように診断して助言していくことが重要なんだね。

・過去問を複数回解く意味はありますか？

きく：勉強を始めたころは、同じ問題を解くと解答を覚えていそうだから意味があるのかなって思ってしまうよね。

しょ：確かに、過去問は3回も解くとある程度問題や解答を覚えてしまうよね。ただ、そ

～2次試験後、魔の1か月の過ごし方～

不合格だと思い、次の準備（養成課程受験、将来の方向性を模索）をしていた。

の状態でも間違えるところは自分にとっての弱点なんだって思って解いていたよ。さっきの解法プロセスを意識していたらもっと成長できていたかも！

きく：複数回解くよりも年度数を優先したメンバーもいたみたいだね。27ページにあるように意外と10年くらい前と同じ論点が出てくる場合もあるので、年度数を意識するのも悪くないだろう！

しょ：複数年分の過去問演習をして『ふぞろい』シリーズで解答をチェックしたいけれど、過去の『ふぞろい』を持っていない人はどうすればいいのかな？

きく：(てってれ～)『ふぞろいな答案分析5』、『ふぞろいな再現答案5』、『ふぞろいな合格答案10年データブック』～！ これらは過去の『ふぞろい』シリーズをまとめているよ！

しょ：これらをうまく活用すればいいんだね！

・80分間のタイムスケジュールを教えてください。

しょ：まったく決めてなかったんだよね～。今から考えると恐ろしいことだよね。

きく：なんてチャレンジャー……。俺は怖くてできなかったからすごいと思う（笑）。

しょ：でも、時間を決めるとルールに縛られてうまくいかないってことはないの？

きく：確かに、ガチガチに決めすぎてうまくいかなかった年があったなぁ……。40分経過したら解答作成に取り掛かる、など大まかなルール設定だけでもいいかもね。

しょ：なるほど、それなら与件文読解や骨子作成に時間をかけすぎて、解答時間が無くなってしまうというリスクを軽減できるね。あと、自分で決めたスケジュールに沿って解答ができるようにするために、どういったトレーニングをしていたの？

きく：過去問の2周目以降では本番よりも短い時間で解いてみるといった訓練をすることで時間を意識することができるようになったよ。また、実際の受験生がどのように80分間を使ったのか知りたいなら、第3章の「合格者による、ふぞろいな再現答案」を読んでみるとよくわかるよ。

しょ：どれどれ～。どのキーワードに着目したかまで記載されているんだ！ 受験生のときに読み込んでおくべきだった～。

・受験に役立つ情報はどのように得ていましたか？

しょ：ブログが一番手軽かな？ たとえば、受験生支援団体が運営しているブログで勉強法を見たり、個人ブログで合格者が事例分析している記事を見ていたよ。

きく：最近はSNSのアカウントを作って、受験生同士で交流しているケースも多いみたいだね。情報収集に加えてモチベーションも維持できるみたいだし、一石二鳥！

しょ：ほかには受験生支援団体が主催しているセミナーも参加したな～。試験の概要や勉強法から合格後の実務補習概要まで手厚くサポートしてくれたよ。きくっちはどんな情報収集をしていたの？

～自分的、試験の心得。～
　難しい問題は、みんなにとって難しい（捨て問は捨てる）。

きく：予備校の講師からの情報提供や同じ受験生の知り合いと情報交換していたよ。特に受験生同士で有志の勉強会を行っていたんだけど刺激的だったな～。

しょ：予備校に通っていると情報は大量に手に入りそうだよね。勉強会って受験生同士で自分の書いた答案を他の人に見てもらってアドバイスをもらったりするんだよね。受験生時代にそんな機会が欲しかったな～。予備校に通うべきだったか……。

きく：勉強会だったら受験生支援団体が主催している無料のものがあるよ！　最近はオンライン開催のものもあるから、以前より気軽に参加できるようになったと思うよ。

しょ：参加のハードルが高そうだけど……。

きく：確かに、知らないグループに飛び込むのはオンラインとはいえ勇気がいるよね。ただ、136ページを見てみると「独学にこだわりすぎてしまった」ことをしくじりに挙げている先輩もいるよ。今年1年で確実に合格を決めたい人は飛び込んでみることが大事だと思う！

しょ：受験生支援団体についてまとめてみたよ！　（277ページ参照）各団体がそれぞれセミナー、ブログ、勉強会などを主催しているんだね。

きく：ふぞろいもブログ（https://fuzoroina.com）やセミナーをやっているので積極的に活用してね！　さらに、ふぞろいの公式Twitter（@fuzoroina）もあるのでフォローして、有益な情報を逃さないようにしよう！

・ずばり、合格の秘訣は？

しょ：せっかくなのでメンバー全員に聞いてきました！　一番多かったのは「諦めない心」、「勉強を楽しむこと」、「絶対に合格できると信じる心」といった精神面に言及した回答だったよ。

きく：長く苦しい戦いだったな……。確かに諦めない心は大切だね！

しょ：あとは「自分に合った学習方法を試行錯誤して確立する」という回答もあったよ。

きく：学習方法は千差万別だと思うから、自分に合ったものを見つけて、着実にこなしていくことが合格への王道なんだろうな～。

しょ：まとめると「冷静に自己分析したうえで諦めずに学習し続けること」かな。

きく：当たり前だけれど、これを継続していくことは難しかったりするんだよね。ただ、それを乗り越えることが合格の近道だよね！

しょ：紙面の都合上、今回は一部のご質問しかご紹介できませんでしたが、今後も皆さんのご質問をブログなどで取り上げていけたらと思います。

きく：というわけで、ふぞろい14のアンケート回答（286ページ）をよろしくお願いします！　合格者の生問題用紙がもらえる回答特典もありますよ！

～自分的、試験の心得。～
　　試験は所詮試験に過ぎない。その先が重要なので、試験で立ち止まりたくない。

第5節 受験生支援団体の情報まとめ

　この特集では、中小企業診断士試験の合格に一歩でも近づくため、1次試験や2次筆記試験の勉強法、2次筆記試験の答案の書き方、2次口述試験対策などを教えてくれる受験生支援団体を紹介します。

　特に独学の場合、勉強の仕方に迷いが生じたり、間違った勉強方法をしていても気づきにくいというデメリットがあります。これらを解決するために、各受験生支援団体のブログは勉強方法や試験対応方法を得るのに役立ちます。セミナーに行けば疑問点を直接合格者に聞くことができますし、受験生とのつながりもできます。また、独学の場合、自分の2次筆記試験の解答を客観的に分析することが難しいですが、受験生支援団体の勉強会で先輩診断士や他の受験生から助言をもらえるのでとても役立ちます。

【受験生支援団体情報】

ふぞろいな合格答案	団体概要	その年の合格者による書籍『ふぞろいな合格答案』の出版と受験生の勉強を応援する団体
	セミナー（予定）	場所：リモートでの開催（状況により会場と併用を検討します） 時期：4〜5月頃・8月頃・9月頃・12月頃 内容：1次試験勉強法・2次試験勉強法・過去問分析・口述対策、懇親会
	ブログ	https://fuzoroina.com/
一発合格道場	団体概要	診断士試験・必勝勉強方法のアドバイス道場 ブログは毎日更新中（隔週日曜日以外）
	セミナー（予定）	場所：当面はリモートでの開催（状況により会場を検討します） 時期：4月頃・7〜8月頃・12月頃 内容：1次試験勉強法・2次試験勉強法・口述対策、懇親会
	ブログ	https://rmc-oden.com/blog/
タキプロ	団体概要	「診断士を目指す方の合格確率を1％でも高める」ために中小企業診断士試験突破のノウハウを伝えるグループ
	セミナー（予定）	場所：オンライン開催を予定（東京、大阪、名古屋も検討中） 時期：4月頃、6月頃、7〜8月頃、12月頃 内容：1次・2次試験勉強法・口述対策、実務補習対策
	勉強会（予定）	場所：東京、大阪、名古屋、web 頻度：月2回程度（詳細日程はブログでご確認ください） 内容：2次試験過去問答案を作成し、グループ別討論
	ブログ	https://www.takipro.com/

※1次試験の日程が例年と異なる場合は、セミナー開催月が変更になる場合もあります。
　その他、感染症や災害等の理由により、セミナーが中止・延期になる場合もあります。
　詳しくは、各団体のブログを確認してください。

〜自分的、試験の心得。〜
　2次試験はヒットを量産することが重要である。ホームランを狙わなくてよい。

『ふぞろいな合格答案　エピソード14』にご協力いただいた皆さま

　『ふぞろいな合格答案』は、受験生の皆さまにご協力いただいた「再現答案やアンケート」に支えられています。
　今回、ご協力いただきました皆さまのニックネーム・お名前をご紹介いたします。
　（令和3年2月時点、記号→数字→カナ→漢字の順、敬称略）

【再現答案のご協力者（再現答案をご提出いただいた方）】

いしのなかにいる	aikohki	AT	BBトシ	bitna	branch
Brook.K	cooh2	Dukeさん	Einstein	framino	GUNITA
HANATASK	haoti	HARRY FUJIWARA	hideaki	hira	hiro
HYU1999	Josoyyukki	kazz	Kei	kmhitters	Luke Skywalker
Ma.sato	makoto	marie	masaki	MAX	MeRo
minsea	Nana7	No.6	pat3	POCKET	RICO
Roy	S@bu	Shin	SS	ssk	syajin
t2ken	tact	Takayuki	take	yanyan	YoshiFR
YT	あおまる	あきぴー	あきら	あさやまん	あじまる
アッキーパパ	ありぽん	いえむん	イッチー	いとー	イノシ
いはち	うっちー	うば	えいちゃん	おーはら	おかえり
おかたづけ	おきき	おぎつよ	かーつ	カズ	かず
かずほ	がっきー	かつけー	かつちゃ	かもとも	かりんとー
かわけん	がんさん	きくっち	キス禁止条例	きたさん	キャッツ
ぎりぎりせーふ	ぎん	くまライオン	くろひょう	ケーシィ	ケータロウ
げんき	けんたろ	こうちゃん	こーへい	ゴールディ	ゴジロウ
こは	こば	こぶ	こま	コムリンクス	コリン
ゴルジ	ころ	ざっく	ザト	さとし	サム36
ザワ	じい	しーだ	しうちん	じぇん	しげ
ししょう	シダール	しまたん	シュトラウス	ショータイム1983	じんじょ
せたけん	せとしん	だいき	たか	たかか	たかしゅー
たくちゃん	たくみ	たけちゃん	ダチョウ	たっけい	タッティー
タテヨコ	たにっちょ	たま	たまちゃ	たまちゃん	たらこ
たろ	タロスケ	たろりひょん	だんしゃりくん	ちむ	チャイゴバカ一代
ちゃんまる	つねいち	でぃー	てる	でんたく	と〜し
どうちゃん	とし	どみー	トム・ソーヤン	ともだら	どらねこキャット
とらんぷ	どんひこ	なおぞう	なおなお	なかぢい	ナッサン
ななな	ななみんパパ	ナベチン	にゅたつ	ねもたん	のきあ

『ふぞろいな合格答案 エピソード14』にご協力いただいた皆さま

ノブ	のりお	のりぽん	のりまきまなと	はせっく	ハッシー
バッチ	バナナ	はま	はまちゃん	ハルカ	ハルとアキ
ひーとん	ヒガヨシ	ピグ	ヒゲロック	ひでかん	ピデスケ
ひでちん	ひでっちFC	ひろP	ひろぴー	ふくちゃん	ふへんもの
べっち	ベンジャミン	ほしまん	ぽんいぬ	ポンプ	ぽんれす
まーしー	まーちん	まさぴろ君	ましい	ますみ	マツケン
まっつん@anhtet	ミスター多年度	ミッキー	ミナト	みやっち	むー
むささび	モカベ	もも太	もんちゃん	やまけん	やまちゅー
ゆいゆいゆいゆい	ゆう	ゆーじ	ゆうた	ゆうたろう	ゆきひこきんきんまん
ゆきひろK	ゆたちゃん	ユッキー	ゆづすけ	ゆみ	ゆるとの
よち	よっしー	りほ	りょう	りょうじ	りょーちん
ルッピー	レブロン	ローズ	わか	ワタクシ	井村　通貴
岡下　健一郎	加藤　広基	関野　美樹	牛屋　広和	金子　茂男	栗秋　幸裕
月と雁	光源氏	荒木　哲	高嶋　実	今井　貴弘	今野　翔太
佐橋　俊介	佐竹	三浦　健康	三田　元気	山P	山下　亮輔
山崎　浩	山上　航平	山川　宏賢	山本　祐太	宍戸　覚	篠原　勲
柴田　大作	瞬殺のK'z	所長	小玉　智之	小野　孝行	小野　慎介
松浦　諒	植村　裕加	伸二	新垣　健昇	森山なゆた	森田　潤
真中　誠二	成瀬　初之	西崎　達也	石田川	息子が勉強しない	村上　義仁
大内　太	竹中　嘉章	中谷　太一	朝日　優介	長船　洋人	笛木　優
東　傑	南　雄一郎	日野原　章貴	白井　皓大	白雪	品川　貴司
福原　宗之	福田　智浩	北島　健	本田　瑞穂	末吉　宏成	万博少年
立川　哲	林　真史	鈴木　拓斗	鈴木課長		

※上記の方以外にも、ニックネーム・お名前の掲載をご希望されなかったものの、再現答案をご提出いただいた方もいらっしゃいましたので、その旨もご紹介させていただきます。また、システムエラー等により、再現答案をお送りいただいていたものの、当プロジェクト側に届かなかった可能性もございます。ニックネーム・お名前の掲載を希望されていたにもかかわらず、今回掲載できなかった方には、心よりお詫び申し上げます。

以上、本当に多数の方にご協力いただきました。まことにありがとうございました。

ふぞろいな執筆メンバー紹介

ふぞろいな執筆メンバー紹介のページです。

名前・担当	似顔絵	上段：自己紹介文、下段：仲間からの紹介文
仲光　和之 かずさん プロジェクト リーダー		ふぞろい12よりプロジェクトリーダーに就任。ふぞろい10の事務局長や10年データブックの編集に携わる。メンバーを後ろからそっと見守っています。
		独立診断士として多くのクライアントを抱え、日々パワフルに奔走中。舌鋒鋭い発言の裏には愛があり、その魅力に中毒者多数。「俺をいいように使って！」と言い、皆の力になろうとしてくれる頼れる兄貴的存在。
嶋屋　雄太 しまちゃん 事務局長 事例Ⅳ分析		IT企業勤務の出張族。新型コロナウイルス感染症により好きだった出張がぱったりとなくなり、最近は家趣味に楽しみを見出してます。今では一歩も家から出たくありません。
		メンバー24人全員に目を配る、懐が深い事務局長。多忙な本業と子育ての傍ら、9チームから日々発信される大量の情報をさばく、高い情報処理能力の持ち主。分析結果を納得いくまで自ら検証する粘り強さも併せ持つ。
加茂　智 かもとも 事例Ⅳ分析 リーダー 再現答案		元コピーライター、現マーケティングリサーチャー。わかりやすく説明する力と、場をぬるくする力には自信があります（やることはやって、抜くとこは抜くのが大切）。
		北陸出身。穏やかなエセ関西弁を操り、チームを引っ張る強力な責任感とリーダーシップを持つ漢。迷子のメンバーを優しく導いてくれる安心感と、隠しきれないずば抜けた頭脳、内に秘めた並外れた根性のギャップが魅力。
塩谷　大樹 だいき 分析統括 リーダー 事例Ⅳ分析		座右の銘は「無事」の超安定志向。将来の安定を手に入れるために診断士を目指す。家族第一主義で、妻と子供に振り回されるのが趣味。
		ふぞろい流採点の根幹を担う、頼れる分析統括リーダー。テキパキと分析業務をこなす一方、初回顔合わせで「趣味は子育てです」と言い切る子煩悩パパな一面も。オンラインMTGに時たま登場するお子様はメンバーの心の癒し。
黒澤　優 くろ 答案管理 リーダー 事例Ⅳ分析		好奇心旺盛で慌てん坊なインドア派の会社員。本業と副業を両立させる体力を養うため、身体づくりに目覚めました。食事とトレーニングで体力増強中。
		他の追随を許さない仕事の速さでメンバーの度肝を抜く答案管理のリーダー。成果物の質も高く、プレゼン能力にも優れており、基本スペックの高さを随所に覗かせる。いつも謙虚だが分析を議論するときの眼光は鋭い。
露崎　幸 さち 事例Ⅳ分析 答案管理		石橋を叩いて叩いて見守るくらい行動力がない。体力もない。その代わり、一度やると決めたら最後までやり遂げる粘り強さがあります。
		確かな仮説と丁寧な分析により、今年のNPVを丸裸にした功労者！　誰もが舌巻く難問を「実は簡単だった」と言いきるすごさに皆絶句。ブロードウェイをこよなく愛し、1日にいくつもはしごするパワフルウーマン。

ふぞろいな執筆メンバー紹介

名前・担当	似顔絵	上段：自己紹介文、下段：仲間からの紹介文
菊池　一男 きくっち 事例Ⅰ分析 リーダー 企画		多年度生。家族に申し訳ないと思いつつ勉強を続けなんとか合格。子供たちに「諦めずに勉強する父の姿」を見せられたのが、この試験を受けた大きな効用だと思っています。 事例Ⅰの熱いリーダー。原稿を書くスピードとクオリティは群を抜いている。原稿以外にも細かい作業を気づいたらこなしてくれている。チームの牽引もしてくれるし、潤滑油にもなってくれているありがたい連結ピン！
木村　直樹 のき 再現答案 リーダー 事例Ⅰ分析		思ったことがストレートに口から出てくる、昭和の香り漂う平成生まれ。甘いものを与えれば大人しくなります。気分屋。 事例Ⅰ分析チームの頭脳。メンバーが困った際に溢れ出す知識で手助けしてくれる。自他ともに認めるストイックな性格。3度の飯より勉強好き！　1次知識から2次試験へ合格の架け橋をかける男！
田附　将太 しょーた ブログ リーダー 事例Ⅰ分析 企画		追い込まれないと何もできない24歳。愛犬にメロメロ。目覚ましでは起きられませんが、愛犬に起こされると一発で起きます。 事例Ⅰチームの素直担当。素直さが故に出てくる疑問がみんなに気づきを与え、分析の深掘りを加速させる男。素直＋イケメンという属性を持っているが、男子校である事例Ⅰチームではその強みは発揮できなかった模様。
福田　浩之 くろひょう 事例Ⅰ分析 企画		挫折多い人生も、要所で「人間万事塞翁が馬」と思い込むポジティブさだけが強み。おっさんになっても楽しみたい。ハンモックと吉本新喜劇がマイブーム。 正月に事例企業から取り寄せた日本酒を堪能するほど、事例に熱い男。何事にも「せやね」と受け入れ、オンラインMTGでも心の温かさが伝わってくる。くろひょうという名前では想像できない優男。
矢野　康平 こーへい 事例Ⅰ分析 事務局		「コスパの良い居酒屋巡り」が趣味の30代。コロナ禍で飲み会も減り、お箸とグラスをペンとテキストに持ち替えてなんとかストレート合格。でも、なぜか体重は増加。 「知識不足だから」と謙虚だが、仕事で培ったと思われる編集力と伝える力でストレート合格を果たした男前九州男児（ジャイアンツの若手にいそう）。芋焼酎飲ませてキャラを豹変させたいところだが、返り討ちにあうかも。
椎名　孝典 ナンシー 事例Ⅰ分析		自信を持つために資格取得に励む受験生。家族や同僚の「いつ合格するの？」という無言のプレッシャーから解放されたい。今年はやるしかない!! 事例Ⅰチームの受験生メンバー。本気度120％の事例分析！　令和3年度の合格間違いなしっ!?　9億円の男、マー君が帰ってきて観戦が欠かせない熱烈な楽天ファン。勉強時間のバランスをどうとるかが最大の課題。
玉川　信 たまちゃん 事例Ⅱ分析 リーダー 企画		初受験の時は30代だったのに、気づけば40代も折り返し。診断士合格を起爆剤に、フルスロットルで50代へ突入したいと願う、心はいつも20代。 事例Ⅱメンバーのわからない部分をすべて補ってくれる、頼れるリーダー。やるべきことをいつも周知してくれるのでメンバーはいつも大助かり。朝早くから夜遅くまでみんなのコメントに対応してくれる、素敵なアニキ！
鈴広　雅紀 ひろまてぃ 企画 リーダー 事例Ⅱ分析		いろいろなことにチャレンジして楽しい人生を送りたい。じーさんになってもアクティブに頑張れるようトレーニング中。 事例Ⅱチーム最速の男、ひろまてぃ。とにかく仕事が早い。正確さも抜群で、みんなの憧れの的。昔は、危険地域に旅行に行くほどの攻めた男であり、端々にその攻めた姿勢が垣間見える。でも優しい人よ。本当に。
猪師　康弘 イノシ 事例Ⅱ分析 再現答案		最北の地、北海道から参加のふぞろい14メンバー。雪の多さと日照時間の短さに嫌気がさしながらも、北海道を愛し、北海道での活躍を目指す34歳。 のんびりした話し方と雰囲気で周りを和ませる。一方、『イケカコ』愛がすごく、語りだすと止まらない。一度決めたら絶対やり抜くという芯は熱い男。だからか、北海道で真冬に半袖でオンラインMTG打ち合わせに参加（笑）

ふぞろいな執筆メンバー紹介

名前・担当	似顔絵	上段：自己紹介文、下段：仲間からの紹介文
竹居 三貴子 みっこ 事例Ⅱ分析 再現答案		大学受験指導20年のノウハウを自分に実践した教育業界出身者。学生から社会人になっても対象は変わらず、周りの人も自分も応援し続ける診断士を目指しています。 事例Ⅱチームのムードメーカーで、チームの雰囲気をフワッと明るくしてくれる存在。笑いと前向きさもチームによい影響を与えてくれる。しかし、粘り強く分析を行う姿勢は真摯で、みんなに一目置かれている。
吉冨 久美子 どみー 事例Ⅱ分析 分析統括		育児専念中の期間を受験勉強に捧げて取得した資格。子どもが大きくなったら笑って話したい。その時には大いに活躍できているといいなぁ。 ふぞろい史上最遠？ のケニアから参加。熱帯の地で、時差も距離も育児も乗り越えて目の前の課題を着実にこなし、議論ではおっとりした口調で冷静な指摘をビシバシ決めるその勇姿は、まさにひとり冷静と情熱のあいだ。
本武 正弘 ほんちゃん 事例Ⅱ分析		熊本生まれ神奈川在住。縁あり受験生として参加させてもらいました。2次2回受験。不器用だが諦めの悪さだけで生きてきた42歳。目指せ合格！ 丁寧で緻密な分析に、受験生メンバーであることを周りがついつい忘れそうになる。謙虚で落ち着いた話しぶりなのに、音楽談義やキワどい旅行話から溢れ出る、ほんちゃんの魅力をみんなもっともっと知りたいよ〜！
志田 遼太郎 しーだ 事例Ⅲ分析 リーダー 再現答案		娘が産まれ診断士受験を決意。今やその娘も6歳に……。営業職だが、売上より顧客課題解決やトレンド情報にしか興味が持てない。やらまいか！ 事例Ⅲ名リーダー。進行に全く不安を感じさせず、安心感が半端ない。時々出てくる静岡弁で場を和ませる。土日は子供たちとあやとり（得意技はクリオネ）をする良いパパ。人の話をよく覚えていて、人から話を引き出すのがうまい。
赤坂 優太 ゆうた 事例Ⅲ分析 事務局		興味本位な性格が功を奏し、ふぞろい14に参画。興味がないことをシャットダウンする性格矯正は諦め、興味の幅を広げる方向にシフトチェンジ。好きな言葉は効率化。 事例Ⅲチームでは「ゆうた先生」と崇められており、チームの頭脳。チーム内年少にもかかわらず一番大人に見える（老けているという悪口ではない）。1日で全事例を解く経験をしないまま本番に向かい、ストレート合格を果たす猛者。
平川 奈々 Ｎａｎａ 事例Ⅲ分析 再現答案		飛行機と宇宙が大好きな、仕事はバシバシ、家ではヒツジとポケモンとディズニーの癒しに囲まれるギャップ系エンジニア。理系なのに計算が苦手。 早朝から世界各国とMTGを行う国際派エンジニア。豊富な知識と経験に基づき的確な分析を行う、事例Ⅲチームの要となる人物。なんとなく、セレブ感を感じさせる。
大久保 裕之 ひろくる 事例Ⅲ分析 分析統括		会社というものを広い視点で理解したいと思い、この資格の勉強をスタート。勉強をやればやるほど楽しくなっていったハッピー野郎。 今どこにいるの？ と皆に聞かれるほど部屋でも厚着な寒がり。落ち着いた雰囲気から議論の要所を突き刺す一撃、そのギャップに信頼が集まる。事例Ⅲの雰囲気を作っているのはひろくるであるという説がある。
湊 祥 ミナト 事例Ⅲ分析 企画		見た目はまじめそう、中身はお酒大好きなダメなやつ。でも、診断士合格を機に、まじめに本気で頑張ろうかなと思っています。 1社内でユニークかつ多彩な職種を渡り歩いてきたデリバリーマスター。たまに出る自虐的なコメントとみんなへのフォローが冴えわたる、事例Ⅲのムードメーカー。飲み会幹事をお願いしたいランキング1位。
中村 文香 アヤカ 事例Ⅲ分析 分析統括		昼寝と旅行が好き。短期決戦型。筆記試験後は落ちたと思い、これ以上の試験勉強に耐えられないから養成課程に行く気満々だった。人生何が起きるかわからない。 知力・体力ともに優れているリケジョ。納得いくまで試行錯誤し、より良いものを作り上げるという気概を感じさせる。オンラインMTGではたまに意図せずフレームアウトし、場を和ませる一面も。

あとがき

　このたびは、『ふぞろいな合格答案　エピソード14』をご購入いただき、まことにありがとうございます。この本は皆さまの受験勉強の相棒になっていますでしょうか？　本作でふぞろいシリーズは14作目となりました。これも多くの読者の皆さまからのご支持の賜物であり、この場をお借りして御礼申し上げます。

　突然ですが、皆さまは「3人のレンガ職人」のお話をご存じでしょうか。諸説あるようですが、イソップ童話の1つといわれています。このお話は、「レンガを積む」というまったく同じ仕事をしている3人のレンガ職人に対して、旅人が「何をしているんですか？」と声をかけたことから話が始まります。

　1人目は「見てのとおりレンガを積んでいるんだ。つらい仕事で体がボロボロさ」と、仕事を「やらされている」という気持ちを感じる返事でした。

　2人目は「大きな壁を作っているんだ。この仕事のおかげで家族を養っているのさ」と、「生活に必要な賃金を得る」という目的意識のあるものでした。一方で、より高い賃金の仕事があれば、レンガ職人にこだわっていないとも感じる返事です。

　3人目は「歴史に残る立派な教会をつくってるんだ。ここが多くの人の心のよりどころになり、幸せになってもらうんだ！」という、仕事に対する「誇り」を感じるものでした。教会が完成した姿とそこを訪れる人々の幸せをイメージし、仕事をする目的を強く感じる返事でした。

　さて、話を受験勉強に戻しますが、中小企業診断士の2次試験は、模範解答が公開されていないことから対策が取りにくく、五里霧中の状態のなかで試行錯誤を繰り返す、ある意味修行のようなものだと思っています。その修行を完遂するためには、モチベーションを高く維持し続けることに加え、「なぜ中小企業診断士になりたいのか」「中小企業診断士になって何がしたいのか」という目的意識を強く、明確に持つことが必要です。

　「3人のレンガ職人」のお話は、仕事をする目的次第で、モチベーションや成果が左右されるという例えとして、よく使われています。3人目の職人は、その後現場監督へとステップアップし、歴史に残る教会建築に携わった現場責任者として後世に名を残したという後日談もあるようです。皆さまにとって「レンガを積む目的」とは何でしょうか？　受験勉強のなかで必ず向き合う焦りや苦しみを乗り越え、合格に向けた一歩を踏み出す原動力がきっとここにあります。一度ご自身を振り返り、ぜひ言葉にしてみてください。

　最後になりましたが、診断士試験に臨む皆さまが、いつもどおりの力を発揮し、見事合格されますことを、当プロジェクトメンバー一同祈念しております。

　　　　　　　　　　　　　　　　　　ふぞろいな合格答案プロジェクトメンバーを代表して
　　　　　　　　　　　　　　　　　　　　　　　　　　　　　　仲光　和之

令和３年度中小企業診断士第２次試験（筆記試験）
再現答案ご提供のお願い

　平成20年より毎年発刊している『ふぞろいな合格答案』も本作で14冊目となります。これまでたくさんの受験生の方に再現答案をご提供いただいたおかげで、現在まで発刊を継続することができましたことを心から感謝申し上げます。

　ふぞろいな合格答案プロジェクトでは、令和３年度（2021年度）２次試験を受験される皆さまからも、再現答案を募集いたします。ご協力いただいた方にはささやかな特典をご用意しております。『ふぞろいな合格答案』は、皆さまからの生の情報によって支えられています。ご協力のほどよろしくお願いいたします。

◆◆◆◆◆◆◆　募集要綱　◆◆◆◆◆◆◆

■募集対象
　令和３年度第２次試験（筆記試験）受験者
　（合格者・未合格者、いずれの再現答案も歓迎しております）

■募集期間
　第２次試験翌々日〜令和４年１月31日（予定）

■応募方法
　『ふぞろいな合格答案』公式HP（https://fuzoroina.com）上で、２次試験終了後、解答入力フォームをお知らせします。フォームに従って解答をご入力ください。

※独自フォーマットでのメール送信や、書類送付などは受け付けておりませんのでご了承ください。なお、合格発表後、ふぞろいプロジェクトより合否およびA〜D評価についての確認メールを送らせていただきます。分析の性質上必要となりますので、お手数をおかけいたしますが評価のご返信にご協力をお願いいたします。

■ご提供いただいた方への特典
　特典１　【再現答案へのアドバイス】（令和４年夏予定）
　　残念ながら合格されなかった方には、次版執筆メンバーより、ご提供いただいた再現答案へのアドバイスをお送りいたします。再挑戦される際の参考にしてください。
　　（※A〜D評価の返信をいただいた方に限ります）
　特典２　【書籍内へのお名前掲載】
　　次版の『ふぞろいな合格答案』の「ご協力いただいた皆さま」のページに書籍へのご協力者として、お名前（ニックネーム可）を掲載いたします。

ふぞろいな合格答案　公式ブログ

受験生の皆さまのお役に立てる情報を発信しています。
https://fuzoroina.com

■支援スタッフ（順不同）

植村貴紀（うえちゃん）、堀越直樹（ホリホリ）、伊藤嘉紘（テリー）、海野雄馬（Yuma）、松永俊樹（まっつ）、中井丈喜（じょーき）、道本浩司（こーし）、池田聡史（いけぽん）、林遼（RYO）、村上麻里（マリ）、山下はるか（はるか）、齋藤昌平（とうへい）、岡田恵理子（おかえり）、岡村和華（みずの）、本間大地（だいち）、松本崇（たかし）、川崎信太郎（ヌワンコ）、箱山玲（おはこ）、德嶋宏喜（とっくん）、江口勉（えぐ）、梶原夏海（かーな）、谷崎雄大（タニッチ）、good_job

2021年6月20日　第1刷発行

2021年版 中小企業診断士2次試験
ふぞろいな合格答案　エピソード14

ⓒ編著者　ふぞろいな合格答案プロジェクトチーム

発行者　脇坂康弘

発行所　株式会社同友館
〒113-0033　東京都文京区本郷3-38-1
TEL. 03 (3813) 3966
FAX. 03 (3818) 2774
URL https://www.doyukan.co.jp

乱丁・落丁はお取替えいたします。　　三美印刷
ISBN 978-4-496-05543-0　　　　　　Printed in Japan

読者プレゼント

『ふぞろいな合格答案　エピソード14』をご購入いただいた皆さまに、執筆メンバーから2次試験対策に役立つプレゼントをご用意しました！

1．生問題用紙

第3章に登場した、イノシ、かもとも、しーだ、Ｎａｎａ、のき、みっこの6名が、試験当日にアンダーラインやメモの書き込みなどをした問題用紙をPDFファイルでご提供します。80分間という時間のなかで合格者が試験会場で取った行動を疑似体験することができます。

2．ふぞろい14メンバーの再現答案と得点開示請求の結果

本書では2次試験受験生からお預かりした再現答案を分析し、ふぞろい流の採点結果をご提供しています。その背景は、模範解答や採点方法が公表されない2次試験の特徴からきています。

そこで今回も、ふぞろい14メンバーの再現答案と得点開示請求の結果をセットでご提供します！　再現答案と得点開示請求の結果を複数得る機会は、受験生にとって非常に貴重だと思います。『ふぞろいな合格答案』の理念に則り、ふぞろい14メンバー総力を挙げて受験勉強に活用できる情報を提供したい、その思いを読者プレゼントに込めました。ぜひともご活用ください！

◆◆◆◆◆◆◆◆◆◆　**ダウンロード方法**　◆◆◆◆◆◆◆◆◆◆

以下のサイトの『ふぞろいな合格答案　エピソード14』のバナーからアクセスしてください。簡単な読者アンケート（パスワードが必要）にご協力いただいた後、プレゼントのダウンロードができます。

□同友館ホームページ（https://www.doyukan.co.jp）
　【パスワード：fuzoroi2021】